悪党たちの大英帝国

君塚直隆

新潮選書

はじめに――「悪党」たちが時代を動かす

「偉大さ」は何で決まるか

偉大さとはその者の業績の善悪で決まるものである。たとえそれが欠陥だらけの働きだったとしても、他の何者にも優る偉業というものがこの世にはある。(1)

これは一九世紀に活躍したイギリスの文筆家で伝記作家としても有名な、レズリー・スティーヴン(一八三二～一九〇四)が残した言葉である。彼は、一九世紀後半に世界に比類のない最大の人名辞典である、『国民伝記辞典(*Dictionary of National Biography*:略してDNB)』の初代の編集者も務めた。この言葉は、その刊行にあたっての記念講演で述べられた最後の一節である。『DNB』は世界の評伝(伝記)文化のなかで、イギリスが特に抜きんでた存在であることを世に知らしめた、まさに金字塔といってもよい。物故したイギリスの偉大なる人物たちをアルファベット順に並べて掲載したこの人名辞典は、一八八五年一月から三ヶ月に一巻ずつ刊行された。途中から歴史家のシドニー・リーに編集者が交替したものの、全六三巻が完結したのは一九世紀が終わろうとする一九〇〇年のこと。総ページ数は三万五〇〇〇にも及び、執筆者は六五三人。二〇世紀に入ると、「もれてしまった重要人物」や、その後に亡くなった人物たちを一〇年に一度ずつ増補のかたちで付け加え、最終的に収録された伝記は三万八六〇七項目にものぼった。

冒頭に掲げたスティーヴンの言葉を、著者なりに敷衍《ふえん》して言い換えてみればこうなるだろうか。「偉大さとはその者の業績の善悪で決まるものである。たとえその人物が人間的には欠陥だらけの『悪党』だったとしても、他の何者にも優る偉業を残した者がこの世にはいる」。実際、この『DNB』のなかには、スティーヴンの言葉を借りれば、「偉大にして善良な人々」も「性悪で奇妙な人々」もともに収められている。

とはいえ、それはやはり「ヴィクトリア時代（一八三七～一九〇一年）」に特有の「観念」や「偏見」などにも縛られていた。今日では重要な問題として取りあげられるであろう「ジェンダー」や「肌の色」、「信仰」といった観点からすれば、『DNB』はあくまでも「上流階級主体のキリスト教白人男性社会を彩ってきた人々」の評伝を寄せ集めたものにすぎなかったのだ。この辞典で採り上げられた女性は一七五八人で、全体のわずか五％程度である。

こうしたことから、二〇世紀の歴史学のなかで浮かび上がってきたこれら新たな視点も反映し、女性はもとより、非白人や非キリスト教徒、さらにはイギリスで活躍した「外国人」まで含め、より充実化して完成されたのが、『オクスフォード国民伝記辞典（*Oxford Dictionary of National Biography*：略して新《ニュー》DNB）』だった。

オクスフォード大学の歴史家コリン・マシュウを編集者に一九九二年から作業が始められた。

九九年にマシュウが急逝すると、同大学のブライアン・ハリソンによって編集が引き継がれた。『新ＤＮＢ』は、世界中に拡がる九八〇四人の執筆者に項目を依頼し、五万四九二二人の評伝を収録している。しかも今回は、マシュウが管財人を務めていた国立肖像画美術館（National Portrait Gallery）からも全面的な協力を受け、可能な限りその人物の肖像画もしくは写真も掲載されることになった。おかげで読者は五万余人のうちの一万五七人の項目については、その人物の画像からイメージを膨らませることが可能となった。さらに、二〇〇四年に全六〇巻がいっせいに刊行され、それはＣＤロムとオンライン配信のかたちでも読むことができる。総ページ数は六万三〇五となった[2]。

『オクスフォード国民伝記辞典（新 DNB）』

新旧いずれの『ＤＮＢ』も、世界のいずこにも比類のない学術的レベルとスケールを誇る人名辞典であるといっても過言ではない。

歴史は「人間」がつくる？

イギリス人は伝記好きである。この点は日本で英米法研究を牽引してきた末延三次（一八九九～一九八九）が、いみじくも次のように指摘している[3]。

「イギリスでは法律上は王権が極めて強大であり、

事実上は政府がその権利を行使するのであるが、表面には、政府とか国家とかが出てくるのではなく、常に王が押出される。国家とは抽象的な観念である。また政府もそうである。〔中略〕殊にイギリス人に取ってもつとも重大なことと思われるのは、女王が国家とか政府といったような抽象的な観念ではなくて、現実の血の通つた人間であることである。肖像画を好み伝記を愛読するイギリス人は『人間』が好きなのである。人間である『女王』に対して、無形の観念である『国家』に対するよりも、より大きな敬愛の念を抱くのである」

先にも記したとおり、『新DNB』には、国立肖像画美術館から借りた肖像画や写真も巧みに配されている。この美術館は、文字通り肖像画と肖像写真（一六世紀以降のイギリス人に限るが）だけを収蔵・展示しており、創設されたのは一八五六年のこと。日本でいえば幕末でペリー来航の三年後のことである。これまた当時は世界に類を見ない美術館であった。

末延の言葉にもあるとおり、イギリス人は抽象的な観念よりも、もっと具体的な人間のほうを愛するのかもしれない。ドイツでは、ヘーゲルなどの影響を受けたマルクスの史的唯物論が形成された。そこでは原始共産社会から資本主義社会に至る発展段階論が展開され、歴史上の「個人」が華々しく登場する機会はない。また、「アナール学派」以降のフランスの歴史学界でも、全体としてとらえた人間社会が強調される「構造史」が重視され、「個人」は後ろに回されてしまった。

これに対してイギリスでは、歴史を動かすのはあくまでも人間とその決断であるという史観が比較的強く残っている。そして、その人間に対するあくなき探究心が生みだした到達点が、評伝

(伝記)なのである。イギリスを旅されたかたは、かならずといっていいほど各地の大型書店で驚嘆されていることだろう。どこへ行っても「評伝(Biography)」のコーナーが設けられており、しかもワンフロアが丸々それに充てられているケースも稀ではないからだ。

七人の「悪党」たち

本書は、このようなイギリスの評伝(伝記)文化に敬意を表しながら、世界に冠たる大英帝国を築いてきた七人の人物たちの姿に迫るものである。

とはいえ、たった七人の生涯だけから近現代のイギリスの全体像を捉えようとするのはあまりにも無謀なことかもしれない。なにせ『新DNB』には、本書でこれから採り上げていく一六～二〇世紀に活躍した人物だけでも、実に五万人以上が収録されているのである。

そこで本書では「悪党」をキーワードにしてみたい。悪党といってもそれは、単に「悪事をはたらく者の集団」や「悪事をはたらく個人」といった意味ではない。ちょうど日本中世史に登場する「悪党」のように、公式の荘園支配(守護や地頭らによる支配)の外部からまさにアウトサイダーとして登場し、いつしか荘園体制を崩壊に導いていった武士団のような存在をイメージしている。もちろん彼らのなかには、公式の支配者やそれに従う世間から単に「悪事をはたらく者」という烙印を押されてしまう場合もあったろうが、地方支配の主流をなす勢力にまで躍り出るような者たちもいた(4)。

本書で採り上げる「悪党」たちも、もとはこのようなアウトサイダーだった。もっとも、西洋史やイギリス史にもともと興味のある読者からすれば、「なぜ彼らが『悪党』なのか？」と首をかしげる場合もあるような、一見すれば体制側にずっと位置し続けてきたかに思われる七人である。ところが、後ほど詳しく説明していくように、彼らはみな一様にアウトサイダーであり、よそ者たちだったのだ。

まずは、三〇年に及んだ内乱「バラ戦争（一四五五～八五年）」を制し、近代イギリスの礎を築いたテューダー王朝の国王ヘンリ八世（一四九一～一五四七）。テューダー家はランカスター王家の血筋を引くとはいえ、かなりの遠縁で、しかももともとはウェールズの田舎豪族のような存在にすぎなかった。王朝二代目のヘンリは、こうしたハンディキャップを克服して、グレート・ブリテン島内、さらにはヨーロッパ国際政治のなかで存在感を示そうと躍起になっていく。しかし、彼はその政治的野望のために、二人の妻を処刑し、二人の妻を離縁し、さらに多くの家臣たちの血も流していくのである。

続いて、そのヘンリ八世がローマ教皇庁と袂《たもと》を分かって形成したイングランド国教会が宗教の主流派になっていた一七世紀に、「異端」扱いを受けていた清教徒《ピューリタン》のなかから登場し、やがては国王側と真っ向から衝突して勝利をつかみ、この国で初めて君主制を倒壊させたオリヴァー・クロムウェル（一五九九～一六五八）に登場してもらう。彼は、史上初めておおやけの場で国王のクビをはね、王政を終わらせただけではなく、独裁的な権力をつかんで議会までをも支配下に置いた。さらに共和政を守るためにはあらゆる犠牲をもいとわず、特にアイルランドで繰り広げた遠征は「虐殺」とまで言われた。彼こそはイギリス史上でも稀に見る「悪党」であった。

その共和政も、クロムウェルの死とともに終焉を迎え、王政復古（一六六〇年）を成し遂げたイングランドではあったが、再び「暴君」（ジェームズ二世）が登場したことにより革命が生じた。この革命の立役者となったのが、オランダからやってきた国王ウィリアム三世（一六五〇～一七〇二）である。久方ぶりの「外国人王」の登場でイングランドに再び波乱が生じる。彼は、イングランド人からは終生「オランダ人」としか見られず、死後には急速に忘れ去られていく。ウィリアムが中心となってこの国に立憲君主制の礎を築いた「名誉革命」でさえ、「オランダの利益を最優先した侵略行為にすぎぬ」とまで後世に言われる始末であった。

しかし一八世紀になると、今度はドイツ北部のハノーファー侯爵がイギリス（一七〇七年五月にイングランドとスコットランドが合邦し「イギリス」となる）国王に即位し、「外国人王」の時代がしばらく続くことになる。特に最初の二代の王は生涯イギリス国王にはなりきれず、ここにイギリスに「議院内閣制（責任内閣制）」が定着する土台が生まれていく。

そのようななかで登場したのが、王朝三代目のジョージ三世（一七三八～一八二〇）であった。彼は前二代の王たちとは異なり「愛国王」を自負し、イギリス政治のために日夜努力していくが、それはこの半世紀の間にイギリス政治に根づいていた慣例からすれば「アウトサイダー」の動きにすぎなくなっていた。まさに、時計の針を逆に回転させるような行為だったのである。それが「アメリカの独立」という近代イギリスにとって最大の悲劇へとつながっていく。

このハノーヴァー王朝の時代のあいだに、イギリス議会政治にはトーリとホイッグと呼ばれる二つの党派が登場し、それは一九世紀後半以降の保守党と自由党の二大政党制へと、紆余曲折を経ながらも引き継がれていく。その端境期《はざかいき》ともいうべき時期に登場してきた政治家がパーマストン子爵（一七八四〜一八六五）だった。アイルランド貴族の家に生まれ、トーリからホイッグへと移り、常にアウトサイダーのような存在だった彼は、最晩年には自由党最初の党首としてこの国の政治外交をリードしていく存在となる。しかしその反面、二度のアヘン戦争やインド大反乱の鎮圧に代表されるような「砲艦外交」を展開し、自らの立場を正当化するために新聞などのメディアを利用する彼の姿は、現代におけるポピュリズムのはしりともいえるものであった。

その自由党の庶民院（下院）議員として活躍したデイヴィッド・ロイド＝ジョージ（一八六三〜一九四五）は、ジェントルマン（地主貴族）階級の時代が続いた当時においては、中産階級の出でブリテン島の「辺境」ウェールズの出身という、まさに異端児であった。その彼が、第一次世界大戦（一九一四〜一八年）という未曾有の大戦争に直面し、クロムウェル以来とも呼ばれた権力を手中に収め、王権と議会を蔑《ないがし》ろにするような戦争指導を展開していく。さらに彼こそが、この国の政治・経済・社会・文化のすべてを支配してきた「ジェントルマン階級の時代」にとどめを刺した張本人でもあったのだ。

そしてその「弟分」的な存在であったウィンストン・チャーチル（一八七四〜一九六五）は、言わずと知れた第二次世界大戦（一九三九〜四五年）の英雄である。ロイド＝ジョージとは異なり、ジェントルマン階級の中核から現れた彼もしかし、若き日に保守党から自由党に寝返って「人民予算」（第六章で詳述）で貴族階級の既得権を奪う側に回り、保守党に出戻った後は要職に就けずにそのまま政界から消えてしまう可能性もあった。そのチャーチルを稀代の英雄にまで昇りつめさせたのも、また世界大戦という未曾有の危機だったのである。しかしナチスという巨悪と戦いながらも、自身は生粋の帝国主義者で、アジアやアフリカの人々に対する差別意識は最後まで抜けきらなかった。

これら七人の「悪党」たちの人生を振り返ることで、近現代イギリスが経験した一六～二〇世紀の歴史の一端を繙《ひもと》いていけるのではないか。それは日本がちょうど戦国時代から現代までを経験したのと同じ時代である。しかしそれは、織田信長や豊臣秀吉が歯牙にもかけていなかったであろう弱小国イングランドが、日本が文明開化を成し遂げていくうえでまずはお手本にしなければならなかった七つの海を支配する大英帝国へと変貌を遂げ、やがてその日本と太平洋戦争で戦った後に、「普通の国イギリス」へと戻っていく時代でもあった。

それでは早速、いまから五〇〇年前のテューダー王朝の時代にみなさんをお連れしていきたい。

悪党たちの大英帝国　目次

第六章　デイヴィッド・ロイド＝ジョージ――「王権と議会」の敵役

悪党たちの大英帝国

第一章　ヘンリ八世――「暴君」の真実

雷鳴とどろく玉座の暴君？

どういうことだ、これは？　急に怒り出したのはなぜだ？　おれがなにかしたか？　王はおれをにらみつけて出て行った、まるでその目から破滅そのものが飛び出してくるようだった。ライオンは傷を負わせた猟師をあのような怒りの目つきでにらむ、すると猟師のいのちはなくなるのだ。(1)

これはイングランド最大の劇作家ウィリアム・シェイクスピア（一五六四～一六一六）晩年の作品『ヘンリー八世』の一節である。あとで登場するが、ヘンリのために生涯まめまめしく仕えた筆頭の大臣がある政策にしくじり、王の勘気を被ったときの場面である。

一六世紀前半に詩人として活躍し、外交官としても国王に仕えたトマス・ワイアット（一五〇三〜一五四二）も、王の宮廷を描いたと思われる詩のなかで「玉座のまわりで雷鳴とどろく（circa Regna tonat）」というフレーズを繰り返している。このワイアットにしても、王妃との不倫容疑でロンドン塔に送り込まれ、あわや処刑寸前のところで命拾いした一人である。このフレーズをわかりやすい英語ではなく、ラテン語で繰り返しているあたりが意味深長かもしれない。(2)

テューダー王朝（一四八五〜一六〇三年）二代目の君主ヘンリ八世（一四九一〜一五四七、在位一五〇九〜四七年）は、イギリス史上で最も毀誉褒貶《きよほうへん》相半ばする王様といっても過言ではない。

まずはその「好色漢」としての悪評である。六人の妻を次々と娶《めと》り、そのうち二人が離縁され、二人が処刑され、一人は出産後すぐに亡くなった。また、正式な妻にはならずに愛妾として彼の子を宿した女性も数知れないと言われている。その好色ぶりは後世までの語り草ともなっている。一九世紀末に、第二章の主人公オリヴァー・クロムウェルの銅像を議会のそばに建立することについて議会で討論になったとき、ある議員は次のような茶々を入れている。(3)

「もし貴卿らのなかにヘンリ八世の崇拝者がいて、彼のために議会のすぐそばに銅像を造る動議を出されたとしたら、さぞかし大きなスペースが必要とされるでしょうなぁ。なにせ彼の六人の妻たちの銅像も造らないといけないでしょうから」。議場は大爆笑で包まれた。

次にその「残虐性」であろう。ヘンリは公の場で最も多くの処刑を行わせた王だったかもしれない。上記二人の王妃に加え、枢機卿《すうききょう》一人、貴族とその家族二〇人以上、政府高官四人、側近六人、そして大小修道院長や宗教的な反乱に加担したものなどを含めれば優に二〇〇人を超える。

特に、民衆の間で高潔な人物として評判の高かった、トマス・モアやフィッシャー枢機卿（いずれも後述）らの処刑は、国王の残虐性を人々に印象づけるものであったろう。

そして彼の「浪費癖」もすさまじかった。後で述べるように、英雄気取りのヘンリが海外遠征で費やす戦費はもちろん莫大であったが、平和なときにも彼は金を使いまくった。晩年まで美食好きで、お洒落な国王だった彼が年間に使う衣装代は四〇〇〇ポンドに及んだとされる。彼の衣装棚には、宝石で彩られたガウン（オオヤマネコやセーブル、リスの毛皮で覆われていた）が七九着、最高級の素材でできたダブレット（上衣）が一三四着も残されていた。ヘンリが一年間に作らせていたシャツは二〇〇着、帽子は三七個、タイツは六五から一四六組の間、靴下は六〇組、サテンの靴、ベルベットのスリッパ、革製のブーツなど履き物は一七五組にのぼった。[4]

ヘンリ八世

こうした「好色漢」「残虐性」「浪費癖」といった印象が強いためであろうか。二〇〇二年にBBC（英国放送協会）が行った歴史上の人物の人気投票「偉大なるイギリス人一〇〇」のなかに、ヘンリ八世は入ってはいるのだが、その結果は四〇位という微妙な位置にある。娘のエリザベス一世は七位、大英帝国最盛期のヴィクトリア女王が一八位、現在のエリザベス二世が二四位であるから、ベスト一〇〇には入っているものの、決して「人気者」というわけではあるまい。それどころか彼が処刑したトマス・モアは三七位に入っており、ヘンリは三ランク下になる(5)。

その一方で、これほどまでに現代人の心を引きつけた国王はいないというのもまた事実である。二〇世紀に入り、彼が映像に登場したのは、名優チャールズ・ロートンがオスカー（アカデミー主演男優賞）を獲得した『ヘンリー八世の私生活』（一九三三年）に始まり、人気テレビドラマ『THE TUDORS～背徳の王冠～』（二〇〇七～一〇年）に至るまで、枚挙に暇がないほどである。

もちろんなかにはトマス・モアの生涯を中心に描いた傑作『わが命つきるとも』（一九六六年）や、やはりヘンリに処刑される二番目の妃アンを主役とする『一〇〇〇日のアン』（一九六九年）あるいは『ブーリン家の姉妹』（二〇〇八年）など、ヘンリがある種「悪役」として登場するものもある。しかし最新のテレビドラマ『THE TUDORS』では、史実に基づいた等身大のヘンリを描くことで、弱小国イングランドを苦悩しながら守ろうとする彼の姿も浮き彫りにされている。

彼はイングランドにとって名君だったのか、あるいは暴君だったのか。まずは彼が生まれた頃のイングランドとテューダー王家の話から始めていこう。

テューダー王朝の正統性

いまから八五〇年ほど前の一二世紀半ば。プランタジネット王朝（一一五四年に創設）の開祖ヘンリ二世（在位一一五四～八九年）は、イングランド国王であると同時に現在でいうフランスの西半分をも領有する強大な君主であった。それは「アンジュー帝国」とも呼ばれた。しかし、その後の英仏百年戦争（一三三七～一四五三年）と、バラ戦争（一四五五～八五年）によりいまやイングランドは西欧の弱小国へと転落していた[6]。

王家に連なるランカスター公爵家とヨーク公爵家の内乱として知られるバラ戦争での最終的な勝利者が、本章の主人公ヘンリ八世の父ヘンリ七世（在位一四八五～一五〇九年）である。ヘンリ七世はもともとウェールズの田舎貴族にすぎない父エドマンド（リッチモンド伯爵）が、ランカスター公爵家の血を引く母マーガレットと結婚してできた子だった。しかもバラ戦争のさなかにエドマンドはヨーク側に捕まり、ヘンリが生まれる三ヶ月前に獄中で命を落としていた。ヘンリ自身もやがてヨーク側に追われる身となり、一四歳からの一四年間にわたりブルターニュ（フランス）での亡命生活を余儀なくされていた。

そのようなヘンリが、一四八五年八月のボズワースの戦いでヨーク家のリチャード三世（在位一四八三～八五年）を破って打ち立てたのがテューダー王朝だった。家柄からいっても、ヘンリ自身が長期間イングランドを留守にしていた経緯からいっても、その正統性は盤石たるものではなかった。イングランドでは、上記のヘンリ二世のように、大陸にある領土の防衛のためたびたび遠征に出なければならない王が続いたこともあり、留守中に行政・立法を司るとともに、フランスに赴く王の遠征費を捻出もしてくれる「議会（Parliament）」が、この頃までに強大な力を有するようになっていた。

ヘンリ七世

ヘンリ七世が自らの王位の正統性を示すためには議会からの支持は不可欠となった。彼の治世にとって最初の議会となる一四八五年一一月の会期では、王自らが庶民院で即位の正統性を主張するとともに、彼の慎重な根回しもあって、議会全体がヘンリの王位とこれに付随するすべての権利と財物が「われらの現在の君主たる国王ヘンリ七世」とその適法な相続人に帰属すると宣言した。さらに翌八六年一月には、ヘンリはヨーク家の継承者エリザベス（ヨーク王朝の国王エドワード四世の長女）と結婚し、ランカスター家とヨーク家の和解を実現した。(7)

とはいえ、ヨーク家の残党の間にはいまだヘンリを「王位簒奪《さんだつ》者」と見なすものも多かった。治世最初の頃には各地でヘンリ即位の正統性に異議を申し立てる反乱が生じていた。バラ戦争のさなかに弱体化した王権を強化するため、ヘンリは家臣たちに対する恩顧関係《パトロネージ》（官職・爵位・土地・年金・恩給）を巧みに利用し、官職の売買などで王家の財を増やしていった。さらに側近を使って、王家の有する封建的な諸権利を正当化するために各地の判事らを買収させ、司法・立法・行政のすべてにおいて王権を強固なものにしていった。(8)

のちにヘンリ七世が「イングランド史上最も有能な実務家」といわれたゆえんである。

ヘンリ父子の微妙な関係

国内で盤石たる体制を固めつつあったテューダー家ではあるが、当時のイングランドはヨーロッパ国際政治のなかでは弱小国にすぎなかった。相次ぐ戦争と内乱、一四世紀のヨーロッパ全体を襲った疫病（ペスト）などの影響もあり、一六世紀初頭のイングランドの人口は二〇〇万強にすぎなかった。しかもヨーク家からブルゴーニュ公国に輿入《こしい》れしたマーガレット王女の要請で、彼女の親戚筋にあたるハプスブルク家がいつ何時イングランドに来襲するかもわからなかった。

こうしたなかでヘンリ七世が同盟国として頼ろうとしたのが、新興の大国スペインであった。イングランドにテューダー王朝が形成された七年後、一四九二年にイスラーム勢力をイベリア半島から完全に駆逐したスペイン王家は、王女フアナがハプスブルク家の御曹司フィリップと結婚していたことからハプスブルク家に抑えが利く関係にあった。しかも女王のイサベル一世（在位一四七四～一五〇四年）は同年、ジェノバ出身の商人クリストファー・コロンブス（一四五一～一五〇六）をインド発見のため西廻りで航海させる資金を全面的に支援しており、これは将来的に南アメリカ大陸に「スペイン帝国」を確立する契機となっていく。

ここにヘンリ七世の長男アーサー（一四八六～一五〇二）とイサベル一世の末娘キャサリン（スペイン名でカタリーナ：一四八五～一五三六）との婚礼が整うことになった。一五〇一年一一月に二人はロンドンのセント・ポール大聖堂で華燭《かしょく》の典を挙げた。ところが喜びはつかの間で終わった。それからわずか五ヶ月後（一五〇二年四月）にアーサーは一五年の短い生涯を閉じてしまったのである。死因は腺ペスト、結核、あるいは睾丸《こうがん》の癌だったのではないかなど、様々な説が出されている。(9)

父ヘンリ七世の嘆きは大きかった。彼はその家族愛のすべてをアーサーに注いできたといっても過言ではなかったのだ。ここにアーサーの「代打」として登場することになったのが、本章の主人公ヘンリ八世だったのである。「代打」とは言い過ぎではないかと思われるかもしれないが、父王の愛情は皇太子アーサーに集中して注がれ、彼は五歳年下の次男坊ヘンリにはまったく関心がなかったとさえ言われている。父子の間にはほとんど会話もなく、ヘンリも父から何かを尋ねられたときだけ返答する程度という冷え切った関係であった(10)。

とはいえ、兄の死によりいまやヘンリこそがイングランドの世継ぎである。アーサーの死から半年後の一五〇二年一〇月、ヘンリは一四世紀以来の皇太子が叙されてきたコーンウォール公爵となり、さらに翌〇三年二月にはウェールズ大公、チェスター伯爵というこれまたイングランドの皇太子に付随する伝統的な称号を父から与えられることになった。

それと同時に父ヘンリ七世が早急に進めさせたのが皇太子ヘンリの結婚問題である。せっかく鳴り物入りでスペインから輿入れさせたキャサリンを、このまま「未亡人」として故国へ帰してしまうのは惜しい。それではハプスブルク家との姻戚関係も一から築いていかなければならない。アーサーとキャサリンの間には世継ぎも生まれていなかったし、キャサリンはアーサー死亡時にまだ一六歳という若さであった。このまま義弟ヘンリの嫁としてイングランドにとどまってほしい。ヘンリ七世だけではなく、送り出したスペイン王家のほうも同感であった。

しかしここでネックとなったのがキリスト教の教義であった。聖書では兄嫁との結婚は、たとえ兄の死後であっても不義にあたると説かれていた。ここでヘンリ七世はすぐさまローマ教皇庁に使者を送った。ローマ教皇ユリウス二世（在位一五〇三〜一三年）はイタリアでの戦争に深く関わり、サン・ピエトロ大聖堂の新築（このためやがて贖宥状《しょくゆうじょう》が販売されることになり、それがルターの宗教改革へとつながる）も進める人物であった。つまり金さえ贈ればなんとかなる。ヘンリの根回しで教皇庁も皇太子とキャサリンの結婚を認めた。ただし皇太子は未成年であったため、一八歳を迎える（一五〇九年）まで正式な結婚は待たなければならなかったが。

国王即位と大いなる野望

こうして「日陰の身」であったヘンリは、ようやくイギリス史上にその姿を現したのである。彼が史料に姿を現すのは兄アーサーとキャサリンの結婚式が最初だった。すでに一〇歳になっていた。それゆえ彼に施された教育についても情報はまちまちである。ただし近年の研究では、兄アーサーと同じく、古典を基礎とした文法、詩作、修辞学、倫理学、歴史など、中世王侯の世界に一般的に流布していた教養は身につけていたものと思われる。

青年時に親交を結ぶようになった北方ルネサンスの鬼才で『痴《ち》愚《ぐ》神礼讃《しんらいさん》』などの作者でもあるデシデリウス・エラスムス（一四六六～一五三六）によれば、ヘンリはフランス語とラテン語を話し、イタリア語は読めて、スペイン語も学習していたようである。世はまさにルネサンスであり、ヘンリも当時の人文科学はひととおり修めていたのであろう[11]。

キャサリン

そのヘンリがついに王位に即《つ》く日がおとずれた。一五〇九年四月二一日午後一一時、父ヘンリ七世が亡くなった。訃報は二三日の正午まで伏せられ、亡王を支えた顧問官たちが次王ヘンリ八世に忠誠を誓うとともに、正式に新王の即位が宣言された。

この二ヶ月後の六月二八日でヘンリは満一八歳を迎えた。その二週間ほど前の六月一一日、ヘンリは晴れて許嫁《いいなずけ》キャサリンと結婚し、二四日には二人でウェストミンスター修道院で戴冠式も挙行した。

ヘンリ八世は、亡き父王と自分は異なることを内外に印象づけようとした。ヘンリは父のおかげでテューダー王家による統治権も盤石になりつつあることはわかっていた。しかし彼の目から見れば、父王はテューダー王家の安泰とイングランドの独立を維持することに汲々《きゅうきゅう》とするだけで、イングランドを再び大国の座に着けることができずにこの世を去った物足りない王と映ったのである。

自分は違う。いまや戦乱の時代に突入したヨーロッパ国際政治のなかで、自らの名声を不動のものにしたい。若きヘンリは意気軒昂であった。そのためにはまずは武勲を立てなければならない。彼が理想に描いたのは、同じく「ヘンリ」でも父の七世ではなく、一世紀前のご先祖にあたるランカスター王朝の英雄ヘンリ五世（在位一四一三～二二年）であった。彼がフランス北部のアジャンクールで数の上では三倍にも及ぶフランス軍相手に得た大勝利は、イングランド側にとっては英仏百年戦争での白眉のひとつであり、ヘンリ八世もこの五世の名声にあやかろうと奮闘した(12)。

即位から四年後の一五一三年、義父（妻キャサリンの父）でスペイン国王のフェルナンド二世と神聖ローマ皇帝にしてハプスブルク家当主のマクシミリアン一世から援護を受けて、ヘンリ八世はネーデルラント（現在のベルギー）に遠征を行い、一定の勝利をつかんだ。さらに同年九月にはスコットランドに遣わした遠征軍がフロッドンの戦いで勝利をつかみ、義兄（姉マーガレットの夫）のスコットランド国王ジェームズ四世が戦死する。ヘンリはグレート・ブリテン島と大陸の双方の幸先の良いスタートを切った。

ところがこの一連の遠征でヘンリが余儀なくされた出費は、実に一〇〇万ポンドにまで及んでいた。当時のヘンリの年収の一〇倍にも達する金額であった[13]。

ウルジーの登場――国際政治の調整役？

それと同時に、ヘンリはヨーロッパ国際政治のなかで名声を確立するため、戦争だけではなく、「外交」によっても影響力を行使していく手段に出ていく。このほうが戦争よりもはるかに安くついたからである。そのようなときにうってつけの人材が現れた。それが聖職者出身のトマス・ウルジー（一四七五〜一五三〇）であった。

トマス・ウルジー

対仏戦争時に顧問官の一人としてヘンリに抜擢されたウルジーは、やがて国王からの信頼を一身に集め、一五一四年にカンタベリー大司教に次ぐイングランドで二番目の高位にあたるヨーク大司教に任命されたのを皮切りに、翌一五年に枢機卿にして大法官（当時としては首相兼最高裁長官にあたる）、そして一八年には教皇特使となりおおせていった[14]。

ウルジーがヘンリ八世治世下の最高実力者として躍り出てき

た時期は、ヨーロッパ国際政治に新たな役者たちが登場してきた時代でもあった。まずはフランスにフランソワ一世（在位一五一五～四七年）が、次いでスペインにカルロス一世（在位一五一六～五六年）が即位した。

ヘンリが初めてのフランス遠征に乗り出したとき、これを援護してくれたフェルナンド（父より五歳年上）もマクシミリアン（父より二歳年下）も亡きヘンリ七世と同世代であり、ヘンリは「小僧扱い」されていた。それがここに登場してきたフランソワは三歳、カルロスは九歳もそれぞれヘンリより年下だった。しかも野心家のフランソワがその勢力を拡張しようというときに、フランスを取り囲むように領土を有するカルロスとぶつからないはずがない。

折しもヨーロッパ中央部の神聖ローマ帝国（ドイツ）では、一五一七年一〇月にマルティン・ルター（一四八三～一五四六）が宗教改革に乗り出していた。ここでヘンリはルターに賛同する動きを封じ込めるためにも、いまこそキリスト教徒の諸侯が一致団結すべきであると提唱し、主要大国と二〇ほどの小国の間で「普遍的な平和」の構築を実現していく。いわゆる「ロンドン条約」の締結である（一五一八年）。さらに、糾弾されたローマ教皇庁を擁護するため、ヘンリは『七秘蹟の擁護』と題する本を書いていく（ただし側近で『ユートピア』の作者としても名高いサー・トマス・モアが陰の作者《ゴースト・ライター》だったと言われる）。

ウルジーがお膳立てをしたこの条約で、ヘンリは自らが「平和の調整役《ピース・メーカー》」になったと自画自賛した。ところがその「平和」はわずか一年で崩壊した。翌年の一五一九年に神聖ローマ皇帝マクシミリアンが亡くなり、七人の選帝侯による皇帝選挙が行われる運びとなった。ここにルターの教えを擁護する何人かの選帝侯の動きとも関係し、慣例に従えば、ハプスブルク家の当主であるカルロスが選ばれるべき選挙の雲行きが怪しくなった。そのすきにフランソワが皇帝選挙に名乗りを上げてきたのだ。一説では、彼は選帝侯らに一・五トンもの黄金を賄賂に贈ったとされる。対抗馬のカルロスも負けてはいられなかった。彼も御用商人フッガー家が用立てた二トンの黄金を使って、ようやく皇帝に当選を果たした。(15)

その後もヘンリは「平和の調整役」を自任して粘り強くフランソワ、カール〈カルロスのこと。以下、本章ではカール〈五世〉と呼ぶ〉と個別に外交交渉を続けた。皇帝選挙の翌年、一五二〇年六月にヘンリはフランス北部にあるイングランド領カレーとフランス領の境界に位置するアルドルの平原で、フランソワ一世と会見を行った。そこには金襴《きんらん》の布で覆われた豪奢なテントが数百個も造られ、フランス王を出迎える貴顕ら五〇〇人と行進する三〇〇〇人の兵士や馬も深紅のベルベットや金具で飾られた。国王同士の会見の合間には、馬上槍試合や格闘技、豪華な晩餐会などまさに一大ページェントが繰り広げられた。世に言う「金襴の野の会見」である。(16)

またこの前後には、ヘンリはロンドンでカール五世とも会見を行い、表面的にはヘンリは相変わらず「平和の調整役」を担っているかに見えた。しかしいくら年下の君主とはいえ、フランソワ一世統治下のフランスはイングランドの六倍〈一二〇〇万以上〉もの人口を擁しており、いまや神聖ローマ皇帝にも即位したカール五世に至っては、スペインに加え、父方のハプスブルク家からもネーデルラントや中欧などの数々の所領を継承し、その称号の数は実に七一に及んでいた。しかもその財政規模はヘンリの七倍以上にも達していたのである。やがてヘンリはこの二人の間で翻弄されていくことになる。

後継者問題の深刻化――男子継承者への渇望

ヘンリが、カールとフランソワの間で揺れ動いた原因のひとつが、自らの後継者問題であった。

一五〇九年六月に結婚したキャサリンとヘンリは相思相愛の仲にあった。翌年にキャサリンは妊娠するも、残念ながら流産に終わった。しかし一五一一年一月一日、待望の男の子が誕生した。国王は驚喜し、自身と同じく「ヘンリ」と名付けた。ところがそれからわずか七週間後に赤ん坊は亡くなった。ヘンリの落胆は大きかった。こののち、キャサリンは四回の妊娠を繰り返したが、無事に育ってくれたのは一五一六年に生まれたメアリという女の子だけだった。最新の研究では、夫婦間の血液の性質が合わず、このような悲劇につながったのではないかとされる[17]。

ヘンリは焦った。男系男子に継承者を限定したサリカ法と呼ばれるヨーロッパ大陸の継承法は採らず、イングランドでは女系女子にも継承権がある。しかし本章でもすでに述べてきたとおり、当時のヨーロッパは弱肉強食の戦乱の世である。同時代の日本もまさに戦国の乱世だった。王が自ら鎧兜を身につけ馬に乗って兵を率いる時代であったので、ヘンリはどうしても男の子の世継ぎが欲しかった。さらに、父ヘンリ七世治世の初期に見られたように、王位継承の正統性が弱いテューダー家を抑えて王になろうとする男子が、王家に連なる大貴族のなかから出てこないとも限らない。しかし、ヘンリより六歳年上のキャサリンは一五二五年には四〇歳になってしまった。これ以上の子どもを期待することは無理だった。

実はヘンリはキャサリンと仲睦まじく過ごす一方で、生来の好色癖から愛妾がおり、なかなか男子を産むことができないキャサリンを尻目に、その愛妾との間に男子をもうけていた。キャサリンが四〇歳になった年に、この男子にはリッチモンド公爵等の爵位まで与えられた。とはいえあくまでも私生児である。ヘンリは自分のために男子を産んでくれる若いお妃候補を物色していた。そんな頃、ヘンリの目にとまったのがキャサリンの侍女を務めるアン・ブーリン（一五〇一頃〜一五三六）という女性。忠臣の一人トマス・ブーリン（一四七七頃〜一五三九）の娘だった。父トマスは駐仏大使を務め、かの「金襴の野の会見」をすべてお膳立てした有能な外交官だった。アン自身もフランス語に堪能で、宮廷の礼儀を身につけていた(18)。

アン・ブーリン

一五二六年頃からアンと男女の関係を持つようになったヘンリは、ついに翌二七年五月にローマ教皇庁に遣いを送る。もともとは聖書の戒律に背く「兄嫁（キャサリン）との結婚」を無効にしてほしいと要請するためだった。元来が金で認められた結婚である。金次第で解消できるだろうという究極のご都合主義だった。教皇庁に顔の利くウルジー枢機卿も各国の高位聖職者たちと諮《はか》り暗躍した。ところがタイミングが最悪だったのだ。折しもローマ教皇庁はカール五世の軍隊により占領されていた。ドイツ北部の諸侯がルター派を支持する動きを示すなか、宗教会議ひとつ開けない優柔不断の教皇クレメンス七世（在位一五二三〜三四年）に直談判する目的であった。先導したカールの兵士たちが街であらん限りの乱暴狼藉を働いたため「ローマ掠奪《りゃくだつ》」とも呼ばれた事件である。教皇は一五二八年一〇月まで幽閉されてしまった。

イングランドのヘンリ八世から教皇庁に使者がやってきたのはそのようなさなかのことだった。カール五世にとってキャサリンは最愛の叔母（母の妹）にあたった。この縁故もあっていざ戦争ともなるとヘンリはこれまでハプスブルク側につくことが多かった。しかし「ヘンリ叔父さん」から教皇宛の書簡を勝手に開けたカールの顔色がみるみる変わった。叔母が離婚を望んでいないことを知っていたカールは、ヘンリの要望をのまないよう教皇に迫った。そもそもが聖書の戒律に背いた兄嫁との結婚の無効に前向きだった教皇は「断り」の書簡を送るしかなかった。

教皇庁に通じていたウルジー枢機卿も為す術《すべ》がなかった。本章の冒頭で紹介した『ヘンリー八世』の台詞は、離婚をまとめられない枢機卿の「無能」に怒る国王の態度に恐れおののいたウルジーのものだったのだ。一五二九年一〇月にウルジーは大法官を解任された。彼がロンドンの郊外に贅を尽くして建設させたハンプトン・コートの屋敷をはじめ、財産の大半も没収された。それはロンドンの中央部に建つヨーク大司教の公邸にまで及んだ。ここはホワイトホール宮殿としてヘンリが愛用する邸宅となった。反逆罪で逮捕されたウルジーは、ロンドンへと移送される途上にレスターの修道院で息を引き取った。イングランドで最大級の権勢を誇った人物にしては、なんともわびしい最期であった。

「主権国家」のさきがけ？——イングランド国教会の形成

ウルジーの失脚で、ついに国王自身が政治に直接乗り出すことになった。これまでの一四年間は次から次へと政治的野心を抱く一方で、その実行についてはウルジーに多くを任せ、大好きな狩猟や舞踏会、作曲や天体観測、はては恋愛にかまけることの多かったヘンリは、ウルジーの下で秘書官を務めていたトマス・クロムウェル（一四八五～一五四〇）に政治外交を、新たにカンタベリー大司教に任じたトマス・クランマー（一四八九～一五五六）に宗教をそれぞれ任せるかたちで、彼らを手足として使い、キャサリンとの離婚を認めようとしない教皇庁に真っ向から挑戦していく。

トマス・クロムウェル

トマス・クランマー

一五二九年一〇月から、ヘンリはのちに「宗教改革議会」と呼ばれることになる議会を召集した。当時のイングランド議会は、聖職者と世襲貴族からなる貴族院は一〇〇名ほど、一五五の選挙区から選ばれる庶民院には三一〇名の議員がいた。ここで一五三六年四月まで断続的に開かれた討議により、諸収入税上納禁止法（一五三二年）に始まり、上告禁止法（三三年）、第一次王位継承法（三四年）、国王至上法（同）、反逆法（同）、教皇権威禁止法（三六年）に至る一連の議会制定法が作られ、イングランドはついに教皇庁と袂を分かった。

特に、王侯の権威を飛び越して教皇に直訴（上告）することを禁じた上告禁止法には、クロムウェルが準備した以下のような文言が盛り込まれた。「このイングランド王国は帝国（Empire）であり、そのように世の中で受け入れられてきた。この帝国は至上の長である国王によって統治され、その国王は帝冠（Imperial Crown）の尊厳と王の威容を有するものである[19]」。

一五三〇年にはヘンリはローマに使節を送り、「わが王国ではわれこそが至高の存在であり、これを凌駕するものなどいない」と宣言し、自身の離婚問題に対する教皇庁からの干渉を拒絶した。さらに翌三一年、クランマーは自著で「国王には天与の命令権（imperium）が備わっており」それまで主流を占めていた世俗（王）と宗教（教皇）という「二つの剣論」に代わり、剣はともに王に属し、「王こそが真の神の代理人（Vicar of God）」であると同時に、「すべての王国においては、一人の国王とひとつの法が神の法となる」と説いたのである[20]。

この一連の動向は、それまで国や民族を超越した権威として中世キリスト教世界に君臨してきたローマ教皇庁に対する真っ向からの挑戦であった。またそれは同時に、カール五世が薫陶を受けた「皇帝という称号は、神聖ローマ帝国の範囲を超えた普遍的な使命を授けている」との考え方にも挑むものであった[21]。一六世紀前半のヨーロッパでは、カールの「普遍的な帝国」に対抗するかたちでフランソワが自らを「陛下（Majesty）」と称するようになり、カールも、さらにはヘンリまでもが「陛下」を自称し始めた。

一般的には、ヘンリは自らの離婚願望のためにローマ教皇庁（カトリック）から離脱して、イングランドに独自の教会を形成したと矮小化されるが、その実、ヘンリはもっと根本的に政治や国家のあり方を変えたと言えよう。

ヘンリが理想としたのは旧約聖書に登場する古代イスラエル王国のダビデ王（在位紀元前一〇〇〇～九六一年頃）だった。少年期のダビデが迫り来るペリシテ人の大男ゴリアテを一撃で倒したその姿は、強大なローマ教皇庁やカールの帝国に一人で立ち向かうヘンリ自身の姿にも重ね合わされたのかもしれない。さらに、ダビデは最初の子を亡くすことで神から罰を受けていたが、それは「兄嫁との結婚」により最初の子を亡くしていた自らとも符合するものであった。そしてそのダビデこそは、教会と国家の双方を統治下に置く「真の王」でもあった[22]。

ヘンリのイングランドは、政治外交（さらに軍事）的にはカールの帝国に対して、宗教的にはローマ教皇庁に対して、自らの「主権」を訴えた最初の国家だったのかもしれない。

現代の国際政治学などが定義する「主権国家」とは、国境によって他とは区分された固有の領土を持ち、その領土のなかでは何人《なんぴと》からも制約を受けないで統治することができ、領土の外には自分より上位の存在がなく、各国の平等が認められる「主権」を保証されているとともに、その領土に属する「国民」から成り立っているものである[23]。

一六世紀のイングランド（およびヨーロッパ国際政治）がこのすべての条件にあてはまるわけではもちろんないが、一七世紀以降に段階的にこれらのいくつかは実現し、一九世紀初頭にナポレオン戦争（一八〇〇～一五年）が終結する頃までには確立される、「主権国家」のさきがけ的な存在として、ヘンリのイングランドは当時としては画期的であったといえよう。

また、ヘンリがローマ教皇庁と袂を分かった頃、神聖ローマ帝国では皇帝カール五世があくまでもルター派の活動を認めようとはせず、これに抗議をする人々という意味からルター派信者は

「プロテスタント」と呼ばれるようになった。これに対し、教皇庁の権威を信奉するものたちは「カトリック（普遍的という意味）」と自ら称するようになる。

内憂外患の一五三〇年代

こうして「イングランド国教会（Church of England）」を形成し、その最高首長に就くことになったヘンリは、一五三三年五月にキャサリンとの結婚の無効を宣言し、ここに晴れてアンと正式に結ばれる。同年九月に待望の赤ん坊が誕生したが、生まれてきたのはまたもや女の子（のちのエリザベス一世）であった。通説では女児の誕生にヘンリは落胆したと言われてきたが、そのような証拠はなく、次に生まれてくる赤ん坊は男の子だろうと楽観視していたようだ(24)。

この間に結婚を無効にされたキャサリンはこののち軟禁状態に置かれ、愛娘メアリとも会えない状態が続いた。そのメアリも非嫡出子の扱いを受け、母娘にとってつらい歳月が続いた。離婚から三年後の一五三六年一月にキャサリンは失意のうちに亡くなった。

二番目の王妃アンはその後二度ほど妊娠したがいずれも流産に終わってしまう。アンから男児を得ることを諦めたヘンリは、キャサリンの死から半年も経たない一五三六年五月、複数の男性と姦通しているとの罪状でアンを逮捕・投獄させる。アンが処刑された翌日、ヘンリは三番目の妃ジェーン・シーモアと婚約し、まもなく結婚した。よりによってジェーンはキャサリン、アンの二人に侍女として仕えた女性だった。そして翌三七年一〇月にようやく待望の男子（のちのエドワード六世）を得るのである。ただしジェーンはエドワードを出産してすぐに他界してしまった。[25]

他方でヘンリは、イングランドに散在する大小八〇〇ほどのカトリックの修道院を順次解散させていった。中世キリスト教世界においては、各国に散らばる修道院はラテン語（中世ヨーロッパの国際共通言語）と学問を武器に僧侶らを主要官職に就けて宮廷に送り込み、各国の政治外交を牛耳るだけではなく、時としてローマ教皇庁にとっての諜報活動も展開した。ヘンリはこれをすべて叩き潰すことにしたのである。

まずは比較的抵抗の少ない小修道院から始め、一五三六〜三九年の間に解散させられた修道院の土地財産だけで、イングランドとウェールズに拡がる全教会財産の実に四〇％にも相当した。そのすべてがヘンリに没収されたのである。それらの地代収入だけで年間一三万二〇〇〇ポンド（ヘンリの年収より若干多い）に達し、所蔵されていた金銀の皿や装飾品の売却代金も七万五〇〇〇ポンドにのぼった。[26]

ジェーン・シーモア

それまではテューダー王家より多くの土地財産を有する大貴族もいたが、ここにテューダー家は莫大な富と男子の世継ぎまで得ることになった。とはいえヘンリの前途はまさに多難であった。まずは「恩寵《おんちょう》の巡礼」と呼ばれる宗教的な反乱の勃発である。小修道院の解散が始まるや、イングランド北部のリンカンシャでは、教会の破壊、教会財産や儀礼への王権の介入などが懸念され、これが暴動へと発展した。それとは別個に同じく北部のヨークシャでも反乱が生じ、こうした一連の動きは瞬く間に各地に拡がっていった。反乱は翌三七年春までには鎮圧されたが、彼らの動きを支持したのがほかならぬ時のローマ教皇パウルス三世（在位一五三四～四九年）だった。前任者のクレメンス七世が宗教改革の動きに対し優柔不断だったのに比べ、強硬派のパウルスはこれに断固たる態度を取った。

一五三八年一二月、教皇はヘンリ八世を正式に破門し、イングランド王からの廃位も宣言した。それと同時にカール五世とフランソワ一世に和解を提示し、イングランドを異端から救うための新たなる十字軍を結成するよう要請した。宿命のライバルだった両者は、三九年秋には和解が成立し、その年のクリスマスをフォンテーヌブロー（パリ郊外）の城で仲良く過ごすことになった。

犬猿の仲であるはずの両雄が手を携えてイングランド遠征に乗り出す可能性もでてきた。ここはカトリックと敵対関係にあるプロテスタント勢力と手を結ぶしかない。クロムウェルの斡旋により、ドイツ西部のプロテスタント諸侯の一人クレーフェン侯爵の姉アン・オブ・クレーヴス（ドイツ名でアンナ）と四度目の結婚に臨んだヘンリであったが、翌四〇年二月までにはカールとフランソワは再び決裂し、カトリック勢力による「十字軍来襲」はなくなった。

代わりにイングランドにやってきたアンは、残念ながらヘンリの趣味には合わない女性であり、すぐさま離縁された（ただしその後、生涯をイングランドで生活した）。この失態につけ込んだのが宮廷内におけるクロムウェルの政敵たちだった。イングランドでも最有力貴族の一人であるノーフォーク公爵（一四七三～一五五四）は、出自の低いクロムウェルが一五四〇年四月にエセックス伯爵に叙され、宮廷内官職でも高位の式部卿に任じられたのを内心妬《ねた》ましく思っていた。

ノーフォークによる告発でクロムウェルは反逆罪に問われ、七月には処刑されてしまった。その処刑の当日、ヘンリは五度目の結婚式を挙げるが、お相手はなんとノーフォークの姪にあたるキャサリン・ハワードだった。しかしもともと身持ちの悪かったキャサリンは、結婚前から付き合っていた男性とその後も密会を重ね、一年半後の一五四二年二月に姦通罪により処刑された。六年ほど前に同じ罪状で処刑されたアンは、キャサリンの父エドムンドの妹エリザベスの次女にあたり、この二人はいとこ同士でもあった。

アン・オブ・クレーヴス

キャサリン・ハワード

「帝国」の拡大

西欧二大国による侵略の可能性が消えると、ヘンリは自らの地盤固めに本格的に乗り出していく。すでに即位した当時から、ヘンリはイングランド防衛のためには強大な海軍力が必要であることを認識し、この三〇年間で一五〇隻もの軍艦を建造していたのである。脆弱な海軍しか持ち合わせていなかった父ヘンリ七世とも、このあたりで違いを見せつけていた。さらに大陸からの敵に備え、イングランド東岸のハーパーから西端のミルフォード・ヘヴンに至るまで強固な要塞を張り巡らせるようになっていた[27]。

さらにヘンリが進めたのが、イングランド周辺諸国への勢力拡大であった。まずはウェールズである。一三世紀末からイングランドはウェールズへとその勢力を拡げ、一三〇一年からイングランドの皇太子には「ウェールズ大公（Prince of Wales）」の称号まで勝手に付与されるようになっていたが、ここを力ずくで吸収合併したのがヘンリ八世であった。彼が即位した当時、ウェールズには四五の貴族領があったが、一五三六年から四三年までにイングランド議会で制定された一連の法律により、ウェールズはイングランドに合併されることになった。ウェストミンスターの議会（庶民院）にも二七議席がウェールズ選挙区に割り当てられることになる。

次にアイルランドである。ここは父ヘンリ七世の時代からすでにイングランド議会で制定された法がそのままアイルランドにも適用される状況にあった。ローマ教皇庁の熱心な支持者の多いアイルランドでは、ヘンリ八世が教皇庁と袂を分かってから、イングランドに対するさらなる反感が強まった。一五三四年六月に生じた有力貴族キルデア伯爵家のトマスの反乱がその代表的なものである。翌年八月までに反乱は鎮圧され、ヘンリは一挙にアイルランドに乗り込んでくる。一五四一年六月には、アイルランド議会は彼をアイルランドの「王（King）」と認めさせられ、その宗教政策にもローマ教皇庁の介入は及ばないと宣言させられることになった。それまでイングランドの歴代の王たちはアイルランドの「領主（Lord）」を名乗るにとどまっていたが、ここでもヘンリの「帝国」意識が強く見られることになった。(28)

そして最後はスコットランドである。ヘンリがアイルランド国王に即いた翌年、一五四二年の一二月に甥にあたるスコットランド国王ジェームズ五世が急死した。後を継いだのは、生後まだ六日というメアリ（メアリ・ステュアートとして知られる）だった。大陸ではちょうどこの半年前からカールとフランソワの対立が始まっていた。ヘンリはこのすきを突いてスコットランドに介入しようとした。幼子のメアリと当時五歳の皇太子エドワードの縁組みを成立させ、ゆくゆくはスコットランドを乗っ取ろうという寸法である。もちろんスコットランド側はこれを拒否した。

　それでは力ずくでとスコットランドに侵攻するも、準備などが整っておらず失敗に終わった。しかも一五四三年六月からは、ヘンリはカールに引きずられるかたちで対仏戦争にも乗り出す。スコットランドとはひとまず和平を結び、同年秋には一万五〇〇〇の兵を率いてフランスへと乗り込んだ。ところが各地でイングランド軍は苦境に陥り、一五四四年九月には惨敗を喫した。そのわずか四日後、カールはヘンリなどお構いなしに早々にフランソワと講和を結んでしまう。ここにヘンリは、フランスと、前年の和平を覆したスコットランドとの挟み撃ちに遭った。両国との講和は、一五四六年六月にようやく結ばれた[29]。

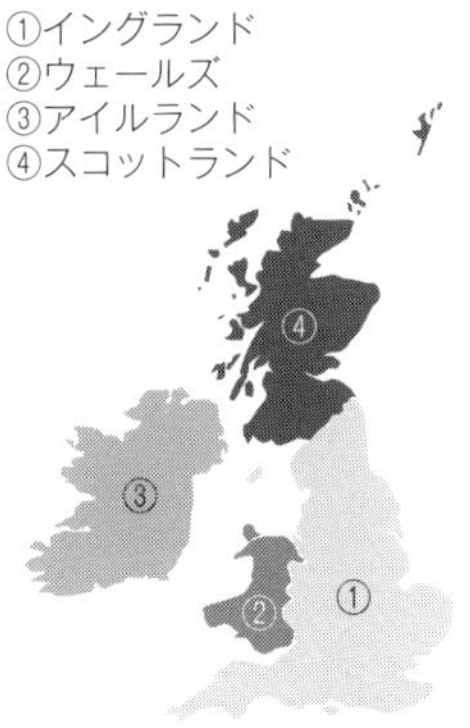

イングランドおよび周辺諸国

　百年戦争での宿敵フランスを打ち破り、おまけにスコットランドまで併合しようとするヘンリの野望はあえなく潰《つい》えた。それどころか徒労に終わった遠征費は一六〇万ポンドに達し、これに駐屯費や築城費までかさんでしまい、ヘンリの宮廷は破産寸前となってしまった。このため没収した修道院の土地はその三分の二が売り払われたり、家臣への褒美で消えていった。さらに貨幣の「大悪鋳」により金の含有率が一六％しかない（銀が六四％）粗悪な金貨が出回ることになる。大陸市場でポンドの価値は一三％も下落し、大陸の商人はポンドでの取引を拒否した。

王権と議会の協働《パートナーシップ》

こうしたヘンリの財政難をある程度救ってくれたのが、「宗教改革議会」以降に本格的に協力関係を築くようになった議会であった。

一昔前までは、歴史学の世界ではヘンリをはじめとするテューダー王朝のイングランドの王たちは「絶対君主」であると定義づけられていた。しかし、キャサリンとの離婚やイングランド国教会の形成に至る一連の動きを見ていただいてもおわかりのとおり、権威主義的な性格に見えるヘンリは意外にも重要な政策を遂行するためには必ず議会に相談し、場合によっては自ら議会に出席して審議に参加し、議会制定法のかたちを取って臣民に命じていた。同時代のフランス国王フランソワ一世が身分制議会である全国三部会にあまり頼らずに政治を行い、神聖ローマ皇帝のカール五世が、時として「皇帝絶対主義」の確立をねらい、帝国議会を構成する諸侯から権利を認めるよういつも突き上げを食らっていたのとは対照的である。

一見すれば専制的で強引な性格にもとれるヘンリは、近代へと移行しつつあるイングランドの時代状況を把握する賢明さがあった。とはいえ一六世紀の段階ではもちろんいまだに王権は強大であった。国王離婚問題や国教会の形成に反対し、ヘンリの逆鱗に触れて命を落とした者たちも大勢いた。ルネサンス期のイングランドを代表する知識人で大法官も務めたサー・トマス・モア

（一四七八～一五三五）や、ロチェスター司教で教皇庁の信奉者だったジョン・フィッシャー枢機卿（一四六九～一五三五）などがその代表格であろう。

ヘンリはその治世の初期（一五〇九～三一年）には一一会期、中期（三二～四〇年）には一〇会期、後期（四一～四五年）には一二会期の議会を召集している。特に対仏戦争で苦戦を強いられた後期の時期には、一会期につき平均一〇週間ぐらい議会は開かれ、五〇〇に及ぶ法案が出されている。議員たちの間でも国家に関する重要な案件は議会への諮問が当然視されるようになった。特に会期冒頭において、個人の資産価値の直接査定に基づく一種の累進課税である「特別税《サブシディ》」の承認が慣例化されたことは、イギリス史家の仲丸英起も指摘するとおり「それまで主な歳入を封建的諸収入に依存していた国家財政にとって大きな転換点」となることだった[30]。

ヘンリ八世の時代になり、議会の権威と能力、立法的な生産性はさらに向上したが、それらは決して王権を侵害するほどのものではなかった。むしろ国王にとっては、議会こそが政策を実現するための至高の発露であり、ヘンリは貴族院・庶民院双方に細かい気配りを見せながら、重要法案を通す場合には自ら議会に赴いて、議員らの説得に努めた。ヘンリ八世の評伝を記した歴史家エリック・アイヴズの言葉を借りれば、「ヘンリは政治的国民を統合するためのフォーラムとして議会を活用した」のである[31]。

ヘンリ自身が議会に姿を現した最後は一五四五年一二月のことであった。五四歳になっていた王は宗教的にも国をひとつにまとめていく大切さを議員らに説いて退場したとされている[32]。

王の死とその遺産

このように生涯にわたって議会とともに国を守り続けたヘンリも、長年の暴飲暴食がたたって、五〇を過ぎる頃には身体中に病を抱えるようになっていた。二一歳の時には、身長一八五センチでウェストは八〇センチという、筋骨隆々でたくましい身体に恵まれていた。それがまた彼自身を戦場に駆り立て、平和なときには馬上槍試合やレスリング、テニスなどに打ち込む姿に現れていた。しかし晩年にはウェストは一三五センチを超え、醜い肥満体へと姿を変えてしまった。

その膝は慢性的な潰瘍に悩まされ、糖尿病まで患うこととなった。かつて晩年のヘンリは「梅毒」に冒されていたなどと言われていたが、最新の研究では拡張蛇行静脈瘤か骨髄炎だったのではないかとされている(33)。

ヘンリ八世は、一五四七年一月二八日午前零時から一時の間にロンドンのホワイトホール宮殿で息を引き取った。享年五五。遺体は宮殿で正装安置され、二月八日にはイングランド中の教会で哀悼歌が歌われ、翌九日にはやはりイングランド中の教会で亡き王のための追悼礼拝が営まれた。一四日に遺体はウィンザーに運ばれ、その葬送の列は六キロにもわたって続いたと言われる。一六日にはウィンザー城内のセント・ジョージ礼拝堂に埋葬された。

歴史家のジョン・ガイに言わせれば「究極のエゴイスト(34)」であったヘンリ八世は、廷臣たちからは恐れられていたかもしれないが、民衆たちからは愛された王だったのかもしれない。

浪費癖が心配されていたヘンリではあったが、息子エドワードに残した遺産は莫大なものであった。国内に構える五五の城と宮殿、二〇〇〇枚を超える豪華なタペストリー、一五〇点以上の絵画、二〇二八枚の金銀の皿、一七八〇冊の書籍。さらに兵器庫には、二二八〇本の弓、四〇〇門の大砲、六五〇〇挺のマスケット銃などが残された。本章の冒頭で記したとおり、お洒落好きだったヘンリは毎年山のように衣服を新調していたが、それも「王の偉容」を示すための演出にすぎなかった。さらに絵画の持つ威力にも気を配るようになったヘンリは、当代一の画家ハンス・ホルバイン（一四九七頃～一五四三）に数々の肖像画を描かせた。中でも縦三・六メートル、横二・七メートルの巨大な絵が彼のお気に入りだったという[35]。

この絵はホワイトホール宮殿の大広間に飾られ、訪れるものを射すくめるほどの威圧感を発揮した。このお気に入りの肖像画が掛けられた宮殿で、ヘンリはその三八年近くにわたった在位を静かに閉じたのである。

ヘンリから遺産を贈られたもう一人の人物が、六人目の妃キャサリン・パーであった。二人は一五四三年七月に結婚し、キャサリンはヘンリから絶大な信頼を寄せられていた。その彼女には、四〇〇〇〇ポンド以上もの宝石などが遺贈されたが、ヘンリの死後わずか数ヶ月でキャサリンはかつての恋人と結婚する。お相手はなんとヘンリの三番目の妃ジェーンの兄トマスであった。

キャサリン・パー

しかしこれら息子や妃にわたったお宝以上に大切な遺産、それがヘンリが残した、最終的には比較的安定した政治体制を保った「イングランド」という国そのものであったろう。結果的に見れば、父ヘンリ七世とは異なり、イングランドを強大な国家に仕立てあげるというヘンリ八世の野望は実現できなかったかもしれない。彼にできたことは、父王と同じく、弱小国イングランドの独立とテューダー王家の安泰を汲々としながら守る程度のことであった。

とはいえ、父とは異なる側面も確かにあった。まずは宗教的にローマ教皇庁と袂を分かつことで、教会を国家の下に治めたということ。これはドイツ北部や北欧の王侯たちが、ヘンリを手本に次々と見習っていく手法であった。さらにそれはのちに確立される「主権国家」のさきがけとも言うべき形態であり、宗教についてはは教皇庁から、政治外交についてはカールの帝国から干渉を受けずに、自国のなかでは至高の存在であることを内外に印象づけた。

さらにこののち二〇世紀初頭まで続くことになる、イングランド（イギリス）外交にとっての源流と伝統を築いたのもヘンリであった。彼の時代のカール五世に代表されるが、ヨーロッパに過度に強大な存在が登場しないよう周辺の国々と牽制するという、のちの国際政治の言葉を使えば「勢力均衡（balance of power）」という考え方である。さらに大陸での領土をほとんど失った（英仏百年戦争）後のイングランドにとっては、経済の面でも軍事の面でも大切なネーデルラント（現在のベルギー）を強大国に押さえられないように注意するという政策もヘンリが始めたものであった。この二つはまさにこの後の近代イギリス外交にとっての基本路線となっていく。[36]

そしてヘンリの時代までに定着しつつあった、王権と議会の協働をさらに根づかせていく契機となったのが、先にも述べたとおり、彼の治世における「宗教改革議会」であった。それは彼の子どもたちの代にも引き継がれ、一七世紀以降に確立される議会主権の時代の布石ともなった。

こうした議会との協働は、彼の死後にも子どもたちによって引き継がれていった。長男エドワード六世（在位一五四七〜五三年）はわずか九歳で即位し、その治世も六年と短いものであったが、次の長女メアリ一世（在位一五五三〜五八年）の時代には、父が造り上げた国教会を廃し、再びイングランドをカトリックに戻す政策が採られた。

ヘンリに捨てられた最初の妻キャサリンの娘であり、両親の離婚とともに王位継承権まで剥奪され、一時は「女官」のような冷遇を受けていたメアリは熱心なカトリック信者であった。その彼女もヘンリの晩年に継承権が復活し、女王に即位した後は父が造り上げた国教会やエドワード時代にイングランドに亡命してきたプロテスタントに対する苛烈な弾圧から「血まみれ《ブラッディ》のメアリ」と恐れられた。しかしそのカトリック回帰策も父ヘンリに対する恨みを晴らすためではなく、父ヘンリと同様に議会と協調した結果によるものだった。

メアリによる施策で内乱寸前になりかけていたイングランドの軌道修正に努めたのが、メアリの没後に女王となった、ヘンリ八世の次女エリザベス一世（在位一五五八〜一六〇三年）だった。彼女もまた議会に諮ってイングランド国教会を復活させ、カトリックと袂を分かったのである。

ヘンリが残したテューダー王朝を見事に引き継ぎ、イングランドの独立を守り通したのが、王朝最後の君主であるこのエリザベス一世だった。彼女は生涯独身を貫き、まさにイングランドと結婚することでこの弱小国を守り抜いたのだ。

そのエリザベス女王治下のイングランドを代表する劇作家シェイクスピアが悲劇『ジュリアス・シーザー』をロンドンで初演した頃、イングランド東部のハンティンドンシャの片田舎に住むジェントリ（中小地主）の家に一人の元気な男の子が誕生した。その子がやがて、ヘンリが築いた王権を破壊し、この国に議会主権の共和政を築くことになろうとは、そのときは誰もが予想だにしていなかった。

第二章　クロムウェル——清教徒《ピューリタン》の「独裁者」

国中の人心激烈の極点に達して

第三世エドワルト王ノ即位十五年ニ当リ始メテ新令ヲ布告セリ其令ニ云フ国政議定ノ権ハ国君ニ帰スト雖ドモ教主貴族及ビ平人ノ会議ヲ設ケ其応諾ヲ得ルニ非サレハ政ヲ国内ニ施ス可ラズト此法一度ビ定マリテヨリ会議ノ敗ルルコトナク政躰ノ変スルコトナク以テ今日ニ至レリ只其中絶ト称ス可キハ千六百四十九年ヨリ千六百六十年ニ至ルマデコロムエル執権ノ時ノミ。(1)

英国に於て千六百年代「コロンウェル」の乱に、国中の人心激烈の極点に達して、当時議事院の如きは左右両党に相分れ相互に疾視咆哮して、其劇論の底止する所を知る可らず。(2)

右の文章はいずれも、近代日本随一の知性である福澤諭吉(一八三五~一九〇一)が残したものである。前者は明治二(一八六九)年の『英国議事院談』、後者は明治一五(一八八二)年に著した『帝室論』からそれぞれ引用した。特に前者は明治の日本に初めて「コロムエル(コロンウェル)」の名が登場した著作と言えよう。すなわち、一七世紀イングランドを代表する政治家オリヴァー・クロムウェル(一五九九~一六五八)のことである。

福澤の一文を読む限り、クロムウェルが主導した内乱(日本では「清教徒革命《ピューリタン》」と呼ばれる)とその後の共和政は、比較的安定した政治が続いたイギリスの歴史のなかでも珍しく動揺した時期にあたり、立憲君主制に基づいた議会政治が「中絶」した時代であるかのような印象を受ける。

本章でこれから詳細に論じていくとおり、ステュアート王朝(一六〇三~一七一四年)の時代に生じた内乱(一六四二~四九年)は、当のイギリスにおいても前代未聞の動乱としてとらえられ、この結果成立した共和政(一六四九~六〇年)とこれを統治した「護国卿(Lord Protector)」クロムウェルの存在は、イギリス史のなかでも極めて異質な扱いを受けることが多い。

異質な扱いを受けたのはクロムウェルの評価だけではない。その「身体」にしてもしかりだ。クロムウェルの死後二年を経て、一六六〇年五月にイングランドとスコットランドに王政が復古した。するとそれまで「英雄」扱いを受けていたクロムウェルは、国王チャールズ一世(一六〇〇~一六四九、在位一六二五~四九年)の処刑に関わった張本人として「有罪判決」を受けて、ウェストミンスター修道院内のヘンリ七世礼拝堂に埋葬されていた彼の遺体は無残にも掘り起こされた。それればかりか、先王チャールズの命日にあたる翌年の一月三〇日には数時間つるされて公衆の面前でさらしものにされただけでなく、その首ははねられ、議会隣のウェストミンスター・ホールの南端に長いあいだ放置されたのである。

イギリスの歴史のなかで、死者の亡骸《なきがら》がここまでの恥辱を与えられたのは珍しいことだった。ただし王政復古の過程でこのような行く末を案じていた遺族により、クロムウェルの遺体は別人のものとすり替えられ、「本物」は別の場所で安らかに眠っているとも言われている。[3]

王政復古後におけるクロムウェルに対する歴史的な評価もまた厳しいものとなった。「あらゆる悪徳と暴力」を代表し「哀れみや良心はまったく持たない悪魔の子」と評されたり、「狡猾な役人でイギリスの偽善的専制支配者」だったとまでこき下ろされた。[4]

オリヴァー・クロムウェル

特に海外（ヨーロッパ大陸）での評価は散々であったが、その理由のひとつが「王殺し（regicide）」という側面にあったと思われる。

イギリスの社会人類学者ジェームズ・フレイザー（一八五四～一九四一）の代表作『金枝篇』にも著されているが、原始宗教などの世界では、宇宙を司る王がその能力を失うと世界の秩序が乱れるため、その王を殺し別の王をいただくという風習があったとされる。こうした現象は現代のアフリカやアジアの一部にも見られている。[5] しかし一七世紀に「王権神授説」が登場すると、キリスト教の神と王権とが有機的に結びつけられ、「王殺し」は政治的にも宗教的にも忌避されるようになった。すなわち、クロムウェルはその最大のタブーを犯したわけである。

クロムウェルが本格的に再評価されるようになったのは、一九世紀半ばにイギリスの歴史家にして評論家のトマス・カーライル（一七九五～一八八一）が、『オリヴァー・クロムウェルの手紙と演説』（一八四五年）を刊行してからのことである。これ以後は、暴君に対して議会の権利を守り通した「英雄」としてのクロムウェル像が確立されていく(6)。

それは日本にまで波及した。カーライルの思想は、内村鑑三（一八六一～一九三〇）や新渡戸稲造（一八六二～一九三三）といった知識人らに大きな影響を与えたこともあり、明治後半から大正にかけての日本ではクロムウェルの評伝も現れる。帝国議会開設の年（一八九〇年）には、政治家であった竹越与（與）三郎（一八六五～一九五〇）が『格朗空（クロムウェル）』を刊行し、歴史家としてのデビューを果たした。

さらにここから影響を受けたのが、一八九八年から日本に亡命していた清王朝下の中国の政治家にしてジャーナリストの梁啓超（一八七三～一九二九）であった。彼は竹越の評伝に基づき、「新英国巨人克林威爾（クロムウェル）伝」を『新民叢報』に断続的に掲載した（一九〇三～〇四年）。彼が日本に亡命してきた頃までには、日本には「ジャンルとしての史伝」がすでに確立していた。清王朝に政治改革をもたらそうとする「変法運動」の指導者の一人でもあった梁は、同じく専制的なステュアート王朝のイングランドに「変法」をもたらしたクロムウェルの姿に自らの理想像を映し出していたのかもしれない(7)。

このように見ると冒頭で紹介した福澤の一文は、カーライルによるクロムウェルへの再評価がようやく緒に就き始めた頃にイギリスに渡り（一八六二年）、いまだに「王殺し」のイメージが強かったクロムウェル像が、立憲君主制に基づく議会主義を理想とする福澤の考えからすればやはり「異質」なものと映っていたために、クロムウェルや共和政に対して否定的に書かれたのかもしれない。

その意味では、福澤のクロムウェル観は、王政復古初期のイングランド政治を主導し、『イングランドにおける反乱と内戦』という大著を記した、初代クラレンドン伯爵エドワード・ハイド（一六〇九～一六七四）が残した次の有名な言葉からも影響を受けていたのかもしれない。[8]「後世の人々は、彼［クロムウェル］を勇気ある悪党（brave wicked man）と見ることになるだろう」。はたしてクロムウェルは「英雄」だったのか。それとも「悪党」だったのか。まずは彼の生いたちから見ていくことにしよう。

ジェントリに生まれ

中世のイングランドでは、大陸にも領地を持つ国王の留守中にイングランドの統治を託され、また遠征費の捻出にも協力した聖職諸侯（大司教・司教・大修道院長）や世俗諸侯らが、最有力の土地所有者として君臨していた。その下に騎士（Knight）とよばれる中小の地主たちがおり、彼らは次第に各州を代表する議員として、ウェストミンスターの議会に出席するようになる。

イングランドにおける土地所有のありかたを大きく変えたのが、前章の主人公ヘンリ八世が進めた「修道院解散（一五三六〜三九年）」であった。全国の三分の一もの土地を所有していたとされる教会財産の四〇%が、このときヘンリに没収された。しかしその後の大陸遠征などで没収地の三分の二は売却されたり、功臣に下賜されていったのだ。このときに新たに土地を得たのが、成功を収めた商人や医師・弁護士といった新興の階層だった。彼らはやがて、領地内の鉱物資源の開発や換金作物の導入、新産業の定着などによってさらに富を増やしていった。(9)

こうして台頭してきたのが「ジェントリ」と呼ばれる階級である。彼らは公侯伯子男の爵位を持つ「爵位貴族」ほどの土地財産は有していないが、自ら農夫として働く独立自営農民（ヨーマン）とは異なり、地代収入を得て、リネン（亜麻布）などの上等な服を着て、大学で学びラテン語の読み書きができるものさえいた。彼らはやがて爵位貴族たちとともに「ジェントルマン（地主貴族）階級」と称されるようになっていった。

一七世紀半ばのイングランドには、爵位貴族が一二〇人ほど、ジェントリが二万人ほどおり、彼らは成年男子人口の五%を占めていた。当時はまだ国王には常備軍もなければ、警察組織さえ備わっていなかった。軍隊の主力は義勇兵であり、市町村の警察は州知事《シェリフ》に委ねられた。それを取り仕切っていたのがジェントリたちだった。各州の統治は三〇〇〇人ほどのジェントリたちに託され、彼らが徴税、義勇軍の維持・訓練、経済的な立法、犯罪者の裁判、宗教的統一性の維持といったことを、「無給の自発的な責務」として担っていたのである。(10)

本章の主人公オリヴァー・クロムウェルの家系は、このような新興のジェントリに連なるものだった。彼の高祖父モーガン・ウィリアムズはウェールズの片田舎からイングランドに移り住み、宿屋と酒屋を営みながら、ある女性と結婚する。そのお相手が誰あろう、ヘンリ八世の寵臣トマス・クロムウェルの姉であった。この縁故を利用して、二人の長子リチャードの代には、イングランド東部ハンティンドンの郊外ヒンチブルックに建つベネディクト派の修道院跡地を獲得することに成功する。リチャードは姓をウィリアムズからクロムウェルに換えてしまった。

リチャードの長子ヘンリ（一五三六～一六〇四）の代になると、所領経営がさらに順調に進み、ハンティンドンの州知事を四度も務めたヘンリは、エリザベス一世から騎士《ナイト》に叙せられた。その豪奢な生活ぶりからも「黄金の騎士」とさえ呼ばれたのがこのサー・ヘンリである。

このサー・ヘンリ・クロムウェルは、最晩年の一六〇三年に生涯最高の栄誉に浴する。新たにイングランド国王を兼ねることになったスコットランド国王ジェームズ六世（一五六六～一六二五、在位一五六七～一六二五年）が、ヒンチブルックの屋敷に宿泊することになったのである。サー・ヘンリは贅の限りを尽くして接待にあたった。

このとき国王はまだ三歳という次男坊も連れてきた。サー・ヘンリはこの王子の遊び相手として自分の孫、すなわち次男ロバートの息子をあてがった。王子よりひとつ年上の男の子は、遊んでいるうちに王子と口論になり、王子にパンチを浴びせて鼻血が出たという逸話が残っている。この王子こそがのちの国王チャールズ一世であり、王子にパンチを浴びせたのがオリヴァー・クロムウェルその人であった[11]。意外にも早くから二人の因縁は始まっていたのである。

ピューリタンとしての強み

大切な王子に不敬を働いたから……というわけではないが、クロムウェル家は「黄金の騎士」サー・ヘンリが亡くなった後、徐々に没落していく。

クロムウェルの父ロバートはサー・ヘンリから年収三〇〇ポンドほどの土地を分け与えられ、ハンティンドンの町で生活していた。ここで彼は州知事や治安判事などを務め、庶民院議員にも当選する名士となった。オリヴァーはロバートの五番目の子であったが、兄たちはみな早世し、男の子は彼一人だけになっていたようである。

のちにイギリス史を代表する傑物の一人となるクロムウェルではあるが、実は彼の人生の最初の四〇年ほどは確実な史料も残っておらず、不明の部分が多い[12]。彼は一七歳の時にケンブリッジ大学のシドニー・サセックス・コレッジに入学するが、翌年父のロバートが急逝したため家に戻り、一家を支えていくことになった。その後、本家の伯父（父ロバートの兄）には商才がなく、やがてヒンチブルックの家屋敷はすべて売り払われてしまった。

一六二〇年にクロムウェルはロンドンでエリザベスと結婚し、五男四女に恵まれた。ただし、その多くは両親より先に亡くなってしまう。クロムウェル夫妻の前途も多難であった。自身の所領経営も苦しくなり、父から受け継いだハンティンドンの土地も売り払ったクロムウェルは、自ら畑を耕し農夫としての生活を強いられるようになる。そのようなときでもくじけなかったのは、母親から引き継いだ「清教徒（ピューリタン）」としての信仰のおかげであった。

前章で見たとおり、ヘンリ八世によるイングランド国教会の形成は、多分に王自身の離婚問題に関わる政治的な理由に基づくものであった。事実、ヘンリ自身の宗教的な信条は最後までカトリック的であったとも言われている[13]。このため、主教（同じくBishopという言葉を使うが、カトリックでは「司教」、それ以外では「主教」という訳語が充てられている）制度が残り続けるとともに、儀式の面でも教義の面でも、大陸のプロテスタント諸派に比べると、「宗教改革」は不徹底に終わっていたのである。

ヘンリの死後、メアリ一世の時代（一五五三～五八年）にイングランドはカトリックを主流に復活させ、国教会やプロテスタントの信者は大陸へと亡命した。それがエリザベス一世の即位で再びイングランドに戻ってくるが、このとき改革者ジャン・カルヴァン（一五〇九～一五六四）の教えに触れた人々が、イングランド国教会をさらにプロテスタントに近づけ「清らかな《ピュアー》」宗派にすることをめざした。ここから彼らにつけられたあだ名が「ピューリタン」である。

クロムウェルの妻エリザベス

彼らは、キリスト教徒が死後に救われるか否かは各人それぞれすでに決まっている（予定説）が、毎日を誠実・勤勉・禁欲的に過ごしていれば神様はしっかり見ていてくださるという、カルヴァンの教えに従い、清貧な生活態度を示すものたちだった。

熱心なピューリタンであったクロムウェルの清貧ぶりを神様が見守ってくれていたおかげであろうか。転機となったのは一六三六年のことだった。母方の伯父から遺産を相続し、年三〇〇ポンドの地代収入を得られるようになったのだ。一家はケンブリッジシャのイーリーに移り住む。ここで地域の指導者的な立場にもついたクロムウェルは、やがて「沼沢地の王者」の異名も取り、一六四〇年の総選挙でケンブリッジ市選出の庶民院議員に当選した(14)。

初期ステュアート王朝の議会政治

実はクロムウェルが議員に初当選を果たしたのは、これより一二年前の一六二八年のことだった。ところがこのときの議会はその翌年には停会となり、それから一一年間も開かれることがなかったのである。イングランドの議会政治にいったい何が起こっていたのであろうか。

一六〇三年三月、テューダー王朝最後の君主エリザベス一世が亡くなり、遠縁にあたるスコットランド国王ジェームズ六世はここにイングランド国王を兼ねることに決まった。イングランドにはこれまで「ジェームズ」という名の王はいない。イングランドでは彼はジェームズ一世（在位一六〇三～二五年）として王位に即《つ》いた。ステュアート王朝の始まりである(15)。

「王権は神から与えられたものであり、国王のなすことには臣民はなんら反抗できない」とする「王権神授説（Divine right of kings）」を理論づけた王として知られるジェームズではあったが、彼はイングランド王として政治を行う際には必ず議会への相談を行った。事実、ジェームズはイングランド国王としての二二年間にわたる治世のなかで、合計で八会期三六ヶ月に及ぶ議会を開いている。これは四四年間の治世で一〇会期三四ヶ月の議会を開いていたエリザベス一世より、開催期間だけを見れば長いくらいだった(16)。

しかし問題は長さより中身のほうだった。ジェームズはやがて宮廷費の問題で議会と衝突するようになる。さらにジェームズは自身の即位により、「同君連合（personal Union）」を結ぶことになったイングランドとスコットランドに加え、アイルランドまで含めた「完全なる合邦（perfect Union）」を形成しようとしていた。スコットランド一国だけでは八〇万にすぎなかった人口が、これにより彼の支配地は一挙に六六〇万もの人口を抱える一大勢力になり得た。しかしこれは、イングランド議会はもとより、スコットランド議会でもすこぶる評判の悪い提案だった。両国の議員たちから反対に遭い計画は挫折する[17]。

こうして国王と議会の関係が悪くなるなかで、一六二五年三月にジェームズは息を引き取った。ここにステュアート王朝二代目の君主に即位したのが、かつてクロムウェル少年にパンチを食らったチャールズ一世である。この新王の登場が悲劇の始まりだった。

チャールズ一世

先述したとおり、チャールズは国王の次男坊だった。彼には六歳年上のヘンリ（一五九四～一六一二）という兄がいた。快活な性格で背も高くハンサムなヘンリは、父ジェームズもうらやむほどの人気を博した皇太子となった。それに比べ、弟のチャールズは背も低く、幼少時から病弱で、吃音《きつおん》にも悩まされる内気な子であった。この人気者の兄の陰に隠れていたチャールズの人生を大きく変えたのが、ヘンリの突然の死であった。一六一二年一一月、兄は天然痘であっけなくこの世を去ってしまったのだ。

ここにチャールズは皇太子となったが、ヘンリに期待を寄せていた父ジェームズの嘆きは大きかった。それと同時に、息子チャールズは早くジェームズから独立して、「自分は父とは違う」という個性を前面に出していきたいと願うようになっていった。[18]

ここまでの話を聞くと、読者は前章で紹介したテューダー王朝のヘンリ七世と八世という父子の関係を思い起こすかもしれない（二八頁）。しかしヘンリ八世が陽気な性格で、家臣たちや議会との関係も比較的円滑に進められたのとは裏腹に、チャールズ一世はその陰気な性格が災いして、このあとの大惨事へとつながってしまったのである。

身なりがだらしなく宮廷は収賄に満ちあふれ、男女を問わぬ愛人が数多くいたジェームズ一世とは対照的に、チャールズは身なりも整い王室財政も健全で、宮廷では収賄は厳格に罰せられた。即位直後に結婚したフランス王女ヘンリエッタ・マリア（一六〇九～一六六九）と四人の子どもたち（二男二女）を大切にする彼には愛人はいっさいいなかった。さらに美術鑑定にかけての審美眼はヨーロッパでも随一を誇り、ネーデルラント出身のアンソニー・ヴァン・ダイク（一五九九～一六四一）を宮廷画家として招き入れ、数々の名作を描かせた。そのチャールズの蒐集品が、今日の「王室収蔵品（Royal Collection）」の礎となり、それらはいまや世界の至宝である。

ところが宮廷や議会では、父王のほうが圧倒的に「受け」は良かったのだ。下品で不潔なジェームズはいつも大声で家臣に話しかけていたが、逆に彼らは親しみを感じていた。対するチャールズは冷淡に取り澄まし、内気で小ずるい印象を家臣たちに与えてしまった。その後克服はしたものの、幼少時に吃音症を抱えていたこともあろうが、声は小さく、滅多に人に心を開くこともなかった。ほんの一握りの側近を除けば近寄りがたい存在だった。しかも自分の行動が正しいと思ったら、その理由をくどくど説明しなくても許されるだろうと思い込むようなところもあった。これが多くの議会政治家たちに「誤解」を与える要因になったのではないかと思われる(19)。

このようにあらゆる面で自分とは対照的だった父王ジェームズを超えることが、チャールズにとっての宿願となった。それはまず外交政策で現れた。ジェームズは、先に述べたとおり、議会から遠征費が下りないことを理由に、諸外国とはできるだけ戦争をしない方針をとった。それが「ジェームズ平和王」との異名を取ったゆえんである。チャールズはこれを「弱腰」の姿勢とみて、即位後早々からスペインなどとの戦争に乗り出そうとする。もちろん議会と衝突した。

議会に頼ることをやめた国王は、ジェントリらに公債を強制的に買わせたり、献金を強要するようになり、これを拒むものは不当に逮捕・投獄した。そのジェントリが大半を占める議会は、議会の同意のない課税や、不法な逮捕・投獄の禁止を訴えた「権利の請願」を国王に提出した。一六二八年五月のことだった。この議会に初当選を果たしたクロムウェルも議席を置いていた。治世最初の四年間に三会期の議会を召集していた国王であったが、議会との対立も頂点に達し、ついに翌二九年から議会を停止してしまう。停会の期間はなんと一一年にも及んだ。

クロムウェルの登場

この間の政治もチャールズは不当な課税や強要金で賄い、これを拒むものは裁判にかけず逮捕・投獄していった。議会を停止させられた議員たちにも非はあった。彼らは国王の政策にただ不満を述べるだけであって、有効な対抗策を打ち出すこともなければ、組織的な抵抗も行えなかったのである。有能な政治家はあまたいたのに、彼らは一致団結して国王に助言できなかった。

しかしついに国王にも限界がおとずれた。チャールズは、宗教政策について助言を受けていたカンタベリー大主教のウィリアム・ロード（一五七三〜一六四五）の進言に基づき、スコットランドに国教会の制度と教義を押しつけてしまった。これはいくら同君連合で両国が結ばれているとはいえ大失策であった。先王ジェームズは、イングランドに到着して早々に、イングランドは国教会、スコットランドは長老派（カルヴァン派）をそのまま双方の主流派と棲み分けさせることで、宗教的な混乱を収めることに成功していた[20]。

一六三七年、国王による強硬な宗教政策に対して、ついにスコットランドで反乱が勃発した。これがチャールズにとって転機となった。そもそも強力な常備軍や官僚組織も持たずに、「絶対君主」をめざしたチャールズの失敗であった。ついに国王は戦費と兵力を得るために議会を再開した。一六四〇年四月に開かれた議会は、一一年にわたって煮え湯を飲まされてきた議員らの不満が爆発し、わずか三週間で再び閉じられてしまったが（短期議会）、一一月に開かれた議会はこののち基本的には一三年にわたって継続する（長期議会）。この長期議会でクロムウェルはいよいよその政治家としての活躍の場を見いだすことになる。

ある議員が議場で見かけた当時のクロムウェルの印象を次のように書き残している。「ある朝、私の知らない一人のジェントルマンが、ごく普通の衣服を身につけてしゃべっているのを見た。彼の着ているものはごくごく質素なラシャ地の服で、どうやらあまりうまくない田舎の仕立屋が作ったもののようだった。シャツも粗末で清潔ではなかった。またカラーより小さいバンドに血のしみがひとつふたつついていたのも覚えている。背丈はかなり高く、剣をからだの脇にぴったりつけて差していた。その顔は腫れぼったく、赤ら顔で、その声は鋭くて独特のもので、弁舌には熱がこもっていた」[21]。

しかし長期議会においても国王と議会の関係は極めて厳しいものとなった。議会側は少なくとも三年に一度は議会を開催し、議会の了承のない解散を禁じるよう国王に要請した。さらに議会は国王の行政権にも介入する構えを見せていった。一六四二年一月に、国王は特に強硬な要求を突きつけてきた議員五名の逮捕に踏み切ろうとして軍隊を引き連れて議会に乗り込んだが、すでに宮廷側からの内通により議員たちは逃亡した後だった。この年の八月、ついに国王に与《くみ》する側と、議会に与する側とに分かれ、内乱（Civil War）が発生した。クロムウェルは議会側についてこの内戦に身を投じていった。

内乱が勃発するやクロムウェルの動きは素早かった。ロンドンの有力な貿易商からなる貿易商人組合に、戦争をするための議会向けの信用枠を設定させた。自身の選挙区であるケンブリッジでは、民兵隊の小隊を率いるとともに、軍需物資が集積されているケンブリッジ城も占拠した。さらに議会に五〇〇名の竜騎兵部隊をケンブリッジに派遣させ、国王の徴兵委任状が執行されるのを阻止するとともに、ケンブリッジの州全体を議会派の支配下に置いた。そして鎧、銃器、鞍の製造組合に対し、国王に軍需材料を供給しないよう働きかけてもいる。イギリス史家の小泉徹も指摘するとおり、クロムウェルは戦時体制を整えるという点でも傑出した存在だった[22]。

「神の摂理」で動く

内乱における国王派と議会派の構成は単純に割り切れるものではなかった。双方に貴族、ジェントリ、商人など様々な階層が入り交じっていた。地理的には国王派は西部と北部に勢力を築き、議会派は東部と南部に拡がっていた。しかし、クロムウェルの尽力もあって、大都市ロンドンを議会派の味方につけられたのは大きかった。

一七世紀半ばのロンドンは五〇万人を超える人々が生活する西欧随一の都市だった。当時はパリでさえ人口は三五万だった。しかもイングランドのなかでもロンドンは抜きんでた存在であり、次に人口が多くてもニューカースル、ブリストル、ノリッジあたりでいずれも二万五〇〇〇人程度の街だった。当時のロンドンは人口第二位から第五〇位の都市の総計より多くの人口を抱えていた。しかもロンドンはヒトだけではなくモノもカネも大量に集められる大都市だった。[23]

とはいえこれで議会派のほうが即座に勝利をつかめるほど戦争は甘くはなかった。国王軍にはもともとの職業軍人も多かったし、有力貴族らの莫大な富にも支えられていた。対する議会軍は素人の寄せ集めで、ジェントリが各州の義勇軍をまとめていたとはいえ、それは州内での行動に限られていた。隣の州が国王軍に襲われても助けに行こうとはしなかったのだ。議会側は各軍の育成と横の連係プレーを取れる訓練が必要だった。

イングランド国内にはここ一世紀ほどはいっさい戦闘などなく、クロムウェルも軍事経験など積んでいなかった。クロムウェルは大陸での三十年戦争（一六一八～四八年）の記録と一般向けの軍事技術解説書とに助けられ、強力な連隊を形成していった。島国イングランドにとってははるか東方の神聖ローマ帝国で始まった三十年戦争というカトリック諸侯とプロテスタント諸侯との熾烈な争いは、決して対岸の火事ではなく常に注視すべき戦いだった。クロムウェルはこのときの軍事技術解説書をすみやかに習得し、実地に役立てたのである(24)。

内乱の当初は各地で国王軍の優位が続くなか、一六四三年夏から強力な騎兵軍団を率いるようになったクロムウェルは、議会軍のなかで次第に頭角を現すようになった。翌四四年一月に東部連合軍少将に任命されたクロムウェルは、同年七月に北部の都市ヨーク郊外のマーストン・ムアで国王軍に大打撃を与えた。彼が率いる騎兵らは「鉄騎隊（Ironside）」と呼ばれるようになり、クロムウェルは議会軍を代表する勇将となった。彼は内乱の進展とともに、その軍事的な才能をさらに開花させていったのである。

しかしせっかくの勝利にもかかわらず、議会側は分裂状態にあった。貴族院の指導者マンチェスター伯爵（一六〇二〜一六七一）は、国王軍に対して決定的勝利を得るつもりがなかったのだ。一六四四年一〇月の伯爵とクロムウェルとの討論は有名である。「我々が国王を九九回打ち破ろうとも、彼は依然国王であり、その子孫は国王となる。我々が一度でも負ければ、我々は首をくくられ、子孫も終わりだ」。このマンチェスターの言葉にクロムウェルは「もしそうであるならば、我々はどうして最初に武器を手にしたのでしょうか！」と激高した(25)。

こうしたなかで、クロムウェルはいつでも保身に立ち返ろうとする貴族たちを信用しなくなり、これがまた、のちの彼による「王殺し」につながったのかもしれないが、それと同時に腰抜けの

ネイズビーの戦い

貴族たちを尻目に、それまでバラバラだった議会軍の主力部隊を単一の指揮下に編成しなおし、「新型軍（New Model Army）」として軍事力も軍資金もすべて集中させる改革に乗り出した。この新たな軍隊は、州ごとでの軍事行動を廃し、全国的な税によって経費を賄う「国民軍」ともいうべき姿に変容させられたものである。さらに従来のような貴族や議員による兼職などではなく、純粋に軍事的な才能によって適所に抜擢され、戦闘に専念できる職業軍人的な性格を強め、それまでのような「素人の寄せ集め」という性格を払拭するものとなった。[26]

こうして迎えたのがイングランド中央部ネイズビーでの戦いだった。ここで国王軍に対して大勝利をつかんだクロムウェルは、このとき自分が神のお導きで動かされており、この内乱を通じて神がイングランドにもたらそうとしている深遠な目的のための道具にすぎないのだと確信するようになったと言われる。彼はこのときの戦勝報告に次のように記している。「神はそのしもべを喜んでお使いになったのです。敵が堂々と隊列を整えて行進してくるのに対し、わが軍は貧弱で不慣れな一隊に過ぎず、ただ勝利を確信して神を誉めたたえ、神に微笑みかける以外に為す術がありませんでした。そして神は成し遂げられたのです[27]」。

まさに「神の摂理（Divine providence）」によって動かされる指導者クロムウェルの誕生である。

このような強烈な信仰心に裏打ちされたクロムウェルの姿は、一九七〇年に制作されたイギリス映画『クロムウェル』のなかで、主人公を演じた怪優リチャード・ハリスによって見事に表現されている。

このうちクロムウェルの名声は完全に確立され、国王軍が全面降伏するまで戦い抜く強い意思が示された。この一六四五年は一七世紀でも最悪の凶作の年であり、議会軍を支援する一般大衆は食糧難と軍を支える重税（ビールや塩などに重い消費税が課せられた）とにあえぎながらも、クロムウェルとともに耐え忍んでいった。

「王殺し《レジサイド》」

一六四六年九月、スコットランドに投降していた国王チャールズ一世はイングランド側に引き渡され、これでひとまず内乱も終息した。四年にわたる長い戦闘であったが、長期的な視野からすればやはりロンドンに集まるヒト・モノ・カネを有効に使い、海軍と交易路を押さえ、さらに北からはスコットランド軍が国王軍に打撃を与えてくれたことがクロムウェルの勝因であった。

ところが早くもイングランドは次の内乱へと突入する。戦争中からすでに芽生えていた議会派内の対立に加え、議会と軍の対立、軍内部での士官と兵士の対立、議会内外の対立、そしてイングランドとスコットランドの対立など、様々な対立が噴出してしまったのである。

まず議会派内部では貴族らを中心とする和平派と庶民院議員ら戦争継続派との対立が生じた。戦争終結で新型軍の解散が計画されるなか、いまだ給与が未払いなのを理由に兵士たちが士官に反発した。さらに議会外からは一般市民の政治参加や平等な土地分配などを主張する「平等派《レヴェラーズ》」と呼ばれる急進的な改革派が議会に圧力をかけてきた。

こうしたなかでクロムウェルは病気のため政治の表舞台から一時的に姿を消していたが（一六四七年一〜三月）、復帰するや諸派の間で仲裁役にまわり、事態の収拾に奔走した。(28)

この間、一六四七年六月にチャールズとの初会見に臨んだクロムウェルであったが、このような諸派の対立につけいるかのように、自分にとって有利な立場を築こうとして議会側からの要求ものらりくらりとかわしながら言を左右にするだけの国王であった（このあたりも映画『クロムウェル』で名優アレック・ギネスが巧みに演じている）。すでに内乱での功績により、議会から年間二〇〇〇ポンドもの地代収入が入る土地を与えられていたクロムウェルであったが、国王との交渉に入った彼に対し、反クロムウェル派の連中は「国王がかつて遠縁のトマス・クロムウェルが叙せられたエセックス伯爵に叙してくれるのではないか」と陰口をたたいていた。(29)

しかしクロムウェル自身にはそんな爵位を受ける気はなかった。前述したようなマンチェスター伯爵との討論からも理解できるように、彼は貴族たちを信用しておらず、保身ばかり気にして言を左右にするチャールズを信頼しなくなっていたのである。事実、一一月にチャールズは幽閉されていたハンプトン・コート宮殿を抜けだし、イングランド南部のワイト島へと逃亡した。それればかりか国王はかねてより内通していたスコットランドとの同盟を成立させた。この同盟案にはイングランドにスコットランドの主流派である長老教会主義を採用し、スコットランドの政治的権限を島内で強化するなど、国王によるなりふり構わぬ譲歩が盛り込まれていた。

一六四七年末から俗に「第二次内乱」と呼ばれる戦争が始まったが、それは国王軍とスコットランド軍が同盟を結んで議会軍と対決に臨んだものだった。しかし今回もクロムウェルの鉄騎隊の活躍により、翌四八年八月に国王軍側が敗退した。ここでもクロムウェルは戦勝報告のなかで次のように述べている。「この勝利は神のみわざに他なりません。〔中略〕神のみを崇めたまえ。神の子を憎みたもうな。神の子のためには、国王とて懲らしめを受けるであろう(30)」。このたびの勝利も、クロムウェルにとっては「神の摂理」だったのである。

ところが議会内にはこの期に及《ご》んでもまだ国王との交渉を進めようとする一派（長老派）がいた。すでにクロムウェルは国王に退位を促し、当時まだ八歳だった国王の三男ヘンリ（グロウスタ公爵）に譲位するよう迫っていた。国王はこれを頑《かたく》なに拒んだ。ついには軍のなかにも「国王処刑」を叫ぶ声が上がった。ここで彼らが用いたのもまた「神の摂理」という、クロムウェルにも共通するプロテスタント改革派の論理であった。すなわちチャールズ一世が二度の内乱で敗北を喫したのは、彼が神の怒りをかっている証だというわけである。

一六四八年一二月、クロムウェル率いる議会内の強硬派（独立派）は主導権を握るため、長老派の議員らを議会から閉め出した（プライドの粛清《パージ》）。「残部議会《ランプ》」とも呼ばれたこの議会で、クロムウェルは可能な限り残虐な方法（国王処刑）はとらずに穏便にことを進めたかった。しかし、チャールズは頑なに退位を拒み、また王権が大幅に縮減されイングランド政治が「議会主権」となることも拒否し続けた。もはや国王の裁判と処刑は免れない状況となっていた。

第一次内乱の終結から第二次内乱に至る過程のなかで、議会内外や軍内部での対立にあきれ、議会を支持したロンドン市民からさえ国王の復帰を望むような声が上がっていた。しかし、二度の内乱で勝利をつかんだクロムウェルは、上は貴族から下は平等派に至るまで、それまでの連携を忘れて自分たちの利害ばかりを主張する姿に幻滅を感じ、これを「裏切り」とまでとらえていた。こうした状況がクロムウェルを「無慈悲な独裁者」へと変えていったのかもしれない。

一六四九年一月二〇日からの一週間、議会に隣接するウェストミンスター・ホールで国王の裁判が始まった。最終的には五九人の庶民院議員による署名で、チャールズの死刑執行は決まった。もちろんクロムウェルも署名人のなかに含まれていた。

一月三〇日の午前一〇時にチャールズ一世は処刑台へと向かった。そこはかつてヘンリ八世がウルジーから召し上げたホワイトホール宮殿の「宴会用の建物《バンケティング・ハウス》」のすぐ目の前であった。ここの天井にヨーロッパにその名をとどろかせていたピーテル・ルーベンス（一五七七〜一六四〇）に見事な絵を描かせたのが、歴代国王のなかでも一番の目利きだったチャールズだった。処刑場には早くに着いていたにもかかわらず、士官たちは誰一人命令書に署名しようとはしなかった。それほどまでに「王殺し」は忌避されるものだった。ついにクロムウェル自身が命令書に署名し、午後二時にようやくチャールズの死刑は執行された(31)。

首を切られ棺に入れられた国王の遺骸を見つめながら、クロムウェルはこうつぶやいた。「時には残虐さというものも必要だ(32)」。

こののち、残部議会での討議により、国王という職は国民の自由と安全と公共の福祉にとって「不必要」で「危険なもの」という理由で、三月一七日についに王政は廃止された。その二日後、貴族院も「有害無益なもの」として廃止され、ここにイングランドは「共和政（Commonwealth）」となった(33)。

　クロムウェルは王になろうとは思わなかった。内乱のさなかからクロムウェルは、自ら「ギデオン」になることを夢見ていたという。ギデオンとは旧約聖書の『士師記《ししき》』に登場する古代イスラエルの士師（英語ではJudge）の一人である。近隣の遊牧民ミデアン人からの進撃をくじき、その王を殺させた人物でもある。自ら「ダビデ王」を気取っていたヘンリ八世とは対照的なクロムウェルの考え方だったのかもしれない(34)。

チャールズ一世の処刑

完全なる合邦《パーフェクト・ユニオン》へ——ダビデになったクロムウェル

「王殺し」を成し遂げたクロムウェルにとっての次なる目的は、内乱の過程で亡き王を支えたアイルランドとスコットランドの征服に乗り出すこととなった。

　まずはアイルランドである。前章でも記したとおり、一世紀前のヘンリ八世の時代からイングランドによる本格的な支配が進むようになっていたアイルランドでは、住民（その多くが小作農）の八割以上がカトリック教徒であった。イングランド国教徒やプロテスタントの地主たちから抑圧を受けていたなかで、イングランドが混乱していた一六四一年一一月にカトリック教徒による反乱が勃発していた。この反乱で五〇〇〇人から一万人の国教徒とプロテスタントが殺害され、多くがイングランドへと逃亡してきた。ところがこのときの大惨事の噂にはやがて尾ひれがついて、殺害された人数は一五万人にも及んだなどというデマが拡がってしまった。

このときの怒りをクロムウェルは終生忘れなかった。虐殺の第一報を聞いたクロムウェルは、アイルランドに向けて次のような宣言を発していた。「貴兄らは正当な理由もなく、これまで陽の下では行われたこともないほど残虐な虐殺行為を、老若男女を問わずイングランド人に加えた。［中略］神が貴兄らとともにいますだろうか。絶対にそうではない[35]」。

さらに内乱末期の一六四八年秋には、国王派がアイルランドのカトリック勢力と手を結んで、囚われの身となっていたチャールズ一世の救出を計画していた。もともとがカトリックを「反キリスト」勢力と嫌悪していたクロムウェルのことである。これを機にアイルランド征伐に乗り出すことにした。国王処刑から半年ほど経った一六四九年八月、議会やロンドン商人らから一五万ポンドという巨額の軍事費を得ていたクロムウェルは、アイルランド統監に任命され、総司令官としてアイルランドに侵攻を開始した。

クロムウェルの目的は、チャールズ一世の処刑に伴い、皇太子チャールズ（のちの国王チャールズ二世）の推戴を支持する軍事勢力を一掃し、一六四一年の反乱以来イングランド側に被害を与えてきた勢力の粉砕と彼らの土地の没収・分配を成し遂げ、アイルランドの「イングランド化（市民権導入と宗教の規制）」を推し進めることだった[36]。

四〇週間（一六四九年八月～五〇年五月）に及んだ遠征で、クロムウェル率いる一万五〇〇〇人の軍隊は二五の要塞都市と城郭を占領した。その過程で、アイルランド東海岸の町ドロヘダと南岸のウェクスフォードでは、それぞれアイルランド側に三〇〇〇人と二〇〇〇人という犠牲者を出していた。しかもこのなかには民間人（女性や子ども）まで含まれていた。

堅固な防備を誇ったドロヘダを圧倒的な兵力で陥落させたクロムウェルは、捕虜の助命も拒否した。当時の戦争法規からすればそれは非合法ではなかったが、それでも慣習的には助命を申し出てきた捕虜の扱いには寛容だった時代のことである。さらに女性や子どもも乗せたボートにまで容赦なく砲撃を浴びせ沈めてしまった。クロムウェルはドロヘダ陥落の報告書にこう記した。「これは多くの無実な人々の血でその手を染めた野蛮な恥知らずどもへの、神の正しい裁きであると、私は確信する[37]」。

また、ウェクスフォードでは、降伏交渉の途中であったにもかかわらず攻撃が開始され、これまた女性や子どもまで含む多くの民間人が犠牲になった。こちらは当時の戦争法規に照らしても完全に違法であったが、クロムウェルはこう断じている。「神は予期もしないような摂理によって彼らに正しい裁きを与えたもうた。［中略］多くのあわれなプロテスタントに加えた残虐行為に、彼らはその血をもって償いをしたのである[38]」。

クロムウェルにとっては、内乱終結後に平等派や長老派、国王や貴族たちに示したのと同じく、「神の摂理」によりアイルランド（カトリック）を懲らしめたにすぎなかったのかもしれない。

そしてこの大遠征で捕虜にされたものの多くが西インド諸島や北アメリカ植民地に奴隷として

売られていった。さらにアイルランドの豊かな土地の多くが没収された。それは全島の実に四〇％に相当した。没収地は遠征費を用立ててくれたロンドン商人やプロテスタント系の地主たちの手に渡っていった。彼らの多くが不在地主であり、ここにアイルランドの植民地化が一挙に推し進められたのである。カトリック教徒は荒れ果てた西部のコナハト地方へと追いやられていった。アイルランドでは「虐殺者」「植民者」クロムウェルの名は憎悪の対象となった[39]。

続いてスコットランドである。ここでも「王殺し」は許すまじき行為であった。そもそもチャールズの連なるステュアート家は、一三七一年以来、スコットランドが戴く王家である。それをスコットランド側に何の相談もなしに処刑してしまうとは言語道断であった。国王処刑のわずか五日後、一六四九年二月五日にスコットランド議会は長子チャールズを「グレート・ブリテン、フランス、アイルランドの王チャールズ二世」と宣言した[40]。

クロムウェルの側は、かつて「第一次内乱（一六四二～四六年）」の際にともに連携を結んで国王軍を打ち破ってくれたスコットランド軍には感謝していたし、スコットランドが「同君連合（一六〇三年三月）」以前の状態に戻り、自らの王としてチャールズ皇太子を推戴するのであればあえて異論を唱えようとは思わなかった。ところが「グレート・ブリテン及びアイルランドの王」ともなれば話は別だ[41]。

アイルランド遠征から戻って間もなかったにもかかわらず、一六五〇年六月にクロムウェルは新型軍の総司令官に任命された。このとき彼は配下らに延々一時間にもわたってスコットランド遠征の意義を演説したが、ここで彼が引用したのが旧約聖書の『詩篇』第一一〇篇だった。それは数々の外敵からの脅威を打ち破り、古代イスラエル王国の統一を成し遂げたダビデの歌だった。「主はあなたの右におられて、その怒りの日に王たちを打ち破られる。主はもろもろの国のなかでさばきを行い、しかばねをもって満たし、広い地を治める首領たちを打ち破られる」[42]

「王殺し」を果たし、共和政を成立させた直後のクロムウェルは士師ギデオンを志していたが、いまや彼は古代イスラエルと同じように、グレート・ブリテンならびにアイルランドというこの複合国家の統一を、ダビデ王のごとく成し遂げようとの野心を抱いていたのかもしれない。

こうしてクロムウェルは翌七月に一万六〇〇〇の兵を引き連れてスコットランドへと侵攻を開始した。食糧不足や傷病兵の増加で一時は弱体化したクロムウェル軍ではあったが、九月三日のダンバー（首都エディンバラ東方）の戦いで一定の勝利をつかみ、イングランド議会にさらなる増援軍を要請し、翌五一年九月にはスコットランド軍を率いていた「チャールズ二世」はついに大陸へと亡命してしまう。スコットランドも屈服させたクロムウェルだったが、アイルランドとは異なり、同じくプロテスタントが主流のスコットランドには、宗教的な寛容と土地保有もそのまま認めるという穏健な政策を採った[43]。

チャールズ二世

こうして「王殺し」から二年半ほどの間に、クロムウェルはアイルランドとスコットランドの征服にも成功を収めた。近年ではこれに先立つ内乱も含めて「三王国戦争」と呼ばれている[44]。

しかしこの戦争でクロムウェルは、戦闘の目的が君主自身の栄光を高めるだとか、傭兵隊長の企業活動だとかにすぎなかった中世から近世にかけての戦争観念とは異なり、あくまでも戦争を政治の道具とみなして、ある意味では「国益（国家全体の利益）」を優先したのであった。このように「勝利」を個人的栄光や企業営利とは別次元の究極目標に据えていたあたりが、小泉徹も喝破するとおり、近代国家形成にあたりクロムウェルが時代に先んじていた証であった。その点では、彼の発想は極めて「近代的」なものであったといえよう[45]。

さらにこの「三王国戦争」を経て、「グレート・ブリテン及びアイルランド」の真の支配者となったクロムウェルはいまや六〇〇万人を超える国の統治者となっていた。一六五三年一二月に、彼が護国卿（後述）としてこの国の統治にあたることを受け入れたときに出された「統治章典」には、「一人の人物とひとつの議会によって統治される」ことも記されていたが、かつてジェームズ一世がめざした「完全なる合邦」がここにクロムウェルによって成し遂げられたのである。ただし、ジェームズが議会同士の話し合いによって平和裡に実現しようとしていたのとは裏腹に、クロムウェルの場合はまさに血みどろの抗争を経ての結果ではあったが。

ヨーロッパと「帝国」のはざまで

複合国家としての三王国を支配したクロムウェルにとって、次なる目的はこの国をヨーロッパの外敵から守ることだった。

チャールズ一世が処刑されるや、大方の予想通り「王殺し」は当時のヨーロッパ世界に大きな衝撃を与えた。それは宗教的・道徳的な非難を巻き起こしただけにはとどまらない。処刑されたチャールズ一世の長女メアリが嫁いだ先のオランイェ公爵ウィレム二世（一六二六〜一六五〇）が総督を務めるオランダや、チャールズの妃ヘンリエッタ・マリアの兄ルイ一三世（一六〇一〜一六四三、在位一六一〇〜四三年）が国王だったフランスなど、亡き国王と姻戚関係にある国々が手を携えて「弔い合戦」を仕掛けてくる可能性もあった。

内乱後のクロムウェルの外交政策は、イギリス史家の岩井淳が論ずるとおり、「国民的」安全や「国益」保全を追求したものの、商業上の最大のライバル国であったオランダとの戦争には消極的で、戦争勃発後も終結への道を模索する一方、カトリック強国フランスとは正面から対決せず、フランスと同盟しながらスペインとの戦争を遂行するというものであった[46]。

ヨーロッパにおけるプロテスタント勢力の擁護・保全を目的とする「プロテスタント外交」を追求したといわれる割には、カトリックのフランスとも手を結ぶというクロムウェルの外交姿勢は、一見すると首尾一貫せず、不徹底であり、矛盾に満ちているともとらえられる。しかしそこには一七世紀半ばのヨーロッパ国際政治に特有のいくつかの特徴も見いだせるのである。

同じくカルヴァン派の流れを汲む「商人の共和国」オランダ（正式にはネーデルラント連邦共和国）は、北西部ヨーロッパでは初めて共和政を導入した、王様のいない国である。ただし宗教的にはピューリタンが信奉するカルヴァンの教えとは若干ずれる「アルミニウス主義」を採るものがオランダ商人には多く、その点ではイングランドとも必ずしも一枚岩ではなかった。それ以上にイングランドにとって深刻だったのは、オランダの商業的な影響力の拡大であった[47]。

一七世紀のヨーロッパ国際経済はまさにオランダの世紀であった。「鎖国政策」を採っていた江戸時代の日本に欧州から唯一出入りを許されていたのがオランダ商人だったことからもおわかりだろう。そのオランダが得意としたのが、他地域間の交易を低輸送費で担う中継貿易だった。おかげでジェームズ一世の時代から北アメリカ（今日のアメリカ合衆国東海岸）に植民地を持つようになっていたイングランドは、本国＝植民地間の交易をオランダ商人に独占されるようになっていた。

そこでロンドンの商人たちを中心に、本国＝植民地間の交易からオランダ船を排し、両地域間の交易はイングランドもしくは植民地の商人に限るという「航海法」を議会に制定してもらった（一六五一年）。当然のことながら、オランダはこれに激怒し、第一次英蘭戦争（一六五二〜五四年）へと発展してしまった。

そもそも中世の厳格なキリスト教の教義では、「商いは卑しい」という考え方があった。特に他人様に金を貸して高利でもうける金融業は嫌われた。おかげで中世ヨーロッパで金融業界に進出してきたのが、新約聖書の考えにはとらわれないユダヤ人だった。ところが改革者カルヴァンは金もうけは決して卑しくない、むしろ誠実・勤勉・禁欲的に働くものは神に見守られていると説いたのだ。こうした考えから、ネーデルラント北部、イングランド、スコットランド、フランスなど特に港町に拠点を置く商人や金融業者の間にカルヴァンの教えが広まった。

イングランドにおける内乱や三王国戦争の際に、クロムウェル率いるピューリタンの議会勢力にロンドンの貿易商たちが率先して出資してくれたのには、そういった背景もあったわけだ。

ところが、議会に影響力を持つロンドンの商人たちからすれば、オランダ商人は「神よりも金を崇拝する腐敗したプロテスタント」へと堕落したと映ったのであり、それが航海法の制定へとつながった。ただしこの一連の動きは、クロムウェルがスコットランドに遠征していたときに進められたものであり、クロムウェル自身は同じプロテスタントのオランダとの戦争はできるだけ早めに切り上げたかった。しかもチャールズ一世の女婿《じょせい》にあたる総督のウィレム二世が天然痘で急死し（一六五〇年）、世継ぎはまだ誕生したばかりのことだった。これを機にクロムウェルは新たにオランダの統治を託されたヨハン・デ・ウィット（一六二五～一六七二）と講和を結んだ。

抜け目のないクロムウェルは、スペインからの独立戦争（一五六八～一六四八年）以来の英雄の家柄であるオランイェ家が、今後はオランダの総督や軍司令官に就けないとする「オランイェ家排除条項」を講和条件に盛り込んだ。これで「義父殺し」のクロムウェル政権に対して、オランダ政府が弔い合戦に乗り出すこともなくなった(48)。

クロムウェルにとって他方の脅威がフランスだった。チャールズ一世の義理の甥にあたるルイ一四世（一六三八～一七一五、在位一六四三～一七一五年）が治める国であり、国王処刑後には王妃や子どもたちもみなフランスで亡命生活を送っていた。ルイが従兄のチャールズ王子に加勢して、イングランドに来襲する可能性さえあった。ここでクロムウェルは「共通の敵」スペインをやり玉に挙げてフランスとの同盟関係を模索した。大西洋に一大勢力圏を築くスペインの「普遍的な帝国」は、クロムウェルにとっても目障りだった。

前章でも紹介した、「勢力均衡」の初期的な発想も感じられるが、それと同時にクロムウェルに備わっていたのが、先のフランス王ルイ一三世を支えた名宰相リシュリュー枢機卿（一五八五〜一六四二）が示した「国家理性（raison d'État）」という感覚だったのではないだろうか。

宗教的理念も決して軽視してはいけないが、一七世紀の弱肉強食のヨーロッパ国際政治においては、地政学に基づく「国益」というものが極めて大切になってきたのである。オーストリアとスペインという両ハプスブルク帝国に挟まれたフランスは、両帝国の分断と弱体化を狙い、三十年戦争においても北部ドイツやスウェーデンなどプロテスタント勢力に軍資金を送り、その後は彼らに味方して参戦した。この政策を押し進めたのがカトリックの高位聖職者リシュリューであり、ここに宗教より「国益」を優先する「国家理性」という、この時代から顕著に現れるようになった彼自身の鋭い現実感覚を見るのである。おかげで三十年戦争の後に、フランスはライン川沿いに多くの所領を獲得することになった(49)。

リシュリューが亡くなった年に内乱に乗り出したクロムウェルも、最も忌み嫌うカトリック国ながらもフランスと手を結び、スペイン帝国に侵食する方針を採った。オランダと講和を結んだ翌年、一六五五年に締結された英仏協定である。しかもこの協定には、フランスで弾圧されていたユグノー（カルヴァン派）への迫害の中止と、フランス亡命中のチャールズ皇太子への保護をやめて彼を追放する条項まで盛り込まれていた。チャールズはやむなくフランスを退去し、スペイン領ネーデルラントに移住する。ここにもクロムウェルのしたたかさがうかがえる(50)。

さらにクロムウェルが仕掛けたスペインへの戦争は、カリブ海に新たな植民地を得ることにつながった。英仏協定が結ばれる直前の一六五五年五月に、イングランドはスペインからジャマイカを獲得した。このインググランドにとって最大の砂糖供給植民地となってくれる島である。さらにクロムウェル没後の一七世紀後半からは西インド諸島に拡大した植民地は、アフリカ西海岸、北アメリカ植民地、本国を結ぶ「三角貿易」の拠点のひとつとなり、のちの大英帝国の礎に成長していく。イギリスを代表する歴史家のクリストファー・ヒルは、クロムウェルの政権を「世界戦略を持ったイギリス史上最初の政府」とまで持ち上げている。[51]

ヒルの評価はあまりにも高すぎるかもしれないが、それまでの国王たちと異なり、クロムウェル政権がヨーロッパ国際政治で一定の影響力を示し、またのちに世界帝国へと発展する植民地の獲得に大きな風穴を開けたことは事実と言えよう。

「プロテスタント外交」を基本方針に据えていたクロムウェルは、ヨーロッパ大陸の巨大カトリック勢力である両ハプスブルク（オーストリア・スペイン）とフランスが手を結ぶことだけは回避しなければならなかった。このため同じくプロテスタントの北欧諸国（スウェーデン・デンマーク）とも提携関係を結ぶ一方で、特に脅威に感じていたスペイン帝国を封じ込めるために、スペインと対抗関係にあるフランスや、スペインから長年圧迫を受けていたポルトガルといったカトリック国とも積極的に結びついていった。

ここには一見矛盾する外交方針が入り交じっているかに思えるが、晩年（一六五七年四月）にクロムウェル自身が演説しているとおり、彼の外交政策では「キリスト教徒の権益と国民の権益とが両立」していたのである。[52]それは同時代のフランスのリシュリューとも相通ずる「国家理性」の考え方であり、君主国が主流を占めていた当時のヨーロッパ国際政治において「共和国イングランド」が生きのびていくための極めて冷徹な外交でもあったと思われる。

「無冠の帝王」の死

一六五一年九月、スコットランド軍を打ち破ってロンドンに戻ってきたクロムウェルはまさに凱旋将軍であった。それはあたかも古代ローマ帝国の皇帝を彷彿とさせたとまで言われている。事実、クロムウェルは王ではなかったが、王様以上の権力を握っていたのである。その二年後、分裂と衝突を繰り返す議会はクロムウェルによって解散され、一六五三年一二月に彼は「護国卿」にして「イングランド、スコットランド、アイルランドからなる共和国《コモンウェルス》とその附随地域の主席行政官にして治安官」の役職に就いた。

「護国卿《ロード・プロテクター》」という役職が初めてイングランドに登場したのは、生後まだ九ヶ月にも満たなかったヘンリ六世（在位一四二二～六一年、七〇～七一年）が即位したときのことである。以後、一一歳で王位に即いたエドワード五世（在位一四八三年四～六月）、前章の主人公ヘンリ八世のあとを九歳で継いだエドワード六世（在位一五四七～五三年）と、合計三度にわたり幼王を補佐する役職として定着していた。いずれも幼王のおじたちが護国卿に就任していた(53)。

しかしクロムウェルの場合には幼王を支える護国卿ではない。彼の「王殺し」によってもはやこの国に「王」はいないのだ。彼が支えるのは、内乱とその後の征服により生まれたばかりの「幼い国」だった。しかもかつての護国卿たちが議会や有力貴族らからの制約に縛られていたのとは対照的に、クロムウェルを縛るものは事実上存在しなかった。議会はクロムウェルの指名に基づく議員たちからなっていた。護国卿は国務会議とともに自ら統治に乗り出し、このとき作られた「統治章典」はイギリス史上唯一の成文化された成典憲法であった。

クロムウェルの統治形態はまさに「王様そこのけ」の状態だった。一六五四年四月から、クロムウェルは毎週月曜から木曜まではロンドン中央部のホワイトホール宮殿で、金曜から日曜までは郊外のハンプトン・コート宮殿でそれぞれ執務を行った。前章でも見たとおり、いずれもヘンリ八世がウルジーから召し上げた宮殿である。しかもホワイトホールでは、内乱以前にチャールズ一世が使っていたまさに同じ部屋で生活した。壁にはチャールズが集めたヴァン・ダイクやルーベンスなど当代一流の名画が所狭しと飾られていた(54)。

一六五六年九月にはその護国卿を暗殺しようという陰謀事件が発覚した。ただしこの事件には十分な証拠がないと否定的な学説もあるが、翌五七年にはついに議会政治家たちによりクロムウェルに「王位」が提示されるのである。しかし彼らが王冠を差しだしたのは、強大になりすぎたクロムウェルの権力を制限し、彼を先例や法に縛りつけるための方策だった。それを心得ていたクロムウェルはこう言い放って王冠をはねつけた。「王という称号は最高権威を意味する官職名にすぎず、それ以上の何ものでもない。ちょうど帽子の羽根飾りのようにな(55)」。

護国卿就任式の風刺画

ところがこの直後の一六五七年六月に執り行われ

た二度目の護国卿就任式は、まるで戴冠式のようだった。場所こそ歴代の王たちが戴冠式を挙行したウェストミンスター修道院ではなく、すぐ近くのウェストミンスター・ホール（かつてチャールズ一世の裁判を行った場所）だったが、なんと修道院からは一四世紀以来戴冠式で使われてきた国王の椅子が運ばれ、そこに座る護国卿は青紫のベルベットのローブにオコジョの毛皮という、いずれも君主の表象たる出で立ちであり、手には聖書と黄金の笏《しゃく》を持っていた。就任式を見届けたロンドン駐在ヴェネチア大使館の書記官は「なかったのは王冠だけだった」と書簡に記している(56)。

共和国の元首は通常は「閣下（Excellency）」であるが、クロムウェルは自身を「殿下（Highness）」と王侯並みの尊称で呼ばせていた。さらに彼には貴族を新設でき、騎士に叙す権限まで備わっていたのだ。とはいえクロムウェルは内乱中からたびたび病気に悩まされていた。腎臓結石や痛風などに苦しみ続けていたが、特に愛娘エリザベスの看護と急逝にがっくり疲れたとされる。一六五八年九月三日に彼は突然この世を去った。遺言状は残されておらず、国務会議の議員らが死の床にあったクロムウェルに三男リチャード（一六二六～一七一二）を後継の護国卿に推挙すると、うなずいたようだ(57)。

クロムウェルの遺体は、ジェームズ一世のときに倣い、正装安置された。護国卿のローブを着せられ、手には笏と宝珠が握らされ、頭の上にはベルベットのクッションに王冠まで載せられた。死してクロムウェルはついに「王」になったということか。なんとも皮肉な最期である。

皮肉はそれだけにとどまらなかった。大がかりな準備の末に、一一月二三日に挙行された彼の国葬では、棺はそれまで誰も見たことのないような巨大な霊柩車に乗せられ、ウェストミンスター修道院まで運ばれたのである。それは彼自身が信奉したピューリタン的な質素な葬儀ではなく、彼が最も忌み嫌ったカトリック的な仰々しい儀式となったのだ[58]。

しかしリチャードに引き継がれた共和政はそれから二年足らずで崩壊した。神に導かれたはずのクロムウェルがその神の思し召しにより形成した護国卿体制はなぜあっけなく崩壊してしまったのか。それは、やはり彼が「王」ではなかったからかもしれない。「三王国戦争」を制した後、確かに彼はイングランド、スコットランド、ウェールズ、アイルランドにまたがる統治者になったかもしれない。しかし彼はその後、ホワイトホールとハンプトン・コートの宮殿を行き来するだけで、ほとんどロンドン近郊から出ようとはしなかった。

かつてこの国にノルマン王朝を築いたウィリアム一世（在位一〇六六～八七年）は、二〇年の間に本拠地ノルマンディとイングランドの間を実に一八回も行き来し、双方の臣民たちとの交流も重ねて統治にあたらなければならなかった。「アンジュー帝国」を築いたヘンリ二世（在位一一五四～八九年）など、三五年に近い在位のなかでイングランドにいたのは一三年足らずだった。あとは大陸各地の所領を訪れ、帝国の防衛に余念がなかった。さらに前章の主人公ヘンリ八世に至っては、三八年にわたる治世中に一一五〇回の巡幸を行ったが、そのうち自身の邸宅を回ったのは八三〇回で、残りの三二〇回は各地の聖職・世俗貴族らの邸宅を回り、彼ら有力者との関係を密にしていったのである[59]。

このように「王」とは、所領内の臣民たちと常に接し、彼らから忠誠をつなぎとめておかなければ、いつ何時寝首をかかれるかわからないものなのである。それは何もイングランド王に限らなかった。ヘンリ八世の甥にして宿敵だったハプスブルク家のカール五世など、その四〇年にわたる治世の間は毎年異なる地域を旅し、各地の臣下と親しく接していかなければならなかった。これら歴代の王に比べれば、クロムウェルは明らかに「出不精」だった。ロンドンから指示がくるだけで目には見えない「護国卿殿下」を心から慕うものなどいなくなっていた。

しかしクロムウェルにとってはそれでよかったのだろう。当時最大のタブーとされた「王殺し」を実行に移したのも、そのような長年の因習を断ち切り、イングランド古来の伝統や歴史とは一線を画する意味が込められていたのであろう。「王」ではないクロムウェルにとっては「臣民」も「臣下」もいなかった。それゆえ王たちのような主従関係など築く必要もなかったし、また全国を行脚する気もなかったのであろう。彼が統治にあたって唯一頼りとしていたのは「神の摂理」だったのかもしれない。

さらに、それまでの王たちのような因習にとらわれなかったからこそ、クロムウェルは数々の偉業を成し遂げられたのであろう。かなり強引ではあったが、彼はグレート・ブリテンとアイルランドに史上初めての「完全なる合邦」によって結ばれた複合国家を形成した。また、それまでの王たちが大国からの侵略に戦々恐々とするだけだったのに対し、「国家理性」と「勢力均衡」に基づいて弱肉強食のヨーロッパ国際政治に順応したのもクロムウェルが最初であった。そして常備軍も近代的官僚機構も備えていなかったにもかかわらず「絶対王政」をしこうとした国王をいさめ、イングランドに「議会主権」の共和政を築いたのも画期的であった。さらにもうひとつ付け加えれば、将来的に発展を遂げていく大英帝国の礎を築いたのも彼かもしれない。その意味でもクロムウェルはやはり、イギリス史において異質であるが偉大な傑物であった。

本章の最初のほうでも紹介したが、王政復古後の指導者クラレンドン伯爵は、クロムウェルが後世の人々から「勇気ある悪党」と呼ばれることになるだろうと予見した直前の部分では、次のようにも論じている。「ひと言で言えば、彼は地獄に落とされ、そこで業火に焼かれるような数多くの罪を犯した。他方で彼はまた、いつの時代においても多くの人々からその業績を称えられるような資質も備えていた(60)」。

だからこそ、本書第六章の主人公ロイド＝ジョージは「クロムウェルは偉大なる非国教徒の闘士であった」と絶賛し、第七章の主人公チャーチルはその海相時代に、国王ジョージ五世の反対を押し切って、第一次世界大戦時に竣工した戦艦に「クロムウェル」と命名したのだろう(61)。まさにクロムウェルは、大英帝国の時代が到来することを予感した「勇気ある悪党」だった。

そのクロムウェルがスコットランドとの戦争を繰り広げていたとき、オランダのハーグで一人の赤ん坊が誕生した。彼の父親はこの子の顔を見ることもできずに、生まれる八日前に息を引き取っていた。それは赤ん坊のその後の波乱の人生を予兆するような不幸ではあったが、これより二〇〇年ほどのちに日本の福澤諭吉が理想像とした立憲君主制に基づく議会主義をイングランドに確立したのが、ほかならぬこの赤ん坊であったのだ。

第三章　ウィリアム三世――不人気な「外国人王」

さまよえるオランダ人？

この国の連中ときたら、愚かしいまでに自分たちのことばかりに夢中になって、外国で何が起こっているのかについてはほとんど関心を寄せていない。まるで地球上にはこの島しか存在しないか、あるいは外の世界のことなどまったく関係ないかのごとくだ。(1)

これは一六九八年に時のイングランド（並びにスコットランド）国王にして、ホラント州（オランダ）総督も兼ねるウィリアム三世（一六五〇～一七〇二、在位一六八九～一七〇二年）が、信頼を寄せるオランダの法律顧問に書き送った手紙の一節である。ということは「この国の連中」として、ウィリアムが激しく罵っているのはイングランド人ということになろう。俗に「島国根性（insularity）」という言葉があるが、ウィリアムがこの書簡を送る九年前にイングランド国王としてこの国に君臨するようになってから、常に悩まされてきたのがこの「島国根性」だった。

ウィリアム三世といえば、前章の主人公クロムウェルによって成し遂げられた「清教徒革命《ピューリタン》」と並ぶイギリス議会史の金字塔「名誉革命」の立役者として、その名を歴史に刻み込んでいる。ところが一七〇二年に彼が亡くなると、イギリスではその名声は急速に忘れ去られていったのだ。「はじめに」でも紹介した、一九世紀版の『国民伝記辞典（DNB）』で「ウィリアム三世」の項目を執筆した歴史学の泰斗ジョージ・マコーリー・トレヴェリアン（一八七六〜一九六二）は、名誉革命を扱った名著のなかでウィリアムが革命実現のためにイングランドに上陸したのは「ヨーロッパにおけるオランダの利益を冷徹に判断した」からにほかならず、この革命は「オランダによる侵略（Dutch invasion）」にすぎなかったと断じている。(2)

このようなウィリアム三世に対する厳しい評価は、すでに彼が国王に即《つ》いていた一六九〇年代からイングランドに拡がっていた。当時の人々にとってウィリアムは、「王殺し《レジサイド》」の末に共和政下の独裁者となったクロムウェルと並ぶ「軍事的暴君（military tyrant）」と考えられていたようである。(3)

本章でもこれから見ていくとおり、ウィリアムはイングランド国王に即位してからも、一年の半分以上はヨーロッパ大陸の戦場またはオランダですごしていたにもかかわらず、イングランドの軍事・外交政策についてはイングランドの政治家ではなくオランダ人の側近たちとともに自ら掌握して決定を下していた。(4) このような「外国人王」に対する不満が当時のイングランドにすでにくすぶっていたのであろう。

ところがもともとのウィリアムのお膝元オランダでも、彼はすこぶる評判が悪かった。ウィリアムが対フランス戦略の過程でイングランドと結んだ条約のおかげで、オランダのそれまでの国是ともいうべき「自由航行、自由貿易」の大原則はあっさり放棄され、オランダ商人が伝統的におこなってきた敵国との通商もできなくなってしまった。これが長期的には海上における主導権をイングランド（イギリス）へと譲り渡してしまう原因になったのである。オランダ人たちからすれば、「ウィレム（ウィリアムのオランダ語読み）」は自らの王朝的野望のためにオランダの利益を犠牲にした「売国奴」と映ったのかもしれない。(5)

イングランドやオランダだけではない。「複合国家ブリテン」という視点からすればスコットランドやアイルランドの人々にとって、国王になってからもエディンバラやダブリンにほとんど姿を現さないウィリアムは、「仕事を怠けている」と映り、彼らはやがて国王とその大臣たちに敵対する反対勢力（地方党）の形成に乗り出していく。(6)

ウィリアム三世

このようにウィリアムは、彼が統治するすべての領国で人気がなく、このため彼の死後に声望は急速に失われていったのであるが、その理由のひとつは彼の容姿であろう。ウィリアムは背も低く、ハンサムとは言いがたく、あまり人の印象に残るような風貌ではなかった。しかし、より大きな理由は、彼自身の性格にあったのかもしれない。もともと他人に対してよそよそしい態度をとり、無口で、自身が全幅の信頼を寄せられる家臣にしか本心を打ち明けず、その他のものは遠ざけてしまった。とりわけ権謀術数にたけたイングランドの政治家たちを嫌い、それを隠そうともしなかった。何より他人から少し離れた感じがする態度は人々から「傲慢」と受け取られることが多かった(7)。

このあたりの性格は、前章でも紹介したが、清教徒革命で首を切られたチャールズ一世(在位一六二五～四九年)の血の影響もあったのかもしれない。ウィリアムは、チャールズの長女メアリ・ヘンリエッタ(一六三一～一六六〇)の長男にあたった。

とはいえ革命で生命も王朝も失った祖父チャールズとは異なり、革命を成功に導いたウィリアムの人生は、もっと高く評価されても良いはずである。のちにリヒャルト・ヴァーグナー(一八一三～一八八三)の歌劇で有名になった、神罰によってこの世と煉獄《れんごく》とをさまよい続けるオランダ人たちが乗る幽霊船のように、各国で評価が定まらないこの「さまよえるオランダ人」ウィリアム三世とは、いったいどのような人物だったのであろうか。彼の性格形成にとってその幼少期に秘密が隠されているのかもしれない。まずはそこから見ていくことにしよう。

不遇な少年時代

日本では「オランダ」として知られているヨーロッパ北西部のこの国は、正式には「ネーデルラント(低地の国という意味)」という。一五世紀までブルゴーニュ公爵領だったのが、ハプスブルク家による継承の関係で、一六世紀後半にはスペイン領に組み込まれた。しかし一七の州からなるネーデルラントの北部七つの州では、やがてカルヴァン派プロテスタントの信仰が拡がり、カトリックを信奉する本国スペインによる強烈な異端審問（宗教裁判）に抗議するかたちで、ここに独立戦争が始まる。世に言う「八十年戦争（一五六八～一六四八年）」である。

その初期の英雄がオランイェ公ウィレム一世（一五三三～一五八四）であり、彼の孫にあたるウィレム二世（一六二六～一六五〇）は七州のなかでも最大の勢力を誇るホラント州の実力者となっていった。日本で「オランダ」と呼ぶのはこの「ホラント」のポルトガル語読みを江戸時代の日本人が国全体の呼称として用いるようになってからのことである。

ウィレム二世はイングランドとの政略結婚により、一六四一年にチャールズ一世の長女メアリと結ばれた。花婿は一五歳、花嫁はなんと九歳だった。前章をお読みになっておわかりのとおり、イングランドはまさに内乱の前夜であった。ウィレムは二一歳に達した一六四七年にホラント州の総督に就任する。その翌四八年に「三十年戦争（一六一八～四八年）」の講和として結ばれたヴェストファーレン（ウェストファリア）条約により、ネーデルラントは列強によりその独立を正式に認められた。そのためホラントの総督であるウィレムは新生「オランダ（本書では以下、日本でなじみの深いこちらの呼称を使う）」の最大実力者になりおおせたのである。(8)

ところがその翌年の一六四九年一月、義父チャールズ一世が処刑され「共和政」が成立するや、ウィレムはイングランドにおけるステュアート王朝復活と義兄チャールズ（のちのチャールズ二世）の国王即位に向けて行動を開始した。しかしイングランドとの経済的な結びつきや、同じくカルヴァン派プロテスタントを主流に形成された共和政との友好を維持したい当のホラント州や最大の経済都市アムステルダムは、ウィレムの反英的な動きには反対だった。その矢先の五〇年一一月六日、ウィレムは天然痘のため急逝してしまう。

それから八日後の一一月一四日、妻メアリは元気な男の子を出産した。それが本章の主人公、ウィレム三世（ホラント州総督としては在任一六七二～一七〇二年）である。ウィレムは父親の顔を見ることなくこの世に生を受けたが、まさに生まれながらにしてオランダ政治の中枢に位置することが宿命づけられていたはずであった。しかしこの生まれたばかりの赤ん坊には、早くも試練がおとずれることとなる。

幼子ウィレムの後見人には、当時のヨーロッパの慣例からも母メアリが就いたが、ここに祖母（ウィレム二世の母）アマーリエ、さらにその女婿でブランデンブルク選帝侯のフリードリヒ・ヴィルヘルムも加わることになったのだ。そもそもメアリとアマーリエという「嫁と姑」は仲が悪かった。気位が高く甘やかされて育ったメアリは、質素倹約を旨とするオランダの気風が合わず、派手な舞踏会や晩餐会を夜な夜な開いていた。これに眉をひそめていたのが謹厳実直なアマーリエだった。しかもドイツ貴族出身のアマーリエは、かつてプファルツ選帝侯家でメアリの伯母（チャールズ一世の姉）に女官として仕えていた経歴があり、それがさらにこの嫁姑の関係を微妙なものにしていた。(9) こうしたオランイェ家の「内紛」に目をつけたのが抜け目のないホラント州の政治家たちだった。

なかでも反オランイェ派の筆頭だったヨーハン・デ・ウィット（一六二五～一六七二）は、翌五一年にオランダ各州の代表をハーグに招き、これまでオランイェ家の当主が代々務めていた州総督も陸軍最高司令官も今後は置かず、陸軍は各州の責任で防衛にあたることを全会一致で決めてしまったのである。さらに前章で論じておいたが、一六五四年に結ばれた第一次英蘭戦争の講和条約のなかには、今後オランイェ家を総督職から排除するという条件も盛り込まれ、幼子ウィレムは権力の中枢から追い出されてしまった[10]。

こののちイングランドで王政が復古し（一六六〇年）、ウィレムの伯父チャールズ二世（在位一六六〇～八五年）が即位すると風向きが変わり始める。チャールズの妹メアリがデ・ウィットと交渉を開始し、彼がクロムウェル政権と結んだ一六五四年の条約も破棄され、ウィレムが総督に就任する道が開けた。ところが六〇年にその母メアリが急死し、ウィレムの就任はしばらく棚上げとなってしまう。オランダ、とりわけアムステルダムの有力者のなかには、チャールズの復古王政が新たな「航海法」を制定し、イングランドの植民地交易からオランダ船を再び閉め出す政策に乗り出したことに怒りを感じていたことも影響していた。実際それを理由に、直後には第二次英蘭戦争（一六六五～六七年）まで勃発していた[11]。

ヨーハン・デ・ウィット

この間、「孤児」となったウィレムは、カルヴァン派の聖職者から当時のヨーロッパの王侯に必要な一通りの教育を受け、堅実なカルヴァン主義を身に染みこませるようになっていた。また父の政敵だったデ・ウィットとは和解を遂げて、彼からオランダの厳しい政治の現実についてたたき込まれていった。そのデ・ウィットからの承認もあり、一六六八年に一八歳に達したウィレムはホラント州の総督に就任する。さらに、それまでは祖母アマーリエが預かっていたオランイェ家の全権もウィレムに委譲され、ここにウィレムはオランイェ家とオランダの最高実力者へと復帰を遂げていくことになる[12]。

このように、ウィレムは生まれてからの一八年間にわたって、常におとなたちの政争の犠牲になり、おとなたちによる数々の裏切り行為にも傷つけられてきた。しかも自分を守ってくれるはずの父親を生まれる八日前に、母親をわずか一〇歳で失っていた。こうしたある意味「悲劇的な」生い立ちが、本当に信用できる相手にしか本心を明かさないという、その後のウィレムの慎重な性格を形成する要因になっていったと思われる[13]。

ルイ一四世との対決——国際政治の檜舞台へ

ウィレムがホラント州総督に就任した一六六八年は、オランダ政治にとっても転機となる年だった。この年、オランダはイングランド、スウェーデンと三国同盟を形成し、フランドル（ネーデルラント南部で現在のベルギー）に侵略して勢力の拡大を図るフランスの野望を食い止めようとしていた。当時のフランスは野心家の「太陽王」ルイ一四世（在位一六四三〜一七一五年）の親政が開始したばかりの頃だった。ルイは歴代フランス国王の野望を引き継ぎ、フランスとドイツの国境線をライン川にまで東へ押し広げようと考えていたのである[14]。

デ・ウィットが法律顧問として君臨するホラント州も、ヨーロッパ最大の経済都市アムステルダムも、フランスとの通商関係を第一とし、一六六二年にはフランスと同盟条約を結び、「自由航行、自由貿易」の原則も認めさせていた。ところが、当のフランスで財務総監を務めるジャン＝バティスト・コルベール（一六一九～一六八三）は高率の関税で自国産業を保護育成し、特権商人による貿易独占を奨励する「重商主義政策」を推進しており、最大の宿敵となるのがオランダであるとみなしていた。ここにフランスとオランダの間に通商戦争が始まることになった。

デ・ウィットはイングランドとの戦争に重きを置きすぎ、海軍力の増強には余念がなかったが、陸軍力についてはこの二〇年間「ほったらかし」にしていたせいもあって、全軍で八〇〇〇人余りしかおらず、しかも装備もひどいものだった。そのすきにオランダの強大な経済力を弱めようとチャールズ二世とルイ一四世とが秘かに手を結び（一六七〇年五月のドーヴァー密約）、フランスの巧みな外交が功を奏して、スウェーデンまで三国同盟を抜けてしまったため、オランダは丸腰の状態となってしまった(15)。

いまやデ・ウィットの権勢も地に落ち、ここに弱冠二一歳のウィレムが陸軍最高司令官に就任することとなった。その直後の一六七二年四月に、イングランドとフランスは相次いでオランダに宣戦布告し、海と陸の双方から同時に攻撃を仕掛けてきたのである。フランスはすでに先手を打って、オーストリアとスペインの両ハプスブルク家も味方につけていた。ヨーロッパ国際政治で孤立したオランダは、各地で苦戦に陥った。その責任はデ・ウィットに帰せられた。八月には法律顧問を辞任したデ・ウィットはハーグで暴徒に襲われ、暗殺されてしまったのである。

オランダにとってのこの未曾有の危機に、若きウィレムは果敢に挑戦した。まずは弱体化していた陸軍力の強化である。一六七二年秋までには、オランダ全国から若者を集め、これを規律の行き届いた三万の兵力に育て上げた。さらにウィレムが活用したのが「宣伝《プロパガンダ》」であった。当時のオランダは印刷業界でもヨーロッパで最先端を行く技術を備えており、これを利用して、ウィレムはヨーロッパ全土にルイ一四世の野望を喧伝するパンフレットを配信した(16)。

一六七三年六月には南東部の要衝マーストリヒトがフランス軍によって陥落したものの、ウィレムは決して焦らなかった。この間に両ハプスブルク家の外交官たちと交渉を重ねたウィレムは、上記のパンフレットのおかげもあって、ついに両ハプスブルク家をフランスから引き離すことに成功を収めた。そして同年一一月には新たに同盟者となっていた両ハプスブルク軍の加勢によりボンを攻撃し、ここを武器弾薬基地として占領していたフランス軍を降伏させた。これ以降は、オランダ各地からフランス軍が次々と蹴散らされていったのである。

さらにウィレムは、イングランドとの間の第三次英蘭戦争にも幕を引き（一六七四年）、いまやヨーロッパで孤立を強いられているのはルイのほうになっていた。一六七六年六月からオランダ東部のネイメーヘンで講和会議が開かれ、七八年八月にはここに条約が結ばれた。これによりオランダはすべての領土を回復し、フランスとの間の関税率も一六六四年の線にまで引き下げられた。なおこのネイメーヘン会議は、それまでヨーロッパ国際政治の共通語として使われていたラテン語に替わり、フランス語を公用語とする初の国際会議となった(17)。

陸軍力のみならず、外交やプロパガンダまで利用して、ルイ一四世の野望をとりあえずは押さえ込んだことで、ウィレムの声望は一挙に高まった。彼は一六七五年までには、ホラント以外の四つの州総督にも収まり、連邦議会も彼を陸軍最高司令官に改めて認めただけでなく、この役職をオランイェ家の世襲とすることまで承認した。さらにこれを機に、ウィレムを「公爵」に据え、オランダをオランイェ家の世襲支配による「公国」にしてはどうかという提案まで出されたが、さすがのウィレムもこれは辞退した(18)。彼は、オランダはあくまでも「共和国」として存続させたかったのである。しかしその彼がのちに公爵どころか「国王」になってしまうというのは、歴史の皮肉であろうか。

こうしてウィレム三世は二七歳の若さにして名実ともにオランダの最高実力者に収まった。

イングランドとの縁組み

ネイメーヘンで講和会議が開かれていたさなかの一六七七年一一月一四日、ロンドンのホワイトホール宮殿の一室で華燭《かしょく》の典が厳かに執り行われた。花婿はいまや飛ぶ鳥を落とす勢いとなったホラント総督のウィレム三世、花嫁はイングランド国王チャールズ二世の姪（弟の長女）にあたるメアリ王女（一六六二〜一六九四）。その日はウィレムの二七歳の誕生日にあたっていたが、花嫁のほうはそれよりひと回りも若く、まだ一五のおとめであった。

ウィレムの母とメアリの父が姉弟といういとこ同士の結婚ではあったが、それは明らかに当時のヨーロッパ国際政治にありがちな政略結婚だった。

ウィレムが初めて母の故郷イングランドを訪れたのは一六七〇年の冬のことだった。背も高く、人を魅了する能力に恵まれていた伯父のチャールズ二世ではあったが、政治外交に関わる真剣な話し合いの際にも酒ばかり勧めてきて、政治はおろか宗教的にも原則などまるで持っていないかのような彼の姿にウィレムは幻滅を感じていた。このときウィレムは、イングランドでも「怠惰王《レイジー・キング》」の異名を取る伯父が心底から自分を助けてくれる人物ではないと悟った。実際に、この半年ほど前にチャールズはウィレムの宿敵であるルイ一四世と「ドーヴァーの密約」を結んでおり、一六七二年にはルイと手を組んでオランダに攻め込んでくることになる(19)。

実は、ウィレムのおじたち、チャールズとジェームズ（メアリの父：のちのジェームズ二世）には大変な秘密があった。二人は父チャールズ一世の首が切り落とされ、イングランドが共和政になっていた間に、亡命先のフランスでカトリック信仰に魅了され、秘かに「改宗」していたのである。とはいえ、イングランド（国教会）ならびにスコットランド（長老派）の国王に即くにあたり、慎重なチャールズは自身がカトリック教徒であるなどとは人々に微塵も感じさせることはなかったが、弟のジェームズは違った。

チャールズがルイ一四世と親密な態度を取るにつけ、イングランドの家臣たちも国王が「隠れカトリック」なのではないかと薄々感づいてはいたが、表だって王と対峙はしなかった。しかしチャールズが一六七二年に「信仰自由宣言」を発し、国内のカトリック信仰に復活への道を与えようとしているかに思われたときには、すぐさま先手を打ち、翌七三年に議会は「審査法」を制定する。これによりイングランドで高位高官に就くものはイングランド国教徒に限られ、就任時には国教会の儀礼に基づく宣誓が強要されることになった。

ここでカトリックであることがばれてしまったのが、王弟のヨーク公爵ジェームズだったのだ。彼は自身のカトリック信仰を守るために宣誓を拒否し、それまで就いていた海軍長官を辞任した。

当時の国王の側近で最大実力者でもある大蔵卿のダンビ伯爵（一六三二〜一七一二）は国王兄弟がフランスと結びつきイングランドを再びカトリック主流に戻すことを恐れ、反フランス政策を採ることにした。そのダンビから白羽の矢を立てられたのがウィレムだったのである。

議会内の実力者ダンビの進言により、国王はジェームズの長女メアリをウィレムと結婚させる方針を固める。フランスとオランダの対立が続く限りその中間に位置するイングランドはいずれかに味方しなければならない。この両国がイングランドを媒介に姻戚関係にあれば対立も和らげられるであろうと、チャールズも考えたのである。さらに、熱心なカルヴァン派プロテスタントのウィレムを味方に引き入れれば、イングランドさらにはスコットランド国内の反カトリック派からの国王兄弟に対する猜疑心を払拭させられるとも。(20)

メアリの父親ジェームズは自身の二人の娘たちはカトリック教徒と結婚させたかった。他方でウィレムの側も先のイングランド訪問以来、二人のおじたちを信用していなかった。したがって、ウィレムとメアリを結婚させるというのは、そう簡単なことではなかった。ここで巧みに動いたのがオランダ駐在大使のサー・ウィリアム・テンプル（一六二八〜一六九九）だった。テンプル大使はハーグに赴任して以来、政治指導者としてのウィレムの才覚に目を瞠《みは》っていた。生真面目なウィレムは自身が総督を務める五つの州を隈なく廻り、毎晩のようにそれぞれの町の有力者と夕食を摂りながら、各州や市町村の統治に協力すると

メアリ王女

ともに、その権威を高めていた。この姿に感動したテンプルは、メアリの結婚相手はウィレムしかいないと判断していた[21]。

テンプルとは信頼関係で結ばれていたウィレムである。ついに説得に折れ、一六七七年一〇月、伯父チャールズからの再度の招待を受けてイングランドを訪問した。このときチャールズは弟のジェームズを説得し、ここにウィレムとメアリの結婚が決まった。

しかし花嫁のメアリはこの知らせを受けて衝撃のあまり一晩中泣き明かしたという。まだ一五歳で伯父や父に勝手に結婚を決められたこともあろうが、よりによってウィレムとは。そもそもウィレムとメアリは一二歳という年齢差もそうだが、見かけや性格もかなり異なっていたのだ。メアリは当時としては相当の大柄で身長は一八〇センチ以上あったと言われる。ウィレム（一六九センチ）とは一〇センチ以上の差である。さらにウィレムは歯は黒ずんでおり、かぎ鼻で猫背だった。口の悪い妹のアン（のちのアン女王）など、ウィレムを「キャリバン（シェイクスピアの戯曲『テンペスト』に登場する醜い怪物の名前）」とまで呼んでいた。さらにいつも陽気で情熱的なメアリに対し、ウィレムは（前述したが）無口で控えめな性格だった[22]。

とはいえ当時の王侯間の結婚は本人の意思など関係ない。チャールズ二世など「愛と戦争とは両立できるものではない」と公言してはばからなかった。まさにメアリは政略結婚の犠牲者であった。一一月一四日に式を済ませ、オランダに旅立つ前の晩もメアリは夜通し泣き明かしていた。自身もポルトガル王家から嫁いできたキャサリン王妃（チャールズ二世妃）が、同じ境遇を哀れんでメアリを元気づけようとしたが、メアリからの返答はこうだった。「でもおばさまはイングランドに嫁いでいらしたのよ。私はイングランドを出て行かなければならないんです」[23]。

いやいやながらにイングランドを出立したメアリではあったが、オランダに着くやウィレムとともに市民から大歓待を受け、その後はだいぶ落ち着いたようである。

王位継承排除危機――名誉革命への道

ところがウィレムとメアリの結婚からほどなくして、イングランドは政治的混乱へと向かう。チャールズ二世は愛人たちとの間に一七人もの子をもうけていたが、王妃キャサリンに世継ぎは誕生しなかった。このため王弟ジェームズが王位継承者第一位となった。これに脅威を抱いたのがイングランド議会の有力者たちであった。兄以上にカトリックの復活を狙う国王が登場したら、イングランドはどうなってしまうのか。

ウィレムとメアリの結婚を推し進め、ウィレムにとってイングランドにおける最大の盟友だったダンビは、親オランダ・反フランス政策を積極的に進めようとしたが、その強引なやり方には国王側だけではなく議会の側からも非難が集まり、議会で弾劾に遭い失脚してしまった。一六七九年に新たに召集された議会では、ジェームズを王位継承者から排除すべきであるとの法案が出されたが、国王は再び議会を解散する。しかし夏に行われた総選挙でもジェームズ排除の推進派が勝利を収めたため、チャールズは翌八〇年秋まで議会を開こうとはしなかった。

ここでジェームズを王位継承者から排除しようと推進する一派は、議会の再開を請願する全国活動を展開したが、議会内にはこれに嫌悪を示し、国王を支持する一派もいたのだ。この請願派が「ホイッグ（Whig）」、嫌悪派が「トーリ（Tory）」と呼ばれるようになり、このの ち議会内に一定の勢力を持つ党派へと徐々に成長していくこととなった。

この俗に「王位継承排除危機」と呼ばれる事態にウィレムは距離を置くことにした。トーリであれ、ホイッグであれ、いずれかの党派に近づけばあらぬ誤解を受けるだけである。事実、ジェームズは自身の王位継承に反対しているホイッグがウィレムと内通しているのではないかと疑っていたほどである。このイングランドの危機から表面上は離れていたとはいえ、ウィレムの内心は穏やかではなかった。イングランドにとっての最大の政治勢力はいまや議会であり、その議会が分裂しているような状況は、オランダの対フランス戦略から考えても極めて危険であった[24]。

この危機で切り札を握っていたのはチャールズ二世だった。ジェームズへの王位継承を考えていた国王としては、これに反対するホイッグ勢力を叩き潰したいのはやまやまだった。ただし、弾圧などの手段を使っては父チャールズ一世の二の舞になってしまう。対するホイッグとしても、あくまでも議会内での法律的な手段に則った上で国王に対抗した。国王も議員たちも「内乱」の悪夢がいまだ強く残っており、暴力的な手段には訴えたくなかったのである[25]。

こうした状況下で、ジェームズは議会を黙らせるために軍隊を投入するよう兄王に二度も進言していたが、チャールズは決してそれは許さなかった。一六八〇年秋に開会した議会では、排除法案は庶民院を通過したものの、国王派の多い貴族院で否決された。ここで再び議会が解散され、総選挙が行われたが、このたびもホイッグ側の勝利に終わった。一六八一年三月に開かれた新議会において三度目の排除法案が提出されたが、国王はわずか一週間でこの議会も解散した。その後、彼の治世において議会が開かれることは二度となかった。

「王位継承排除危機」はこうして国王側の意見が通されるかたちで幕を閉じた。ジェームズによる継承がほぼ確定的になるとホイッグの有力者は次々と国外へ亡命した。彼らが向かった先は、ウィレムが統治するオランダだった。

当時のオランダは、経済的な中心地であったばかりでなく、政治的・宗教的にも寛容な土地柄であった。このためイングランドに限らず、フランスのユグノー（カルヴァン派）やユダヤ教徒など、ヨーロッパ各地から大勢の亡命者が集まった。このときイングランドからは、ホイッグの指導者で排除法案提出の急先鋒だったシャフツベリ伯爵（一六二一～一六八三）や、彼の親友で哲学者のジョン・ロック（一六三二～一七〇四）などが亡命してきた。[26]

ジェームズ二世

ウィレムは彼らを丁重にもてなしこうした有能な人材との交流も大切にした。そして一六八五年二月にチャールズ二世が崩御し、ジェームズ二世（スコットランド国王としてはジェームズ七世）が国王に即位した。ここにウィレムの妃メアリは王位継承者第一位となった。
「王位継承排除危機」で国王を支持したものの多くも、カトリック教徒の国王が即くことには否定的だった。しかしチャールズと三歳しか違わないジェームズが国王になっても、その治世はそう長いものにはならないだろうし、あとを継ぐのは熱心な国教徒でオランダに嫁いだメアリの家か、同じく国教徒でデンマーク（ルター派プロテスタントが主流）王子の許に嫁いだアンの家のいずれかになる。そのため、カトリック国王の登場にも人々はそれほど動揺はしていなかった。

そもそもこの一七世紀後半の時点で、イングランドでもスコットランドでも、カトリック教徒の占める割合は人口の一％程度にまで落ち込んでいたのである。そのような両国に再びカトリック勢力を主流派として復活させることなど、到底望めるものではなかった。

ところが傲慢なジェームズ二世はそれを望んだのである。即位した当初は議会を尊重しているふりをしていた国王は、一六八七年四月には「審査法」などの停止を狙い、兄の先例（一六七二年）に続く新たな「信仰自由宣言」まで公布した。ここで議会内ではトーリ・ホイッグに関わりなく、有力者たちが秘かにオランダのウィレムと密接なコンタクトをとるようになった。いざという時には、議会内勢力を結集するとともに、かのルイ一四世のフランス軍を追い払ったオランダ軍の精鋭を率いてウィレムにイングランドに乗り込んでもらうためである。デヴォンシャ伯爵やハリファクス伯爵などと並び、かつて失脚させられたダンビ伯爵もそのなかにはいた[27]。

しかし、ジェームズの暴挙はとどまるところを知らなかった。この頃までには、全国の州統監の六割近く、治安判事の四分の三、さらには市参事会議員一二〇〇人以上を解雇し、カトリック教徒もしくは親カトリック派の後任をそこに充てようとまで計画する[28]。

そのようなさなかの一六八七年一二月にジェームズ二世は王妃の懐妊を公式に発表した。メアリとアンの姉妹を産んだ妃アン・ハイド（一六三七～一六七一）は、二人がまだ幼いうちに早世していた。彼女は、前章で紹介したが、オリヴァー・クロムウェルを「勇気ある悪党」と呼んだかのクラレンドン伯爵の長女だった。このたび懐妊したのはアンの死から二年後にジェームズが再婚したメアリ（一六五八〜一七一八）である。彼女は夫（五四歳）より二五歳も若く、妊娠発表当時まだ二九歳だった。しかしこれまでにジェームズとの間に生まれた一男四女はすべて夭折しており、イングランドの政治家たちもそれほど危機感は抱いていなかった。

ところが翌一六八八年六月一〇日、メアリは元気な男の子を出産した。ジェームズ・エドワードと名付けられた赤ん坊は、すぐさまウェールズ大公に叙せられた。イングランドでは女子にも相続権はあるが、「男子優先」が基本である。すなわちこの赤ん坊が姉であるメアリやアンより優先的に王位を継承できる。しかも母親はイタリア北部のモデナ公爵の長女であり、カトリック教徒だ。このウェールズ大公も秘かにカトリックの幼児洗礼を施されたに違いない。イングランド並びにスコットランドに、三代続けてカトリック教徒の国王が登場する機運が生じた。

ここに機も熟した。ダンビ伯爵など七人の有力政治家（のちに「不滅の七人」と呼ばれる）は急いでオランダのウィレムに連絡を取った。妻メアリの王位継承を確実なものにするため、ジェームズ二世一家の追い落とし計画が始まった。

立憲君主制の確立――ウィレム夫妻の即位

前述したとおり、ウィレムはそもそも叔父である義父のジェームズ二世を信用していなかった。このため一六八六年の暮れ頃からすでにジェームズの周囲に慎重にスパイ網を張りめぐらして、イングランドへと侵攻する機が熟すのを待っていたのである。さらに海外への侵攻ともなれば、オランダ連邦議会やアムステルダムの銀行家・商人たちからの支援が不可欠となる。ウィレムはこれについても慎重に根回しを行い、一六八八年六月に「不滅の七人」から渡英要請を受けるや、すぐさま行動に出た。九月には連邦議会がウィレム支援を全会一致で採択し、アムステルダムの経済界もこれを援護することとなった(29)。

さらに外交的にもウィレムの動きは素早かった。オーストリア、スペインの両ハプスブルク家とも手を結び、親戚筋にあたるブランデンブルク選帝侯フリードリヒ三世（一六五七～一七一三）の許《もと》を自ら訪れ協力を要請した。ウィレムにとって幸運だったのはイングランド侵攻にとっての最大の障壁だったルイ一四世が、折しも同年からライン左岸のプファルツ選帝侯領をめぐる九年戦争（アウクスブルク同盟戦争ともいう：一六八八～九七年）に乗り出しており、北西部のイングランドに兵力を割く余裕がなかったことである。さらにローマ教皇のインノケンティウス一一世（在位一六七六～八九年）が、イングランド内部の対立に巻き込まれないように、あえてジェームズ二世から距離を取っていたことも幸いした(30)。

一六八八年一〇月末には、すでに春頃からロッテルダムにほど近いヘレフットスライスに密かに集めていた戦列艦六三隻からなる大艦隊に、総勢二万人を超える兵力や六〇〇〇頭以上の馬、膨大な量の武器弾薬が詰め込まれた。こうしてウィレム一行は、一一月半ばにはイングランド西部デヴォンシャの港町トーベイ沖に到着した。すでにイングランド北部ではダンビ伯やデヴォンシャ伯がこれに呼応するかたちで蜂起を展開しており、南部ではブリストルやプリマスなどの港町がウィレム支持を宣言した。さらに南西部の要衝ソールズベリを守っていたチャーチル子爵

（第七章の主人公ウィンストンの祖先）も早々に国王を見限って、ウィレム軍に合流した[31]。

イングランド各地で反国王の狼煙《のろし》が上がるなか、ついにジェームズは一二月一〇日には妻子とともにフランスへと亡命した。その翌日、ウィレムはロンドンに入城した。ここに一戦も交えることなくジェームズ放逐は成功した。無血の革命ということから、世に「名誉革命」と呼ばれるゆえんである。

ジェームズ二世は「基本法を侵し、自らこの王国から引き下がり、政務を放棄した。ゆえにこの国の王座は空位となった」と、新たに召集された仮議会が宣言した。こののち侃々諤々《かんかんがくがく》の論争が議会内で展開されたものの、一六八九年二月一三日にはウィレムとメアリの二人が「共同統治」のかたちで王位に即くことが決まった。オランダにいたメアリがイングランドの土を踏んだのはその前日のことであった。同じ船には哲学者ロックの姿も見られた。

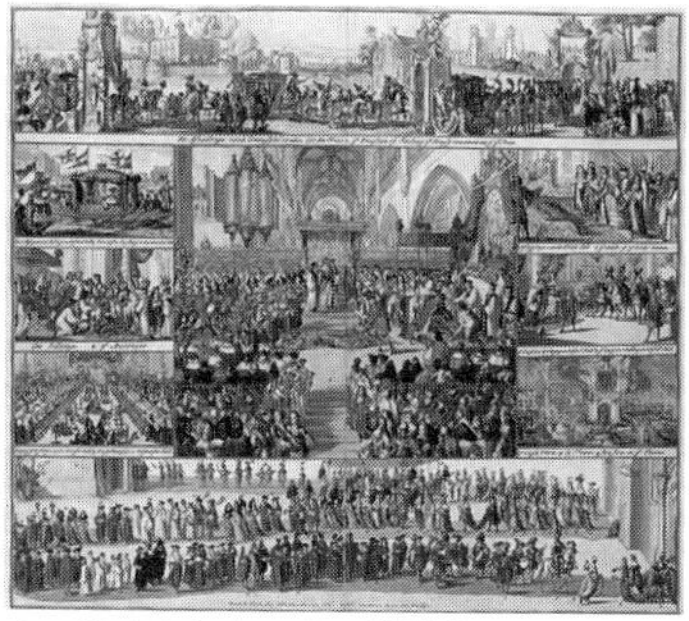
ウィリアムとメアリの戴冠式

こうして同年四月一一日、イングランド国王となったウィリアム三世とメアリ二世（在位一六八九～九四年）の戴冠式が、ウェストミンスター修道院で執り行われた。質実剛健なカルヴァン派の「ウィレム」にとって、それは「風変わりで面白いカトリック的な儀式」と映った[32]。

この戴冠式の宣誓では、「イングランド諸王により与えられた法と慣習をイングランド人民に与えることを確認する」という、それまでの歴代国王によって踏襲されてきた文言が、「議会の同意により制定された法と、同様に定められた法と慣習に基づき、イングランド人民を統治する」という宣誓文に改められていた。それは「君主が法の創造者である」というそれまでの考え方を放棄した象徴的な出来事でもあった[33]。

この年の一二月には議会により俗に「権利章典（Bill of Rights）」と呼ばれる法律が制定された。それは法律としての正式名称は「臣民の権利と自由を宣言し、王位の継承を規定する法律」というものであった。すなわち、この法律が有効な限りは、未来永劫この国に君主制は存続することを意味した。しかし一方ではこの法律では国王大権のかなりの部分が制限されることになった。最も大切なのは「議会の合意のない法律の停止は無効である」という条項であろう。さらに「議会の許可なく、国王は税を徴収できない」という条項まで盛り込まれた。

もはや財政的にも国王は議会に依存するしかなかった。チャールズ一世の時代には、「議会に依存しないで済む収入源」が国王の年収に占める割合は七六％にも及んでいた（一六二六～四〇年）。王には王領地や諸特権からあがる莫大な収入があったのである。それがウィリアム三世とメアリ二世の治世からは一気に三％にまで減少してしまった。王領地からの収入はすべて議会にいったん預け、そのうちの一部が「王室費（Civil List）」のかたちで議会の承認に基づく国王の歳費となったのである。この制度は一六九八年から正式に導入される[34]。

こうしてウィリアム三世と議会の主導の下、イングランドに議会主権の立憲君主制が本格的に確立された。

三王国の王に——「複合国家ブリテン」の複雑さ

しかしこれでウィリアムとメアリの体制が盤石になったわけではない。二人はイングランドの君主であるだけではなく、スコットランドとアイルランドの君主にもなる必要があったのである。

まずはより大きな反発が見られたアイルランドである。一六八〇年代当時、アイルランドの人口の七五％以上がカトリック教徒であった。彼らにとってジェームズ二世は、テューダー王朝のメアリ一世以来、実に一三〇年ぶりに迎えることのできた同じ宗派の君主として歓迎すべき存在であった。しかも治世開始早々から「審査法」を無視したジェームズにより、アイルランド軍の将校の九〇％はカトリック教徒で占められるようになっていた。プロテスタント系の将校らは、ブリテン島やオランダへと亡命していった。

このためアイルランドは、一時的にフランスに亡命したジェームズ二世が、起死回生を狙ってブリテン島へと侵攻する際の本拠地となり得た。事実、ウィリアムとメアリが王位を受けた二日後の一六八九年二月一五日、ジェームズは従弟のルイ一四世から兵力を分けてもらい、一路アイルランドへと向かったのである。カトリック勢力で固められたアイルランドは、瞬く間にジェームズ及びフランス軍によって占領された。アイルランド各地で反革命の狼煙《のろし》が上げられた。

ここにウィリアム三世は、イングランド、スコットランド、北アイルランド（プロテスタント）の兵力に、オランダ、フランス（ユグノー部隊）、デンマーク、ブランデンブルクなど、プロテスタント諸国の軍隊を結集し、総勢三万七〇〇〇人でアイルランドへの遠征を開始した。(35)

決戦の舞台は、アイルランド東部レンスタを流れるボイン川となった。かつてクロムウェルによる大殺戮が行われたドロヘダの町（七七頁）にも通ずる川である。一六九〇年七月一日に戦いは繰り広げられた。その前日、運悪く砲弾が当たって右肩を負傷していたウィリアムであったが、常に前線に姿を現して兵士たちを鼓舞した。その甲斐あってか、ボイン川の戦いはウィリアム軍の勝利に終わった。ジェームズはアイルランド軍を見捨てて、フランスへと逃げ帰った。「ジェームズ二世」が故国の土を踏むことはこれ以後二度となかった。

こののちもアイルランドでの反乱は西部を中心に続いていたが、一六九一年一一月に反乱軍の拠点リメリックが陥落し、ここに講和条約が結ばれた。これ以降、アイルランドはプロテスタント系の貴族（不在地主）や高官らによる支配が強化され、一八世紀が終わろうとする頃までには、カトリック教徒による土地占有率はわずか五％にまで減少してしまうのである。(36)

スコットランドでは、アイルランドほど大規模な反乱は生じなかったが、複雑な事情が絡んでいた。チャールズ二世は王政復古とともに、スコットランド教会に主教制度を導入したが、主流を占める長老派がこれに反発していた。次のジェームズはスコットランドにすり寄るような態度を示したものの、カトリック教徒であることがジェームズ支持者を少数派にしていた。このののちに生じた「名誉革命」の結果を受け、一六八九年一二月にウィリアムは早くもスコットランドの有力者らと会見し、翌八九年四月にはウィリアム二世（およそ五〇〇年前の「ウィリアム獅子王」に次ぐ）とメアリ二世として二人はスコットランドの君主に収まった。

しかしその直後には、ジェームズ二世と長子ジェームズの王位をあくまでも支持する勢力が、

「ジャコバイト（ジェームズ派の意味）」として登場し、北部を中心に反乱を繰り広げていった。反乱は八月までには鎮静化されたが、その後もジャコバイトの反対活動は続き、一六九六年には彼らによるウィリアム暗殺計画まで露呈した。

もともとが宗教的に寛容な土地オランダからやってきたウィリアムのことである。イングランドはもとより、スコットランドやアイルランドに対しても、即位後早々から「宗教的寛容策」を表明していた。ウィリアム自身は熱心なカルヴァン派の信者ではあったが、カトリックやユダヤ教徒に対してさえ寛容な姿勢を貫き、自ら神から使命を与えられていると強く信じていた[37]。このあたりは前章の主人公クロムウェルにも通ずる信念であったかもしれないが、クロムウェルがカトリックをあくまでも「反キリスト」として忌み嫌っていたのに対し、ウィリアムはすべてのキリスト教徒やユダヤ教徒にまで寛容だったのだ。

それゆえイングランド王位を受け入れてから一ヶ月ほど後の一六八九年三月には、ウィリアムは非国教徒でも公職に就けるよう「審査法」の廃止を訴えたが、議会の大勢はこれに反対し挫折に終わっていたほどであった[38]。彼はオランダではカルヴァン派、イングランドでは国教徒、スコットランドでは長老派の敬虔な信者として宗教的な儀式に出席する柔軟性を備えていた。

しかし次節で論ずるように、当時のヨーロッパ国際政治の難局にあたり、大陸各地やオランダでも戦闘指揮や統治にあたらなければならなかったウィリアムは、次第にスコットランドやアイルランドから足が遠のいていく。この点が本章の冒頭のほうでも紹介したが、両国では「国王は怠けている」との見解が強まる原因となり、両国の議会にとってウィリアムはあくまで「イングランド王」にすぎないとみなされるようになっていった。

両国ではやがてウィリアム三世とその取り巻きに反発する「地方党」が形成され、それに対抗するため一六九〇年代には国王はついにイングランドとスコットランドの「合邦」まで計画するに至った。しかしそれは、かつて曾祖父ジェームズ一世がつまずいたように、イングランド・スコットランド双方の議会から反対を受け挫折に終わる。(38) その過程では「合邦」強硬派によるスコットランド人弾圧事件「グレンコーの虐殺」という不名誉なスキャンダルまで発生し、ウィリアムの威信は大きく傷ついた。

「名誉革命」の立役者ウィリアム三世でさえ、「複合国家ブリテン」を巧みに統治していくのは至難の業であった。

勢力均衡論の導入——「島国根性」との戦い

スコットランドやアイルランドでは「イングランド王」としかみなされていなかったウィリアムであったが、当のイングランドでも「オランダ人（外国人）の王」として煙たがられていたのが実情であった。それは当時のヨーロッパ国際政治の危機に対する、ウィリアムとイングランド議会（有力政治家）との見解の相違に原因があった。

ステュアート王朝時代のイングランドは弱小な島国であったうえ、ジェームズ一世以降の国王たちは自国の防衛に汲々《きゅうきゅう》とするあまり、この島に攻めてくる可能性のある大国と二国間の条約を結ぶだけで満足する外交を展開していた。いわゆる「相互保障（dual security）」である。これに風穴を開けたのがクロムウェルであったが、それも共和政の崩壊によって終結してしまう。

このように「自国だけ助かればそれでいい」という観念は、スペインとの八〇年にわたる死闘の末に独立を勝ち取り、その後もフランスやスウェーデンといった強国と競合してきたオランダ生まれのウィリアム三世にとってみれば、まさに「島国根性」にほかならなかった。確かにステュアート王朝が始まった頃のイングランドはまだ弱かったかもしれない。しかしいまやオランダに次ぐ商業大国にまで成長をとげ、海軍力でいえばヨーロッパでも一流の部類に入る「大国」になっているではないか。それにもかかわらず、ヨーロッパ国際政治の危機を対岸の火事であるかのように傍観するとは何事なのか。

ウィリアムが説くヨーロッパの危機とはルイ一四世の飽くなき野望のことである。オランダとの戦争が終結した後も、ルイはライン左岸の小国を次々と吸収し、フランスの領土を自然の国境線（ライン川）にまで着々と拡げつつあった。フランスの勢力があまりにも大きくなりすぎてしまった後ではもう取り返しがつかない。その前に周辺の国々で同盟を結び、まだ芽の青いうちに、侵略という野望を摘み取っておかなければならない。それが「勢力均衡（balance of power）」という考え方に基づく、「集団安全保障（collective security）」なのである。[39]

ホラント総督ウィレムはすでにこのような考えから、一六八六年七月の時点で神聖ローマ皇帝レオポルト一世（在位一六五八～一七〇五年）らとアウクスブルク同盟を結成し、ルイ一四世がライン左岸で再び不穏な動きを見せる場合にはこれを封じ込める準備を進めていた。

そしてついにルイが動いたのが、一六八八年から始まったプファルツ伯爵領への侵攻であった。

ルイの目が東に向いているすきに「ウィレム」は名誉革命を成功裡に終わらせていたが、今度は「ウィリアム三世」としてイングランドを（さらにはウィリアム二世としてスコットランドも）この同盟に参加させる必要があった。有力政治家たちとの侃々諤々の論争の末、一六八九年五月についにイングランドとスコットランドも加わるウィーン大同盟が結成され、両国はヨーロッパ国際政治に本格的に参入することとなったのである。

しかしウィリアムや同盟者の見通しは甘かった。同盟さえ結べば何とかなるものではなかったのだ。同盟国はお互いにバラバラに動き、横の連係プレーがうまく働かなかった。おかげで数では劣勢なフランス軍が各地で優位に立った。当初はフランスの野望を恐れて資金を用立ててくれたアムステルダムでも戦争の長期化に伴う重税が続き、反ウィレムの暴動が起こる始末だった。とはいえ財政難にあえいでいたのはルイとて同じであった。一六九六年からウィリアムとルイは秘かに交渉を開始し、翌九七年九月にオランダのレイスウェイクで講和条約が結ばれた。ここでルイはついに「ウィリアム三世」のイングランド王位を認め、ジェームズを見限ったのである。この戦いは「イングランド王位継承戦争」でもあったのだ[40]。

ところが戦争が終わるや、途端にイングランド議会は軍縮に乗り出した。軍事費は大幅に削減され、一六九九年末までには陸軍力はわずか七〇〇〇人にまで落ち込んでいく。またまた「島国根性」の復活である。実はプファルツ伯領をめぐる戦争の後には、より重大なスペイン王位継承問題をめぐる戦争の可能性が考えられたのである。それにもかかわらず、戦争がひとつ終わったからといって軽々に軍備を縮小するとはもってのほかではないか。その不満が、本章冒頭に紹介したウィリアム三世からオランダ高官に宛てられた書簡に現れていたわけである。

ウィリアムが見通したとおり、ルイ一四世は孫をスペイン王に即けると同時に、孫のフランス王位継承権まで復活させたため、西ヨーロッパに強大なブルボン（フランスの王家）帝国が登場する可能性が出てきた。一七〇一年二月にルイは先手を打ってオランダの国境線に兵を進めた。ここでようやくイングランド議会は重い腰を上げてオランダ救援を決定し、九月には再びルイの包囲網を築くためのハーグ同盟が諸国間で結成された。

この翌年にウィリアムは急逝してしまうが、同盟は存続されただけではなく、先の九年戦争での教訓を生かして横の連係プレーの取れる統合司令部が形成されたため、このたびはフランスが各地で苦境に立たされていくことになった。

こうしてイングランド（さらにはスコットランド）は、ヨーロッパ国際政治の立役者の一角を担う大国への道を踏み出していくのである。

継承の道筋——王位継承法の制定

イングランドをヨーロッパの大国の一員に育て上げていった「名君」ウィリアムであったが、大きな悩みがあった。この大国を引き継いでくれる世継ぎに恵まれなかったのである。

妻のメアリは結婚の翌年（一六七八年）とさらにその翌年に妊娠したが、残念ながら二度とも流産に終わってしまった。すでに結婚当初から、メアリの女官の一人エリザベス・ヴィラーズと愛人関係にあったとされるウィリアムであったが、それでも夫婦仲は決して悪くなかった。二人がイングランドの王位に即いてからは、ウィリアムはルイ一四世との九年戦争やオランダ統治のためたびたびイングランドを留守にし、その間のイングランドの統治はすべてメアリ二世に任せ、彼女もその期待に充分応えていたのである。

ところがメアリは、三〇歳を過ぎた頃からめっきり老け込んでしまった。頭痛や吐き気などにたびたび襲われ、一六九四年の暮れには腕や肩に突然発疹が現れた。天然痘だった。一二月二八日の朝、メアリはあっけなく崩御した。享年三二。あまりにも早い死にウィリアムは愕然とした。その衝撃は一ヶ月近くに及び、議会さえ開く気になれなかったという。翌九五年三月にはイングランド史上最大ともいわれた葬儀がメアリのために執り行われた(41)。

しかしウィリアムはいつまでも悲しんではいられなかった。メアリとの間に世継ぎは誕生しなかったので、彼自身の王位は義妹のアンが継ぐことになる。ところがそのアンも、生涯のうちに実に一七回も妊娠したにもかかわらず、生き残った子どもはグロウスタ公爵に叙されたウィリアムただ一人だけだった。ウィリアム三世が、自分とも相性の良い早熟なこの少年に期待を寄せていた矢先、この子までわずか一一歳で亡くなった。一七〇〇年七月のことだった。

ここにステュアート王家の直系は途絶えることになった。ただし国外に一人だけ直系の王子がいた。ジェームズ二世とともに追い出された彼の長男ジェームズである。しかしカトリック教徒を王位に即けるわけにはいかないし、そのために「名誉革命」も成し遂げられたのである。いまさら彼に王冠を差し出すなど、そのすべてを否定することにつながる。

ウィリアムと議会の有力者との相談により、一七〇一年「王位継承法(Act of Settlement)」が制定された。これによってカトリック教徒はイングランド（のちにスコットランドにも適用）の君主には即けなくなり、カトリック教徒と結婚する王族は王位継承権を放棄させられることにも決まった。このためアンが崩御した場合には、ジェームズ一世の長女エリザベスの子孫にあたるハノーファー選帝侯妃ゾフィー（一六三〇～一七一四）とその一族に王位が継承される。

こうしてイングランドにおける王位継承の道筋がつけられた。しかしこの継承法のなかには、「もし継承する君主がイングランドで生まれたものではない場合には、議会の承認なしに、イングランド王国領に属さない領土・領域を防衛するための戦争に、この国を巻き込むことは許されない」との条項も盛り込まれていた。さすがのウィリアムもここまで徹底した「島国根性」には呆れかえったが、これがのちのち「ハノーヴァー王朝」の時代に紛糾の火種となってくる(42)。

王位継承法が制定された翌年、一七〇二年の冬にウィリアム三世は散策中に誤って落馬し、鎖骨を折る怪我を負った。さらに、骨折から恢復したばかりの国王を今度は肺炎が襲うことになる。三月八日の午前、ウィリアムは突然この世を去った。まだ五一歳という年齢であった。遺体は、ウェストミンスター修道院に厳かに埋葬された。

当初からの取り決めどおり、イングランド並びにスコットランドの王位はアン女王（在位一七〇二～一四年）が継承し、オランダの総督位は従弟のヨーハン・ウィレム・フリーゾ（一六八七～一七一一）が継ぐことになった。

人気のない「救世主」

スペイン王位継承戦争（一七〇一～一四年）が始まったばかりのこの時期に、ウィリアム三世が急逝するや、彼の名は人々の記憶から急速に忘れ去られていった。特に国王の死から二年後の一七〇四年八月に、ドイツ南部のブレンハイムでマールブラ公爵（前述のチャーチル子爵）率いる連合軍がフランス軍を完膚なきまでに粉砕するや、国民からの人気を一挙に集めたのが次代のアン女王となった。

マールブラはアンのお気に入りの女官サラの夫で、その勝利がアンと結びつけられたのである。マールブラはこの功績で女王からオクスフォード近郊に巨大な屋敷「ブレナム宮殿」を下賜されることになる（このあたりは二〇一八年の映画でアン女王と女官たちを主人公にした『女王陛下のお気に入り』のなかでコミカルに描かれている）。

ウィリアム三世は、本章の冒頭でも述べたとおり、「さまよえるオランダ人」であった。彼はどこへ行っても「よそ者」扱いを受けていた。イングランドでは「オランダ人」と言われ、スコットランドやアイルランドでは「イングランド王」と嫌われ、故国オランダでは「イングランドかぶれ」とさげすまれた。それが彼の死後に、各国の人々から「ウィリアム（ウィレム）三世」の記憶が急激に薄れていった現実に結びついているのではないか。

しかし彼こそはまさに各国にとっての救世主だったのだ。一七世紀後半のヨーロッパ国際政治のなかでいち早くルイ一四世の遠大な野望に気づき、アウクスブルクやハーグで大同盟を結成できたのは彼のおかげである。さらに彼が関わった各国に限ってみても、一六七二年に弱体化していたオランダ陸軍を立て直してフランス軍を蹴散らし、一六八八年にジェームズ二世軍と戦わずして「名誉革命」を成功に導き、リスクの大きかったアイルランドへの侵攻を無事に終えられたのも彼の決断力と指導力があったからである。

確かに「複合国家ブリテン」の君主としては、アイルランドやスコットランドから足が遠のき遺恨を残したのは事実であろう。さらにメアリ妃以外に愛人がおり、ポートランド伯爵（一六四九～一七〇九）やアルベマール伯爵（一六七〇～一七一八）といったオランダ出身の側近たちとの「同性愛疑惑」まで浮上し、イングランドでも人気がなかったのは事実である。

しかしそれは彼が生まれつき喘息に悩まされ、空気の悪いロンドン中央部での生活には耐えられず、郊外のハンプトン・コート宮殿やロンドン西端のケンジントン宮殿で、あまり人目につかず執務をとるようになっていたこととも関係していよう。ポートランドは幼少時からウィレムに侍従として仕えた最も古い側近であり、アルベマールも国王から寵愛を受けた人物であったが、二人がウィリアム三世と同性愛の関係にあったという確たる証拠はない。生真面目なウィリアムはたびたび夜を徹してこの二人と政策を論ずることが多かったため、人々からあらぬ誤解を受けたのかもしれない。さらにウィリアム自身が、幼少時におとなたちの政争に巻き込まれ、無口で容易には人に心を開かなかったという性格にも関わっていたのであろう。

ウィリアム三世こそは、イングランドに議会主権の確固たる立憲君主制を築いた立役者だった。彼は、時として「自分を犬のように扱う」と怒りを感じた議会でさえも、大切な審議のときには必ず出席し、最後には議会の決定を受け入れた。さらにおじたちのように勝手に解散や停会などせず、毎年議会を開くようになった。一六八九年以後、イギリス史家のウィリアム・スペックも論じているとおり、「議会はもはや行事（event）ではなく制度（institution）になった」のであり、これを定着させたのがウィリアムにほかならなかった。(43)

しかもそれまで二流国を自他共に認めていたようなイングランドを、一流国としてヨーロッパ国際政治に本格的に参入させたのもウィリアムであった。この国に「勢力均衡」の考え方を根づかせ、周辺諸国と手を結んでルイ一四世の野望を封じ込めるのに絶大な役割を果たした。

こうして見ると、ウィリアム三世はもう少し高く評価されてしかるべき君主であった。しかし、歴史においては「人気」と「実力（功績）」とは必ずしも一致するものではない。その意味でも、皮肉なことにウィリアム（ウィレム）三世はブリテンにとってもオランダにとっても人気のない「救世主」であったのかもしれない。

財政＝軍事国家の基礎を築く

そしてウィリアムの功績として忘れてはならないのは、イングランドに「戦争遂行装置《マシーン》」ともいうべきものを生み出したことであろう。

ルイ一四世による東方侵略に始まり、ナポレオン・ボナパルト（一七六九～一八二一）によって形成された帝国の崩壊に至るまでのおよそ一三〇年あまりの時代を、近年では「長い一八世紀（一六八八～一八一五年）」と呼んでいる。この時代にヨーロッパでは大陸全体（さらに各国の植民地である北米・カリブ海・インド周辺）を巻き込む大戦争が六回起こっている。

そのすべてにおいて一度として手を結ぶことなく、常に敵同士として対峙した国がイギリスとフランスであった。「長い一八世紀」の戦争は、別名「第二次英仏百年戦争」とも言われている。そして中世に戦われた「第一次」英仏百年戦争（一三三七～一四五三年）とは逆に、この第二次の戦争で最終的に勝利をつかんだのはイギリスだった。それは戦勝に必須のヒト（兵力）、モノ（軍需物資・武器弾薬）、カネ（軍資金）を大量に素早く集める術《すべ》に長けていたのがイギリスのほうだったからである。とりわけ重要だったのは「カネ」だった。

イングランドでは対外戦争の軍資金を提供してくれる最大の存在が議会であり、さらにそれを構成する「地主貴族階級《ジェントルマン》」であった。彼らはいざというときには率先して重税を請け負い、庶民に税負担が重くのしかかるのを抑えていた。反対にフランスでは教会や貴族は免税の特権を持ち、重税はすべて平民たちにのしかかっていた。さらに「長い一八世紀」には、それ以前の時代とは比べものにならないほど戦争のコストが大幅に上昇していった。

これに対応するには税金だけでは賄いきれなかった。いわゆる「国債」の登場である。そもそも公債のシステムが本格的に現れたのがウィレムの故郷オランダであったが、オランダは州ごとの権限が強く中央集権化がなかなか進まなかった。その点、イングランドはロンドン一極集中の側面もあり、「国債」としてまとまった金額を集めることも可能だった。

こうしたシステムを築き上げたのもウィリアム三世だったのだ。彼はイングランドの議会政治家たちを巧みに使い、イングランドの商人や銀行家らを保護する一方で、他のヨーロッパ諸国に先駆けてのちに中央銀行へと発展する「イングランド銀行」を創設した（一六九四年）。さらにその前年には、財務府に国債（年利一四％）を発行させ、イングランド銀行が保証する「公的信用貸し」制度も導入した。イングランド銀行を後ろから支えてくれるのは、この国の富の大半を独占するジェントルマン階級からなる議会であった。

さらに貨幣の改鋳により、英貨ポンドは国内外での信用度を高めた。こうした政策を、ウィリアム三世は当代随一の科学者アイザック・ニュートン（一六四二～一七二七）やオランダ時代に知り合ったジョン・ロックらの力を借りて次々と実現していった。ニュートンは国王の要請で、造幣局総裁に収まった。(44)

こうしてイングランド（さらにはイギリス）は、国家として大量に素早く資金を集め、それを軍事に巧みに利用していく「財政＝軍事国家（fiscal-military state）」にいち早く脱皮を遂げ、これに出遅れたフランスに対して勝利をつかんだのである。(45) この財政＝軍事国家としての土台を築き上げたのがウィリアム三世にほかならなかった。しかし彼の偉大さは、その死後三〇〇年を経たこんにちの我々でないとわからないのかもしれない。

ヨーロッパ大陸を主戦場とした「第二次英仏百年戦争」では負け知らずのイギリスであったが、そのイギリスでさえもヨーロッパ外の主戦場を舞台にただ一度だけフランスに大負けした経験があった。それはウィリアム三世の死から三六年後にイングランドに生まれた、ウィリアム以上に生真面目だった一人の君主の治世に起こった痛恨の出来事であった。

第四章　ジョージ三世――アメリカを失った「愛国王」

王冠をかぶった悪党？

もうイギリス憲法にはうんざりだ。なぜかと言うと、王政が共和政を毒し、王が下院を独占したからだ。イギリスでは国王は戦争をしたり、官職を分配したりするほか、することがほとんどない。はっきり言えば、王がやっているのは国民を貧乏に追いやったり、仲たがいさせたりすることなのだ。一人の人間が一年間に八〇万ポンドをもらい、おまけに崇拝されるとはなんと結構な職務ではないか。神の目から見ると、これまでの王冠をかぶった悪党全部よりも、一人の正直な人間のほうが社会にとってずっと尊いのだ(1)。

この辛辣な文章は、本章で後述するアメリカ独立革命を理論的に導いた思想家トマス・ペイン（一七三七～一八〇九）の『コモン・センス』（一七七六年一月刊）のなかの一節である。ペインが

「王冠をかぶった悪党」とこき下ろしているのは、お気づきのとおり歴代イギリス国王ということになる。なかでも彼が「頑迷で不機嫌なファラオ（hardened, sullen-tempered Pharaoh）」さらには「高貴なる野獣（royal brute）」とまで呼ぶのが、革命当時の君主ジョージ三世（一七三八～一八二〇、在位一七六〇～一八二〇年）であった[2]。

とにかくアメリカ（合衆国）ではジョージ三世はいまだにすこぶる評判の悪い英国王である。ペインの『コモン・センス』は発売から二週間で一万部が飛ぶように売れ、一七七六年内にはなんと五〇万部が出版されたという。当時のアメリカ植民地の白人人口は二〇〇万人ほどであった。その影響力のほどがうかがい知れるであろう。事実、この作品がひとつの導火線となって、この年の「独立宣言」（七月四日採択）へとつながったのだ。

しかもその「独立宣言」のなかにも、「現在の英国王の治世の歴史は、度重なる不正と権利侵害の歴史であり、そのすべてがこれらの諸邦に対する絶対専制の確立を直接の目的としている」との文言まで見られる[3]。さらにこのあとジョージ三世が犯したとされる「二七の罪状」も列挙されている。それによれば、国王は極めて重要な法律が植民地議会を通過するのを妨げ、植民地議会をたびたび不当に解散し、裁判の実行を妨げ、植民地の合意なしに平時に常備軍を駐屯させたのである。すでに前年（一七七五年）四月から始まっていたイギリス本国とアメリカ植民地との闘争は、この日（七月四日）をもって「アメリカ独立戦争」へと切り替わった。

その五日後の七月九日、「独立宣言」がニューヨーク植民地議会で承認されるや、町の中央部に鎮座ましましていた騎乗のジョージ三世像は市民により引き倒された。それはのちに溶かされ、その国王自身へと向けられる薬莢《やっきょう》に改鋳されたのだ。ニューヨーク市民にとってこの出来事は、彼らが君主制と決別するための「王殺し《レジサイド》」の儀式だったのかもしれない[4]。

この事件から一八〇年ほどの月日を経た一九五七年、ジョージ三世の直系の子孫にあたるエリザベス二世（在位一九五二年〜　）が、ニューヨークを公式に訪問した。若くて美しい女王は各地で大歓迎を受け、これに感激した当時の駐米イギリス大使は本国に思わずこう報告してきた。「女王のご訪問は当地で大変な反響を及ぼしております。彼女はジョージ三世の記憶を永久に葬り去ってしまいました[5]」。

ジョージ三世

ジョージ三世の評価は当のイギリスでも低い。なかでも口を極めて彼を罵ったのが、一九世紀の「ホイッグ史学」を提唱した学界で主流をなした歴史家たちだった。「ホイッグ史学」とは、イギリスでは他国に先駆けて一八世紀半ばまでに近代的な議会政党政治が確立し、その牽引役となったのが議会内で改革派の多いホイッグの政治家だったとする歴史観である。彼らからすれば、ジョージ三世は議会政治に過度に介入し、議会無視の専制政治を試みた「悪王」となる[6]。

「はじめに」で紹介した旧版の『国民伝記辞典（DNB）』でも、この流れを受けた歴史家のウィリアム・ハントが執筆した「ジョージ三世」の項目のなかで、王は「立憲君主としての適切な役割を放棄した」とまで批判されている。[7] ジョージを批判したのは歴史家だけではなかった。次章にも登場する一九世紀半ばのホイッグを代表する政治家で首相も務めたジョン・ラッセル卿（一七九二〜一八七八）など、ジョージ三世は「チャールズ一世やジェームズ二世が放棄させられた、絶対的な力を持つ王権を復活させようと試みていた」とも指摘した。[8]

このようにジョージ三世を「悪王」ととらえる歴史学の主流派に対して、彼の政治的重要性を唱える新たな見解を提示したのが、歴史学の重鎮サー・ルイス・ネイミア（一八八八〜一九六〇）であった。一九三〇年代に発表した研究によってネイミアは、ジョージ三世は当時の人々が国王の権利として認めていた権限内で行動しており、彼の行動に対する国制論的な批判は王から権力の座を追われたホイッグ政治家たちによる復権のための論理にすぎなかったと喝破した。[9]

これ以後はジョージ三世の評価に対してバランスの取れた研究が徐々に出てくるようになったが、それでも「ジョージ三世」に対する消極的な評価もまた後を絶たないのが現実である。

すでに一九世紀半ばの段階でも、政治理論家のウォルター・バジョット（一八二六〜一八七七）は立憲君主としてのジョージ三世を高く評価する一方で、「かれはいつも、しなければならないことを拒否し、してはならないことにいつまでも固執した。かれはその治世中、歴代内閣の半数に対し、意地悪く、しかも神聖な大権を振りかざして攻撃した」と批判していた。[10]

また二〇世紀末の現代人にとっては、「ジョージ三世」はイギリスを代表する劇作家アラン・ベネット（一九三四〜　　）が書いた傑作『国王ジョージの狂気（*The Madness of King George*）』

（一九九一年初演：邦題は『英国万歳！』）のイメージが強いかもしれない。精神病に陥る国王と彼を取り巻く与野党間の攻防（後述する「摂政制危機」）は、舞台並びに一九九四年に制作された映画の双方で主演を務めたナイジェル・ホーソンの怪演によって強く印象づけられている。

ジョージ三世とは、イギリス議会政治を混乱に陥れ、アメリカ植民地の独立を許した「愚王」「狂乱の悪王」だったのか。あるいは立憲君主制をイギリスに根づかせた「名君」だったのか。それを解明するために、まずは皆さんを「ハノーヴァー王朝（一七一四～一九〇一年）」成立期にまでお連れして、ジョージ三世が登場するまでの源流を探ってみたい。

ハノーヴァー王朝と議院内閣制の形成——ジョージ一世・二世の時代

第三章でも解説したとおり（一二二頁）、ウィリアム三世と議会政治家らの相談により制定された「王位継承法」に基づき、アン女王（在位一七〇二～一四年）没後のイングランド王位はドイツ北部の有力諸侯であるハノーファー選帝侯家に嫁いだゾフィーの一族が継承することになった。

スコットランドでもカトリック君主の即位を禁止する王位継承法が定められたが、プロテスタントとはいえ、スコットランドの土地を一度も踏んだことのない「ドイツ人王」の即位に難色を示す一派もいた。いわゆる「ジャコバイト（ジェームズ派）」である。彼らはスコットランドで少数派であったが、侮れない存在でもあった。そこでイングランドとスコットランドの有力貴族らを中心にこれまでたびたび挫折に終わった両国の「合邦（Union）」が話し合われることになり、アン女王治世下の一七〇七年五月一日をもって、両国は「グレート・ブリテン連合王国（イギリス）」としてひとつにまとまることになったのである。[11]

それから七年後の一七一四年八月一日、アン女王が四九歳で崩御した。この五四日前に後継者と目されていたゾフィーは八三歳の天寿を全うしていたため、彼女の長子ゲオルクがイギリス王位を継承することとなった。「ジョージ一世（在位一七一四〜二七年）」の登場である（ジョージはゲオルクの英語名）。ここに「ハノーヴァー（ハノーファーの英語名）王朝」も成立した。

しかし、彼は生涯「イギリス国王ジョージ」にはなれず、「ハノーファー選帝侯ゲオルク」のままであった。イギリスの政治にはまったく関心がなかったのだ。彼の関心はハノーファー侯国を維持することであり、できればその勢力を拡げることだけだった。一八世紀初頭のハノーファーは人口も五〇万程度。神聖ローマ帝国のなかでは、ハプスブルク支配下の諸国は一一〇〇万人、プロイセン王国は二五〇万人の人口を抱えていた。このなかで列強に伍していくには、九四〇万以上の人口を誇り、面積もハノーファーの三〇倍以上を有し、一八万以上の陸海軍兵士を抱え、軍事費が年間二七五万ポンドにものぼる、経済大国イギリスの軍事力・経済力を使う以外にない。

しかも帝国内では即《つ》けない「国王（König）」を名乗ることができ、他の諸侯よりも箔がつく。神聖ローマ帝国内で「王」になれるのは、ベーメン（ボヘミア：現在のチェコ）王を兼ねるハプスブルク家に限られていたのである。このためジョージ一世はイギリス政治はすべてイギリスの大臣たちに任せ、たびたび「里帰り」してハノーファーの繁栄と安寧に尽くした。彼はその治世一三年のうち、実に五回（通算で二年九ヶ月）もハノーファーに長逗留する始末であった。

前章でも述べたとおり、この時代までにイギリス議会は毎年開かれるようになり、その開会式では時の君主が施政方針演説を発表することになっていた。現在にまで続く「国王演説（King's Speech）」である。アン女王のときには彼女が大臣らと相談の上で原稿を書いていたが、もはやジョージはそれも大臣たちに丸投げとなり、彼がイギリスに不在の折には、貴族院議長も兼ねる大法官が代理で読み上げる有様であった。[12]

こうしたなかで政治の実権を握ったのが、王朝開始とともに政権の中枢を担うようになった、ホイッグの政治家たちであった。特に「泡沫《バブル》経済」の語源となっている「南海泡沫事件」（一七二〇～二一年）を巧みに処理したサー・ロバート・ウォルポール（一六七六～一七四五）が第一大蔵卿（First Lord of the Treasury）として国家財政を握り続け、二一年の長きにわたり内閣（Cabinet）を率いたことから、これ以後は筆頭大臣（首相：Prime Minister）は第一大蔵卿が兼任するという慣習も形成される。さらにそれまでは有力な指導者は貴族院に移籍する場合が多かったが、ウォルポールが庶民院に留まって権勢を維持したことから、庶民院が貴族院（さらには国王）に対して政治的にも優位に立つ傾向が強まっていくのもこの時期の特徴である。[13]

ここに議会に立脚する内閣が、国王に代わり、議会に諮りながら諸政策を推進していく「議院内閣制」もしくは「責任内閣制」がイギリスに確立されることになった。

それはウォルポール長期政権の前半期に代替わりで登場した、ジョージ二世（在位一七二七～六〇年）の時代になってからも変わることはなかった。彼もまた生涯「ハノーファー選帝侯ゲオルク」にすぎず、三三年の治世で「里帰り」したのは一二回（通算で五年六ヶ月）に及んでいた。

ウォルポールが退陣（一七四二年二月）した後も、彼の愛弟子《まな》ヘンリ・ペラム（一六九四～一七五四）やその実兄のニューカースル公爵（一六九三〜一七六八）など、同じくホイッグの政治家たちによって安定的な政治体制が継続していった。特にペラムが第一大蔵卿を務めた時代（一七四三〜五四年）には、議会内で初めて「予算（budget）」という用語も使われるようになり、今日にまで続くイギリス議会政治の基礎はこのような「国王不在」の時代に定着していったわけである(14)。

「愛国王」の登場

こうした「国王不在」ともいうべき時代のさなかの一七三八年六月四日、皇太子フレデリック・ルイス（一七〇七〜一七五一）とドイツ中部のザクセン・ゴータ・アルテンブルク公国の公女オーガスタ妃（一七一九〜一七七二）との間に長男が誕生した。のちの国王ジョージ三世である。

フレデリック皇太子夫妻は五男四女の子宝に恵まれた。その長男坊であるジョージは、幼少時からフランス語とドイツ語を学ばされ、天文学や置き時計に興味を持つ少年だった。当初は驚くほど怠け者で陰気で静かな子どもだったようであるが、思春期に入る頃から活動的になり、何事にも積極的に挑戦する少年に育っていった(15)。

そのようなジョージの運命を大きく変えてしまったのが、父フレデリックの突然の死であった。一七五一年三月、皇太子は肺血栓症により四四歳の若さで亡くなった。このためジョージは一二歳にしてウェールズ大公（皇太子）に叙せられた。その五年後の一七五六年からジョージは一人の補導役の下で「帝王学」を学んでいくことになる。スコットランド出身のビュート伯爵（一七一三〜一七九二）。もともと父フレデリックの友人の一人で、その邸宅レスタ・ハウスに頻繁に出入りしていたところを、母オーガスタから気に入られ、ジョージの指導にあたることとなった。

ハノーヴァー王朝の王たちは、とにかく父子《おやこ》仲が悪かった。ジョージ一世と二世はもとより、ジョージ二世とフレデリックも事あるごとに衝突した。特にフレデリックが父に反発したのが、ジョージ二世の「ハノーファー偏重外交」だった。前述したとおり、ジョージ一世と二世はともにハノーファーの安全保障を第一に考え、イギリスの経済力や軍事力をそのために用いることを厭わない王たちだった。これには当然のことながらイギリス国内でも反対する勢力が生じたが、ジョージ二世時代にこの勢力と手を結んだのが皇太子フレデリックであり、彼らの牙城となったのが皇太子の住むレスタ・ハウスであった。ビュートもその一員だったのである。

ビュートがジョージの補導役に就くや、真っ先に彼にたたき込んだのが「愛国王（Patriot King）」になることだった。ジョージ二世は周囲の悪しきホイッグ政治家たちに「囚われて」おり、本来の自国であるはずのイギリスではなく、ハノーファーなどという「外国」のために政治を行っている。皇太子のジョージが国王に即位した暁には、腐敗したホイッグの政治家たちを排した後に「愛国王」としてイギリスを救ってもらわなければならない。それがビュートの基本的な教えであり、ジョージも自ら「愛国王」になるべく勉学に励んでいった。[16]

ビュート伯爵

実際に、当時のイギリスは前世紀以上にヨーロッパ国際政治のゴタゴタに巻き込まれていた。その原因がハノーファーにあったのである。ハノーヴァー王朝が開始した翌年の一七一五年九月に「太陽王」ルイ一四世が亡くなっており、ヨーロッパにもしばらくは平穏な時代がおとずれた。ところが一七四〇年、神聖ローマ皇帝を代々輩出してきたハプスブルク家に男子継承者がいなくなると、帝国内の騒動がヨーロッパ全体へと拡大する状況となった。ルイ一四世に替わる新たなる野心家、プロイセン国王フリードリヒ二世（在位一七四〇～八六年）の登場である。

ここにフリードリヒとハプスブルク家の継承者マリア・テレジア（在位一七四〇～八〇年）とのあいだで「オーストリア王位継承戦争（一七四〇～四八年）」が勃発する。本来であればこの帝国内のいざこざにイギリスは関係なかった。しかし選帝侯の一人である「ハノーファー侯国のゲオルク」、すなわちジョージ二世は、この両者の争いに積極的に関与していく。イギリスも（海外の植民地におけるスペインやフランスとの係争とも関わっていたが）結局、オーストリア側についてこの戦争に加わることになった。

さらにビュートが皇太子ジョージの補導役に就いたその年には、フリードリヒ二世とマリア・テレジアとのあいだに再び「七年戦争（一七五六～六三年）」が始まった。このたびはジョージ二世はハノーファーの安全保障を託した甥（妹ゾフィーの長男）フリードリヒ二世率いるプロイセンと手を組み、オーストリア、フランス、ロシアなどと対峙することになった[17]。

ビュートからすればこのいずれの戦争もイギリスとは直接的に関係のないものだった。このような考え方は教え子のジョージにも浸透した。ジョージが国王に即位するやすぐに国王と大臣とのあいだで「ヨーロッパでの戦争」という問題は争点として噴出していく。

歴史家のジョン・キャノンも鋭く指摘しているとおり、わずか一二歳の時に父フレデリックが急逝してしまったのが、ジョージ三世にとっての最初の不幸であった。祖父のあとに父が国王として何年かでも君臨し、この間に皇太子ジョージに真の「帝王学」をしっかりたたき込んでおいてくれれば、ジョージも実体験としての君主像を自ら描くことができたであろうに。それを政治における実際的な経験や知識に欠けるビュートが、理想論だけで「愛国王」になれと説いたところで、それは現実のイギリス政治にそのまま反映できるものではなかったのだ(18)。

即位後の大混乱

七年戦争のさなかの一七六〇年一〇月二五日、イギリス国王ジョージ二世は七六歳でこの世を去った。孫のジョージは最後まで「あの年寄り《ジ・オールド・マン》」とバカにし続けた祖父の後を襲い、二二歳の若さでハノーヴァー王朝三代目の君主ジョージ三世に即位した。その当日、枢密院で行う即位宣言の草稿は恩師ビュートが用意したものであったが、そのなかには「血腥《ちなまぐさ》くて高くついた戦争」を早期に終結させるとの文言も盛り込まれていた。これに嚙みついたのが、庶民院で戦争を指導する国務大臣のウィリアム・ピット(大ピット:一七〇八~一七七八)だった。ピットは「高くついたかもしれないが、これは公正で必要な戦争です!」と国王に抗議したのである(19)。

ジョージ三世は、即位して早くもこのホイッグ政権と激しく衝突することになった。当時は、貴族院で勢力を誇るニューカースル公爵を首相(第一大蔵卿)とし、庶民院をピット国務相が指導する体制が取られていた。イギリス議会政治においては、貴族院で発言できるのは貴族院議員のみ、庶民院で発言できるのは庶民院議員のみという慣例が今の世も続いている。このため双方の議院に指導者が必要になるわけである。

当時の国務大臣は二人制が取られていたが、一七六一年三月にはピットと並ぶもう一人の国務相にビュートが据えられた。こののち、国王＝ビュートの側とニューカースル＝ピットの側とで戦争指導のあり方をめぐって対立が生じ、ピット（六一年一〇月）、ニューカースル（六二年五月）が相次いで辞任し、ここについにビュート伯爵が首相に就任することとなったのである。

これを機に、曾祖父ジョージ一世の時代から四〇年以上にわたって続いてきた「ホイッグ優越」の時代は終止符を打つことになった。国王はニューカースルに近いホイッグ政治家たちから次々と官職を奪い、自らの考えに近い人物を周辺に置こうとした。これにより議会内はトーリとホイッグといった党派だけではなく、国王派と反国王派といった要素まで加わり、四分五裂の状態となった。このためそれまでの「ホイッグ優越」時代とは異なり、政府による議会のコントロールが効かなくなり、このもち政権交替が頻発するという大混乱を迎えることになるのである。[20]

ジョージ三世がかつての補導役ビュートを首相に据えたことそれ自体は、当時のイギリス政治の慣習から考えても、決して国制（Constitution）に違反するような行為ではなかった。ビュートは議会内の多数から支持を得ていたし、彼が活動する貴族院で特に不穏な動きを見せていたわけでもない。しかし二二歳という若さで国王に即いたジョージ三世が、いまだイギリス政治の現実を充分理解する前に、これまた現実政治で揉まれた経験の浅いビュートを首相に迎えたのは過ちであった。事実、ビュートはわずか一年足らずで辞任に追い込まれる（一七六三年四月）。

後任の首相となったジョージ・グレンヴィル（一七一二～一七七〇）と国王との相性は最悪だった。「不寛容で、信じられないぐらいに冗長で、もったいぶって威張り散らす男」とジョージ三世はグレンヴィルをこき下ろした。しかしグレンヴィルにも言い分はあった。国王は、政府が検討すべき政策に関して事あるごとにビュートに相談していたのである。首相から退いた後も、国王手《て》許金《もときん》会計長官として宮廷内に留まっていたビュートではあったが、いまや首相でもなければ閣僚でもないのである。そのような人物が、政府閣僚が政策について議会に対して責任を負う「議院（責任）内閣制」の時代に、それとは別のルートで政策に関与することほど「無責任」な行為はないであろう。

グレンヴィルは国王にビュート伯からの「秘密の影響力（secret influence）」を排するよう再三要請した。ついに国王も折れて、ビュートは国王手許金会計長官を辞任し、一七六五年以降には地方の邸宅に隠遁することとなった(21)。

ビュートが隠遁したこの時期に、国王の体調は悪化した。大臣（特にグレンヴィル首相）との日々の口論でストレスが溜まり、精神的にも参ってしまったのである。それは後述する「乱心」の予兆ともいうべき状況であった。結局、国王が即位してからわずか一〇年（一七六〇～七〇年）の間に政権は六回も交代し、イギリス政治は動揺を極めたのである。

「愛国王」の孤立とアメリカの独立

ウェストミンスター（議会）とダウニング街一〇番地（首相官邸）が右往左往させられるなか、

議会の外では急進的な政治家ジョン・ウィルクス（一七二五〜一七九七）と彼を支持する運動のあおりを受け、一七六〇年代末頃からより下の階級にも選挙権を拡大し、全国の選挙区も人口比に合わせた平等な区割りにすべきであるといった、「議会改革」の声が高まりを見せていった。

一七六〇年代といえば、のちに世界史上でイギリスが他国に先駆けて「産業革命（一七六〇〜一八三〇年代）」をスタートさせた時期とも重なっている。それは工場制の大量生産を可能とする数々の要因（発明発見や豊富な原材料の存在など）とともに、工場労働者らに食糧を供給できる農業革命、生産された商品を国内外で流通させる商業革命、工業への資本投下をより拡大させる金融革命などもともなう集積的な現象であった。ここに中世以来のイギリス議会政治を牛耳ってきた「地主貴族階級《ジェントルマン》」以外の人々にも、政治に深く参与させる機運が高まっていたのである。

このように、政治・経済・社会・文化のあらゆる面で変動の時期にさしかかっていたジョージ三世治世の初期に、この「愛国王」の登場の余波は、今度は大西洋を越えた北アメリカ植民地にまで及ぼうとしていた。

ジョージ三世が即位した三年後の一七六三年に七年戦争が終結した。同時期にアメリカ大陸を舞台に行われたフレンチ・アンド・インディアン戦争ではイギリス側が圧勝し、今日のアメリカ合衆国東側三分の一とカナダの東半分を獲得することになった。とはいえ当時のイギリスはすでに一億三二六〇万ポンドの国債を抱えていた。政府の税収（八三〇万ポンド）の一六年分に相当する金額である。これに加えて大幅に拡大した北米植民地の防衛費（年間二二万五〇〇〇ポンド）がのしかかってくる。国王は戦後も一万の兵力を駐屯させることに決めていた。この防衛費は植民地の住民に支払わせるべきだ。

　こうして一七六四年には砂糖税、六五年には印紙税が新たに設けられた。しかしそれはマサチューセッツからジョージアに至る一三の植民地にそれぞれ設置されていた議会の意見をいっさい徴していない「不当な課税」と受けとめられた。植民地側ではイギリス商品の不買運動も生じた。このためホイッグ系の大物であるロッキンガム侯爵（一七三〇〜一七八二）が首相を務める政府は、植民地側の反発を鎮めようと印紙税の廃止を議会に諮った。ここで厄介な問題が生じた。

　一七六六年二月の貴族院での審議に、隠遁したはずのビュート伯爵が登院し、印紙税の廃止に反対意見を述べたのである。これは「国王の意思」なのではないかと憶測した貴族たちの「忖度《そんたく》」により、廃止法案は賛成五四×反対五九で敗北を喫してしまった。ここですぐさまロッキンガム首相は国王の許に参内し、「国王も印紙税廃止には賛成の意を表している」との言質《げんち》を取り付け、すぐさまそれを公表した。この翌日に行われた庶民院の審議では賛成二七四×反対一三四で法案は成立し、その影響を受けた貴族院でも通過して、なんとか事なきを得たのである(22)。

　このように「国王の見解」は、一七六〇年代当時にあっては議会内でもいまだに大きな影響力を有していた。それと同時に国王とビュートの絆がまだ断ち切られていないのではないかとする憶測が瞬く間に政界に拡がった。実際にはビュートはすでに国王への影響力を失っていた。

　このちも本国イギリスと北米植民地のあいだでは対立が続いた。イギリス側が一貫した政策を打ち出せなかったのは、すでに述べたが、この時代の政権がすべて短命に終わっていたことも関わっていた。しかし長期政権だからといってうまくいくとは限らない。国王が「頼みの綱」として首相に任じたノース卿（一七三二〜一七九二）は、一二年（一七七〇〜八二年）に及ぶ長期政権を維持していくことになるが、このノース政権下でついに「アメリカ独立戦争（一七七五〜八三年）」に突入してしまうのである。

イギリスとアメリカ植民地との戦争ははじめから結果が見えていたはずだった。もともと自前の強力な軍隊など持たない植民地と、陸軍に加えヨーロッパ最強の海軍まで備えていた本国との争いである。すでに産業革命が始まっていた本国の経済力や、武器弾薬など軍需物資の生産力にしても桁違いだった。ところがここに逆転劇が生じてしまう。最終的に戦争に勝利を収めたのは植民地の側であり、一七八三年九月にはパリ条約で「アメリカ合衆国」の独立が認められた[23]。

アメリカ独立戦争（レキシントンの戦い）

なぜイギリスは敗れたのか。戦場がアメリカ大陸であったため、イギリス陸海軍は荒波の大西洋を五〇〇〇キロも渡っていかなければならないというハンディを背負っていたこともある。当時の航海技術ではアメリカに渡るには、早くて三ヶ月、通常は半年はかかった。また強力なイギリス軍兵士が上陸してきたとしても、その多くはアメリカに初めてやってきたのであり、地理的に不案内な部分も多かった。

しかしその最大の敗因は、イギリスが当時のヨーロッパ国際政治のなかで孤立したことにある。

フランス（一七七八年）、スペイン（七九年）、オランダ（八〇年）の三国が相次いでアメリカ側に味方し、イギリスに宣戦布告してきたことに加え、ロシア、オーストリア、プロイセンなどの大国もすべてイギリスにとっては潜在的な敵国となっていたのである。

三国の参戦により、イギリス本国からの兵力・武器弾薬を積んだ船が途中で拿捕《だほ》されただけでなく、その戦場がカリブ海、東南アジア、インド周辺にまで拡散し、ついにイギリス軍の降伏につながった。イギリスは外交的な理由から勝てる戦争に負けたのであった。

ジョージ三世の「敗因」

本章の冒頭でも示したとおり、このアメリカ独立革命の過程でジョージ三世は「専制的な暴君」として、植民地の人々から忌み嫌われ、その敗北の全責任を負わされていたかのごとくである。しかしそれではジョージには少し酷すぎるかもしれない。確かに国王は騒動が大きくなるまでアメリカ植民地の問題になど関心がなく、戦争が開始されるやあまりに頑なに徹底抗戦を主張した。しかしそれは上は首相から下は一般市民に至るまで、ほとんどすべてのイギリス国民とて同じだったのである。議会内でもアメリカ植民地にわりと同情的だったピットやロッキンガムでさえ、「アメリカに関する最終的な立法権は本国イギリスにある」と信じて疑わなかった。

またジョージ三世の頑迷さが戦争を長引かせたという批判も聞かれるが、歴史家のキャノンが指摘するように、自身の帝国の存亡に際し、たやすく諦めるような君主などどこの時代に存在したはずはなく、ジョージの態度はごく普通のものであった。ただヨーロッパ大陸で四面楚歌のなか、その不屈の精神力と軍事の才能を生かして戦い通したフリードリヒ大王のような叡智に恵まれていなかったジョージに対しては、「七年戦争のフリードリヒ二世は英雄的だったが、独立戦争でのジョージ三世は向こう見ずだった」というキャノンの評価は適切かもしれない。[24]

しかしここであえて責任者を問えば、やはりジョージ三世に行き着くものと思われる。歴史家のジェレミー・ブラックもその点は厳しく言及している。アメリカ独立戦争での敗因というより、そもそもこの戦争の原因を作ったのもジョージだったのかもしれない。「愛国王」を気取っていながら、ジョージ三世は大西洋を渡ってアメリカ植民地の「臣民たち」と親しく交わろうとは考えもしなかった。確かに当時の最新技術をもってしても、三～六ヶ月もかかる船旅ではある。とはいえ即位当時のジョージ三世はまだ二二歳であり、早世した父とは異なり、将来的には八〇歳を超える長寿を誇るだけの体力にも恵まれていたのである。

もっとも同じくアメリカ大陸に植民地を有するフランスのルイ一六世（在位一七七四～九二年）や「名君」と呼ばれたスペインのカルロス三世（在位一七五九～八八年）も、海を渡って自国の植民地を訪れたことはない。しかし第二章や第三章でも記したとおり、王は「出不精」ではつとまらないものなのである。ハプスブルク帝国のヨーゼフ二世（在位一七六五～九〇年）などその治世のうち四分の一はすべての領地をめぐって情報の収集や家臣たちとの交流に費やし、総計で四・八万キロは旅したとされる。ゆうに地球を一周できる距離（赤道の周長は約四万キロ）だ。ブラックは、ヨーゼフ二世がイギリス国王だったなら、大西洋を越えて植民地の現状を理解し、現地の有力者たちと相談の上で適切な課税を検討していただろうと断じている。[25]

戦争末期の一七八二年三月にノース卿に政権を去られたジョージ三世は、最も嫌っていたホイッグ改革派のチャールズ・ジェームズ・フォックス（一七四九～一八〇六）の入閣なども認めざるを得なくなっていく。辞任する直前にノースが国王に残した言葉にもあるとおり、「この国では玉座にあるものでも、庶民院の採決に抗うことはできない」状況となっていた[26]。

このときジョージ三世はイギリス国王から生前退位し、ハノーファーに隠遁してしまうという考えまで示していたが、これは大臣たちから止められることになった。イギリス（イングランド）史上、自らの意思で退位した君主などこれまでいなかったのである[27]。

「悪党」ジョージとピット政権の確立

こののちもジョージ三世はイギリス議会政治にとって厄介な存在であり続けていく。かつては政敵同士だったノースとフォックスが手を組んだ政権が、東インド会社の改革案を盛り込んだインド統治法案を議会に提出し、庶民院を賛成二二九×反対一二〇で通過した。するとこの法案に反対の国王は、「貴族院でインド統治法案に賛成票を投ずるものは、誰であれ国王の友ではない」と側近に伝え、それが瞬く間に議員たちに拡がるや、法案は貴族院において賛成七九×反対八七で否決されてしまったのである[28]。

法案が否決された直後の一七八三年一二月、国王は大ピットの次男であるウィリアム・ピット（小ピット：一七五九～一八〇六）を首相に任命した。弱冠二四歳というイギリス史上最年少の首相の登場である。これには議会内からも大変な非難が集まり、翌八四年一月までには政府側の多数も確保できなくなっていった。弱腰となったピット首相に、国王は「退位してハノーファーに隠遁する」と脅しをかけることでピットの辞任を阻止し、同年三月には総選挙を決行させる。

議会審議において「国王の見解」が占める威力と同様に、これまた当時の慣例で「国王が支持する党派が勝利を収める」という状況からも、ピット派は総選挙で圧勝した[29]。

小ピット

この後、ピット首相は巧みな議会戦略と優れた諸政策により、一七年以上にわたる長期政権を維持するとともに、アメリカ独立戦争で二億四二九〇万ポンドにまで膨れ上がった負債を償還し、これまた傷ついたイギリス海軍を再建していくのである。アメリカ独立の直後に、ヨーゼフ二世は弟に「イギリスはいまやデンマークかスウェーデン並みの二流国に成り下がったな」とあざ笑いながら伝えていたが、この類い稀なる辣腕首相の登場のおかげで、イギリスはおよそ一〇年で経済的にも軍事的にも大国として復活を遂げていくのである[30]。

その小ピットを首相に登用したのも、彼が辞めるのを阻止して総選挙で大勝をつかませたのも、ジョージ三世である。バジョットは『イギリス憲政論』のなかで次のように述べている[31]。

ジョージ三世は、国民が自分のほうを支持しそうであると思われたときは、〔中略〕いつでも自己の主張を固持し、目的をまげないのが得策であることをよく知っていた。また気に入らない大臣に対しては、いつでも後継者をほのめかして震え上がらせていた。かれはこのような問題になると、狂人のようなずるさをもっていた。かれは、当時の最も有能な政治家たちと衝突したが、負けたことはめったになかった。そして議論をして勝ち目がなくなると、時に脅迫して、勝ちをえる術を知っており、また君主に対する習慣的な尊敬心を利用するのが上策であることも知っていた。

このバジョットの読みが正しければ、当時の王権と政治的慣習とを巧みに利用したジョージ三世はかなりの「悪党」だったことになる。ところがアメリカ独立から五年ほど後に、百戦錬磨のジョージの身に異変が起こり、イギリス政治は前代未聞の大混乱へと突入していくのである。

殿ご乱心！――摂政制危機という悲喜劇

一七八八年一〇月、五〇歳になった国王ジョージ三世の言動が突然おかしくなった。女官たちに卑猥な発言をしたり、近習に突然つかみかかったりと、普段の謹厳実直な国王とはまるで別人のような有様となった。このままでは国王の職務を続けるのは難しい。すでに二六歳に達している皇太子ジョージ（のちのジョージ四世、在位一八二〇～三〇年）を「摂政（Regent）」に就けて職務を代行させてはどうか。しかしことはそう簡単には運ばなかったのである。

ジョージ三世は、「清教徒革命《ピューリタン》」で首を切られたチャールズ一世以来、愛人を持たない初めての英国王であった。彼は即位した翌年、一七六一年九月にドイツ北部のメクレンブルク＝シュトレーリッツ公国の公女シャーロットと結婚した。決して美人とはいえない女性であったが、シャーロットは思慮深く、静かな家庭生活を好む地味な人柄で、政治にはできるだけ関わらない賢明な王妃となった。ジョージとは相思相愛の仲で九男六女もの子宝に恵まれた。国王は彼女と次々と増えることになる家族のために、友人のバッキンガム侯爵からロンドン中央部にあった屋敷を買い取り、シャーロットにプレゼントした。のちの「バッキンガム宮殿」である。

当時のヨーロッパの王侯世界のなかでは珍しく「家庭的な」国王夫妻ではあったが、息子たちの教育は明らかに失敗していた。特に長男で世継ぎのジョージは酒と女性に溺れ、一七歳の時に女優と愛人関係を結んだ。ところが別れる際にはラブレターを暴露すると脅されて、父が彼女に五〇〇〇ポンドも支払ってその手紙を取り返すという失態まで演じていたのである(32)。

さらに贅沢好きだった皇太子はロンドンの邸宅カールトン・ハウスを改築させ、美術品の収集などであっという間に一〇万ポンドもの借金をこしらえる始末であった。さらに二三歳の時には、父に内緒でマリアという女性と秘密結婚を遂げる。実は彼女はカトリック教徒だったのである。前章でも記した「王位継承法」により、イギリス王族はもはやカトリック教徒とは結婚できないことになっていた。しかも次代の国王たる皇太子がである。ジョージ三世はすぐさま結婚を極秘に解消させ、この道楽息子にきちんとした嫁を探そうとしていた矢先に「病気」になったのだ。

このような皇太子に摂政を託すなど言語道断であると反対する議会政治家たちが数多くいた。ならば彼の「叔父」、すなわちジョージ三世の弟たちならどうか。国王は息子たちにも恵まれていなかったが、弟たちもろくでなしばかりだったのである。殊に四男ヘンリ（カンバーランド公爵）は庶民の寡婦と身分違いの極秘結婚をして、兄ジョージ三世の逆鱗に触れた。これを機に、二五歳未満の王族は君主の許可なく結婚できないとする「王室婚姻法（Royal Marriage Act）」が一七七二年に制定された。皇太子のジョージはこの法律まで犯していたわけである。

こののち国王の「病気」と「摂政」をめぐる問題は、イギリス議会を二分するような紛糾へと拡大した。皇太子が摂政に就けば、カールトン・ハウスにいつも出入りするフォックスの一派が政権を委ねられる可能性が高い。いかに有能なピット首相とはいえ、当時は君主からの支持がなければ政権を維持できなかった。このため、皇太子を摂政に就けようとするフォックス派とそれを阻止しようとするピット派とのあいだで激しい攻防戦が繰り広げられることになった。

バッキンガム宮殿

ピット首相は、当時「精神科医」としても定評のあったフランシス・ウィリスに国王の診察を要請し、拘束椅子などを用いた治療の結果、一七八九年二月一七日に国王は恢復を見せたのだ。それは庶民院で「摂政制法案」が審議されるわずか三日前のことだった。四月には、ロンドンのセント・ポール大聖堂で国王の恢復記念礼拝が大々的に行われ、ピット首相も安堵した。

この一連の騒動は、本章の最初でも紹介した映画『英国万歳！』のなかで史実に基づきながら巧みに描かれているが、二〇世紀になってから明らかになったのは、このジョージ三世の病気は「ポルフィリン症」と呼ばれるもので、絶え間なく喋り続け、足下がおぼつかなくなり、精神混乱をきたし、凶暴性も示すという、遺伝性の精

神障害のようである。(33)

ポルフィリン症のことがわかるのはこれより二〇〇年も先のことであり、このときはとりあえずは「殿ご乱心！」の状況も収まり、ピット政権はさらなる安泰を約束された。しかしさすがの辣腕首相ピットでさえ、国王恢復記念礼拝がロンドン市民の歓呼のなかで大々的に執り行われてからわずか三ヶ月後に、ヨーロッパ全体が未曾有の危機へと突入することなど知る由もなかった。

頑迷な国王と改革の頓挫

ジョージ三世の記念礼拝から一二日後の一七八九年五月五日、パリ郊外のヴェルサイユ宮殿にフランス各地から一二〇〇人近くもの名士たちが集まってきた。この国の議会である「全国三部会」が久方ぶりに召集されたのである。イギリスと同様に、「長い一八世紀」を戦い続けてきたフランス国王も莫大な負債に頭を抱えていたのだ。前年度の負債の年利負担だけでも三億リーヴルに達し、それは当時の国家歳出の半分の額にも相当した。

それまで「免税」の特権に与《あずか》ってきた教会（第一部会）や貴族（第二部会）にも課税しなければなるまい。両部会からは猛烈な反対が予想されたが、それ以上に強い怒りを感じていたのが、これまでも税を払わされ続けてきた平民（第三部会）だった。彼らは重い税金を払ってきたのに、政治的な発言がいっさい許されていなかった。このたび全国三部会が召集されたのは一六一四年以来、実に一七五年ぶりのことだったのである。隣国イギリスでは、一六八九年から毎年議会が開かれるようになってもう一世紀も経とうというのに。

会議は当然のことながら最初から紛糾した。そして七月一四日の「バスチーユ牢獄襲撃事件」に端を発する、フランス革命（一七八九〜九九年）へと事態は進展した。

当初は「対岸の火事」として革命を傍観していたイギリスであったが、一七九二年九月にフランスで王政が廃止され、翌九三年一月にルイ一六世が断頭台の露と消えると、もはや他人事では済まされなくなっていく。ジョージ三世もこの「王殺し」には大きな衝撃を受け、フランス共和国という「あらゆる文明国の礎を破壊しようとする無秩序な国」を封じ込めるべきであると主張した[34]。翌二月、ピット首相の提唱で「(第一次)対仏大同盟」が結成された。フランスの革命思想がこれ以上拡がらないよう、列強は本格的に介入に乗りだしていく。

対仏大同盟はヨーロッパ大陸の陸軍大国（ロシア、オーストリア、プロイセン）が途中で敗戦を理由に離脱することがたびたび生じたが、こののち七次にわたって形成される。そのすべてを支えたのがのちに「ピット氏の黄金（Mr. Pitt's Gold）」と呼ばれた、イギリスの軍資金であった。この資金は年に数千万ポンドは必要となり、一七九九年にはピットはついにイギリス史上初めての「所得税」の導入に踏み切った。こうした諸政策のおかげでイギリス政府は一八一五年までに一五億ポンドもの資金を戦争に投入できたとされている。

実際の戦闘は陸海軍に任せるとして、ピット首相はフランス革命の思想がイギリスに入り込むのを防ぎつつ、時代に即した改革の必要性も感じるようになっていた。まずは先にも記したが、「議会改革」である。当時のイングランド、ウェールズの州選挙区では年価値四〇シリング（二ポンド）以上の地代収入のある地主に、都市選挙区では市町村議員やある種の財産保有者、地方税や住民税を支払っている者、といった具合に「財産資格」に応じた選挙権しかなかった。

それでも一八世紀初頭の段階では、成人男子人口の一三％（三〇万人程度）に選挙権が与えられており、ヨーロッパ大陸の諸国に比べても格段に有権者は多かったが、その数は一八世紀末になってもそれほど増えることはなかった。むしろ産業革命などにも影響を受けた急激な人口増のおかげで、成人男子人口に占める有権者の割合は一四％程度にまで落ち込んでいた。

しかも産業革命で人口が急激に増えたマンチェスター、バーミンガム、リーズ、シェフィールドといった大都市に一議席も割り当てられていなかったのに、中世には巨大な荘園があったかもしれないが、いまや寒村しかない田舎に二議席も割り当てられているといった旧弊な慣行がまかり通っていたのである。スコットランドなど、一七七四年当時で有権者は四二八人しかいないというのが現状であった(35)。

フランスで王政が倒され、「すべての市民は平等である」と訴える革命思想が拡がるなかで、地主貴族だけで議会政治を牛耳るような体制はこのままでは続かない。フランスでいうところの商工業階級《ブルジョワジー》も徐々に政治に参画させるべきである。ところがジョージ三世は選挙法の改正には反対であった。治世当初のウィルクスたちの活動などがある種のトラウマになっていたのかもしれないが、国王はより下の階級にまで選挙権を与えることが、イギリスをフランスの二の舞にしてしまうのではないかと危惧していたようである。

さらに浮上したのが「アイルランド問題」であった。革命の当初は、それまで国の宗教を支配してきたカトリック（キリスト教）を否定したフランスであったが、再びキリスト教は国民信仰の中枢となっていく。ここで同じくカトリックということで、フランス革命軍がアイルランドを経由してイギリス上陸を企てる計画が現実味を帯びてきたのである。

このためピット政権はアイルランドの有力者らと交渉を開始し、一八〇一年一月一日をもってアイルランドはイギリスに合邦され、「グレート・ブリテン及びアイルランド連合王国」が誕生することになった。ダブリンに設置されていたアイルランド議会は廃止され、ウェストミンスターの貴族院・庶民院にアイルランド選出の議員が送り込まれることになったのである。これを機に「ブリテン諸島の皇帝」を名乗ってはいかがかと国王に進言する家臣もいたが、「この国にはいままでどおりの王《キング》がふさわしい」と、ジョージ三世はこれを拒んだ(36)。

ところがジョージが拒んだもうひとつの案件のほうがより重要だった。一六七三年に制定された「審査法」（一〇四頁）により、イングランド（その後スコットランドにも適用）ではカトリック教徒には国家の高位高官に就ける権利がない。たとえ総選挙を経て国会議員になったとしても、ウェストミンスターの議場に入る際にイングランド国教会の儀礼に基づいて宣誓させられ、それを拒否すれば当選も無効にされてしまうのだ。

この機会に「審査法」も廃止し、カトリック教徒であろうと新生の「連合王国」において要職に就けるようにしないと、ただでさえ不満が溜まっているアイルランドで反乱さえ生じかねない。ピット首相は国王の説得を試みた。しかし国王はまたもや頑なに「カトリック解放」を拒んだのである。どうやらこの時期（一八〇一年二月）に、国王は再び「ポルフィリン症」にかかってしまったようである。ピットと会見していても「興奮し、おしゃべりになり、声がかすれる」症状が見られた。先に治療にあたったウィリスの息子たちが呼ばれ、およそ四週間後に治まったようであるが、この間に疲れ切ったピット首相は一七年以上に及んだ長期政権を投げ出していた(37)。

病気の再発と摂政制への移行

ピットの辞任と時を同じくして、フランスでは革命の末に一人の男が頂点にのぼりつめようとしていた。ナポレオン・ボナパルト（一七六九～一八二一）。コルシカの田舎貴族の家に生まれ、パリの陸軍士官学校に進んだものの、平時であれば大佐に進めるだけでも栄達という出自だった。それが革命によって彼の人生もすべて変わった。一七九九年一一月のクーデタにより全権を掌握し、その後の戦勝と、休戦期間中における政治・経済・社会に関わるあらゆる制度と法の整備により、国民から全幅の信頼を寄せられたボナパルト将軍は、一八〇四年五月に皇帝「ナポレオン一世（在位一八〇四～一五年）」として国民から推戴されたのである。

ナポレオン一世の登場と同時期にピットも首相に返り咲き、この新たなる野心家を封じ込めるために第三次対仏大同盟が形成された。イギリス海軍がトラファルガー海戦（一八〇五年一〇月）でフランスに大勝したものの、「陸では無敵」のナポレオンはアウステルリッツ会戦（同年一二月）でロシア・オーストリア連合軍を打ち破り、大同盟も瓦解した。失意のピットは翌一八〇六年一月に四六年の短い生涯を閉じてしまう。同年九月には、ピットの生涯の宿敵フォックスまで後を追うように急死し、このののちイギリス政界は混迷の時代に入っていく。

ヨーロッパ大陸では、敬愛する「フリードリヒ大王（二世）」の都ベルリンを占領したナポレオンがここから勅令を発し（一八〇六年一一月）、今後ヨーロッパとイギリスとはいっさい取引させないと宣言した。いわゆる「大陸封鎖令」である。これにロシアやプロイセンが反発したが、いずれもナポレオン率いるフランス軍によって完膚なきまでに粉砕され、いまやフランス帝国は向かうところ敵なしの状態となっていた[38]。

こうしたさなかの一八一〇年一〇月二五日、ジョージ三世は在位五〇周年を迎えた。「愛国王」として弱冠二二歳で華々しく登場した彼も、すでに七二歳の老王となっていた。その日、ウインザー城で公衆の面前に姿を現した国王は、集まった市民から拍手喝采を浴びていた。ところが、それが老王が国民の前に姿を見せた最後となってしまったのである。

それからわずか一週間後の一一月二日、末娘のアミーリア王女が前年からの病の末に亡くなった。享年二七。ジョージ三世はこの衝撃からまたもやポルフィリン症に陥ってしまった。先の病気の時は国王もまだ五〇歳であったが、いまや七二の高齢に加え、ヨーロッパではナポレオンが我が物顔で帝国を拡大していた。ここは摂政を立てるしかない。一七八八～八九年の「摂政制危機」のドタバタとは対照的に、このたびは素早く摂政制法案が議会を通過した（一八一一年二月）。

手のひらの上のナポレオンを凝視するジョージ三世の風刺画

皇太子のジョージは、先の秘密結婚の取り消しから一〇年後の一七九五年に従妹《いとこ》（ジョージ三世の姉の次女）キャロラインと結婚し、翌年にはシャーロットという娘にも恵まれていた。とはいえ放蕩癖は相変わらずで、この結婚にしてもそれまでに六五万ポンドにも膨らんでいた巨額の負債を議会に肩代わりしてもらうのを条件に、父親から押しつけられたものだったのだ。それゆえ結婚生活はすぐに破綻し、皇太子夫妻は早くも別居生活を送っていた。

そのようなジョージではあったが、一八一一年二月からは「摂政皇太子（Prince Regent）」として国王の職務代行につき、時の政府と連携しながら「ナポレオン戦争（一八〇〇〜一五年）」に対応していく。放蕩者で周囲に迷惑ばかりかける摂政ではあったが、「外交」という面では父王より一枚上手だったのかもしれない。翌一二年にナポレオンがロシア遠征に失敗するや、摂政はその最大の功労者であるロシア皇帝アレクサンドル一世（在位一八〇一〜二五年）に英国最高位のガーター勲章を贈った。さらにその直後には、オーストリア皇帝、プロイセン国王にも贈り、三国の君主たちからも各国最高位の勲章が贈られてきた。

それは単なるアクセサリーの交換などではない。この時代においては、勲章の交換は「お互いを同盟者と認める証」を意味した。事実この後、四ヶ国は一致団結してナポレオンを追い込み、一八一四年四月についにナポレオンは退位させられ、エルバ島流刑に処せられていく。その二ヶ月後に、これら三国の皇帝や国王、今次の戦争で同盟を結んだヨーロッパ各国のすべての貴顕がロンドンに一堂に集まり、大戦勝祝賀会が開催されたのである(39)。

このような「芸当」はジョージ三世にはできなかった。彼が国王として事実上君臨した半世紀のあいだに、ガーター勲章を贈ったヨーロッパの君主は自分の親戚にすぎないドイツの田舎貴族数名だけだった。それどころか、ジョージはたびたび「王から退位してハノーファーに隠遁する」などと大臣たちを脅していたにもかかわらず、「あのちっぽけな選帝侯国」と蔑《さげす》んでいたハノーファーは一度たりとも訪れようとはしなかったのである。さらにヨーロッパ大陸にさえ一度として足を踏み入れたことはなかった。

そのような彼に「外交」は無理だった。「外交」は「会う」ことから始まる。会いにも来ない人物を、誰が信用できるだろうか。アメリカ独立戦争の際に、ヨーロッパの王侯の誰一人として、窮地のジョージ三世に手を差し伸べなかったのはそういう理由によっていた。

ナポレオン戦争の後半期という極めて大切な時期に、イギリスでジョージ三世が退き、皇太子が摂政として登場したのは、ある意味でイギリスにとってはよかったのかもしれない。そのナポレオン戦争の戦後処理問題が話し合われたウィーン会議（一八一四年九月～一五年六月）では、ナポレオンによって一八〇六年八月に消滅させられた神聖ローマ帝国のあとに、三九の領邦と自由都市からなる「ドイツ連邦」が再編成されることになった。ハノーファー侯国はその過程で「王国」に昇格し、イギリス国王がハノーファー国王を兼ねることも決まった。

しかし隠遁中のジョージ三世は、自身が新たな国王を兼ねることになったなど、まったく理解できていなかったと伝えられる。(40)

「愛国王」の死と立憲君主制の確立

一八一一年二月に政務を摂政に託すようになってから、国王はシャーロット王妃と七人の枢密顧問官からなる評議会の保護下に置かれることになった。この評議会では、三ヶ月に一度ずつ、医師から国王の容態が報告されていった。しかし国王に恢復の兆しは見えず、晩年には目も見えなくなり耳も遠くなって、「どこか別の世界に住んでいるかのようで、この世にはいっさい関心がない」ような印象を与えたとされている。(41)

一八一九年のクリスマスの日には、国王は眠ることなく五八時間も喋り続けたと言われている。しかしこの頃までには歩行も困難となり、老衰も著しくなっていた。年が明けた一八二〇年一月二九日、ジョージ三世はウィンザー城で崩御した。享年八一。かつて恢復記念礼拝を執り行ったセント・ポール大聖堂の鐘が鳴らされ、国王の死がロンドン市民に告げられた。遺体の正装安置には三万以上もの人々が訪れ、二月一六日に城内のセント・ジョージ礼拝堂に埋葬された。

一八世紀イギリス史研究の大家ポール・ラングフォードは、ハノーヴァー王朝のジョージたち(ジョージ一世〜三世)を評して、彼らはルイ一四世やフリードリヒ二世のような優れた才覚などまったく備えておらず、「長い一八世紀」の末にイギリスに勝利がもたらされたのはひとえに「戦争遂行装置《マシーン》」が備わっていたからだと手厳しく断言している。(42)この装置を準備し作動させたのは、ジョージたちなどではなく、前章の主人公ウィリアム三世であり、ヨーロッパの同盟者に「黄金」を送った小ピットだった。こうした優れた指導者たちのおかげで、イギリスは「財政＝軍事国家」として抜きんでた存在になっていったと言うのである。

さらに、一七六〇年一〇月の即位宣言の折の演説では、「この国で生まれ、教育を受け、余はブリテンの名に誇りを感じる」と見得を切り、これ以後国王はたびたび「ブリテンの名において」と口にしてきたが、彼が愛した国は「ブリテン」ではなく、その実「イングランド」だった。

彼が生涯その土を踏まなかったのは、ハノーファーやヨーロッパだけではない。隣のアイルランド島はもとより、同じグレート・ブリテン島内にあってもスコットランドにさえ足を踏み入れたことはなかった。さらに言ってしまえば、その「イングランド」にしても領内を隈なく廻ったわけではなく、ロンドンやウィンザーの周辺ぐらいにしか訪れることはなかった[43]。

それでもジョージ三世は国民からは意外なほど愛された王だった。先の二代の王たちが生涯「ハノーファー選帝侯ゲオルク」で終わっていたのに対し、農園を訪れるのを趣味として「農夫《ファーマー》ジョージ」の愛称で親しまれた彼は、「人民の父」とも呼ばれ、英国民が本当に自分たちの「王《キング》」であると思える君主となった。また、派手な舞踏会や晩餐会、劇場や演奏会に出かけるよりも、家族との夕食や家庭内でのカード遊びなどを好み、豪奢な宮殿より質素な城で生活することのほうが多かったことも、庶民により親しみを与えていた[44]。

「余はその人生のなかで、最良の判断に基づき、わが責務を果たすこと以外何も考えてはこなかった[45]」。これは六二歳の時に閣僚の一人に宛てた手紙の一節である。生涯を国民のために捧げてきたジョージの偽らざる気持ちが込められていると思えてならない。小ピットが「黄金」を生み出すのに必死だったとき、国王自身も困窮する国民たちのために手許金から二万ポンドを寄付し、この言葉を書いた一八〇〇年には「王室私有地法」を定めて、王領地からの私的な収入への課税も率先して進めさせたのである。

確かに「外交」という側面では、息子の摂政皇太子のほうが適していたかもしれない。しかし父のあとを継いだジョージ四世は、即位するや早々に王妃キャロラインとの離婚問題で国中を騒動に巻き込み、彼が亡くなった時（一八三〇年六月）には有力紙『タイムズ（*The Times*）』など「誰がこの王のために涙を流そうか！」と露骨に批判を展開したくらいだった。

その点で、亡くなったときに国中が悲しみに包まれたジョージ三世はまさに「国民の模範」になるべき人物だった。朝早くから夜が更けた後まで執務に取り組み、妻や家庭を大切にするその姿に国民は安心感を抱いた。ブラックも指摘するとおり、この「農夫ジョージ」は市民社会における慈善活動の頂点におり、一八世紀後半から台頭しつつあった「中位の階層の人々《ミドリング・ソート》」のなかにあっても君主制のイメージを高め、王室の人気を高めることにも貢献したのである(46)。

それは一九世紀半ばにバジョットも述べているとおり、イギリス人が「君主を道徳の指導者」として考えるようになったことと軌を一にする。ジョージ三世の徳行は民衆の胸の中に銘記され、このためイギリス人は有徳《うとく》の君主をいただくのが当然と考えるようになった。それゆえ彼の後に「放蕩王」のジョージ四世が登場し、さらに愛人との間に一〇人も子がいた弟のウィリアム四世（在位一八三〇〜三七年）が即位するや、途端に国民の君主制に対する信頼が崩壊寸前にまで追い込まれてしまった。

ただしこの老王たちの後に、一八歳の若きヴィクトリア女王（在位一八三七〜一九〇一年）が現れ、彼女もまた祖父ジョージ三世に倣い、夫アルバートと円満な家庭を築き、四男五女の子宝に恵まれたことが、その後のイギリスの君主制を救ったのである(47)。

バジョットが続けて述べるとおり、「立憲君主の職務は、謹直と厳正とを要する重大な職務であり、絶対に興奮を抑えねばならないものである。またその職務は、情熱にそそのかされたり、とほうもない空想を追い求めたり、また無謀な考えを遂行したりするような職務ではない」[48]。

この点でもジョージ三世は理想的であった。確かに本章でも考察したとおり、選挙法改正やカトリック解放といった諸改革については旧弊な態度を示したかもしれないし、病気のため一時的に興奮を抑制できないこともあった。しかし彼が勤勉に支えた議会が漸進的な改革を進めたおかげで、ヨーロッパが革命の嵐に包まれるなかにあってさえ、イギリスはそれに巻き込まれることもなく、比較的安定した政治体制を保つことができた。さらにこうした政治体制のおかげで、経済も社会も文化も発展を遂げていくことができたのである。

まさにジョージ三世は、国民生活に継続性と安定性をもたらし、国民から愛され、国民統合にとっての象徴的な存在として、「立憲君主の理想像」となったのだろう。

そのジョージ三世が、摂政皇太子に国務を委託する前、最後に迎えたパーシヴァル政権で陸軍事務長官を務めることになったのは、まだ二五歳の将来有望な若き政治家であった。しかしその人物が、やがて自身と並ぶ立憲君主としてこの国を支えることになる孫娘（ヴィクトリア女王）にとって最も厄介な外相になっていこうとは、よもや老国王も知る術はなかったのである。

第五章　パーマストン子爵――「砲艦外交」のポピュリスト

彼は、なんでもやれるすぐれた政治家ではないが、すくなくとも、なんでもやれるじょうずな役者だとはいえる。喜劇でも、英雄劇でも、悲壮劇でも、世話劇でも、悲劇でも、茶番劇でも、なんでもじょうずにこなすけれども、好みからいえば、茶番劇がいちばん性にあっているかもしれない。(1)

軽佻浮薄なポピュリスト？

これは一九世紀を代表するドイツの思想家で経済学者のカール・マルクス（一八一八～一八八三）が、一八五三年一〇月にアメリカの急進的な新聞『ニューヨーク・トリビューン（*The New-York Tribune*）』に寄せた論説の一節である。マルクスは同紙のロンドン通信員であった。ここでマルクスによって「すぐれた政治家」ではなく、「じょうずな役者」と評され、痛烈な皮肉を込めて論じられている人物こそが、本章の主人公である第三代パーマストン子爵（一七八四～一八六五）にほかならない。

周知のとおり、マルクスはヨーロッパでの革命（一八四八年）の後、各地を転々と追われ一八四九年からロンドンで家族とともに生活を始めた。安アパートで息を潜めるように生活しながら大英図書館へと通い、かの大作『資本論』を書き上げていく。そのマルクスがイギリスで生活を始めた前半の時期（一八四九～六五年）に、外相、内相、首相として当時の政界を主導したひとりがパーマストンであった。労働者らのどん底の生活を目の当たりにしていたマルクスにとってみれば、ウェストミンスターの議会で軽佻浮薄に立ち回るパーマストンは、政治家というより、単に自らの演技に酔いしれる三文役者にすぎなかったのかもしれない。

さらにマルクスは冒頭の引用に続く文章で、次のような辛辣なコメントを寄せている。「一流の雄弁家ではないが、練達した議会論客である。すばらしい記憶力、豊富な経験、申し分のない如才なさ、当意即妙の機知、紳士としての多方面的な教養、こういうものをもちあわせたうえ、議会の策略や陰謀、党派や人物に精通している彼は、公衆の偏見や感情にうったえることによって、困難な問題を、快い弁舌でてぎわよく処理する。無恥であつかましいので、不意打ちを食らうおそれがなく、利己的でうまくたちまわるので、自己暴露をする心配がなく、心底から浮薄で、徹底的に冷淡で、ものごとを貴族的な軽侮心でみているので、激情に駆りたてられる気づかいがない。非常なしゃれの名人で、誰からも好かれる。怒りに我を忘れるということがないから、激昂した相手は言い負かされてしまう。問題が理解できないときは、それをたくみにもてあそぶ。

全体的な見解の持ちあわせがなくとも、どんな時にも、気のきいた月並み文句に事を欠かない」。

パーマストンは「公衆の偏見や感情」に訴えて、「困難な問題を、快い弁舌でてぎわよく処理」するなど、まさに現代でいう「大衆迎合主義」という意味での狭義の「ポピュリズム」に立脚しているかのような評価である。

パーマストンを批判したのはマルクスだけではなかった。彼が外相を務めた時代にはるか極東の清王朝下の中華帝国でイギリスが仕掛けたのが、かの悪名高い「アヘン戦争（一八四〇～四二年）」である。のちにパーマストンの下で財務相を務めることとなるウィリアム・グラッドストン（一八〇九～一八九八）は当時まだ三〇歳の新進気鋭の政治家で、野党保守党の側にいた。その彼が、政府とりわけパーマストン外相の政策を議会内で真っ向から批判したこのときの発言は、今も語り草となっている。

パーマストン

「開明的・文明的なキリスト教徒であるわれわれが、正義と宗教に違反するかのような目的を追求しているのである[2]」

さらにそれから一五年ほど経過したのちイギリスは再び清国と戦闘状態に突入する。いわゆる「第二次アヘン戦争（一八五六～六〇年）」である。今度は首相となっていたパーマストンに、与野党を問わず猛烈な非難が集まった。特に首相を糾弾する急先鋒は「極悪非道」と政府をなじった急進派の指導者リチャード・コブデン（一八〇四～一八六五）であり、ここに提出された内閣非難決議は可決されてしまう。のちに見るとおり、この決議から「不死鳥」のようによみがえったパーマストンではあったが、マルクスによる批判は相変わらず手厳しい。

「パーマストン卿は、内閣の無答責の力をためしてみるといわんばかりに、王権にたいしては議会の権利を、議会にたいしては国王の大権を、人民にたいしては両者の特権をふりまわして、同じ行動範囲で危険なやり方をくりかえすほどの大胆さをもっていた[3]」

また、思想的にはこのマルクスと対極にあったが、ナポレオン戦争後のヨーロッパ国際政治に一時代を築いた「ウィーン体制」の立役者クレメンス・フォン・メッテルニヒ（一七七三～一八五九）も、パーマストンの批判者の一人であった。ヨーロッパで外交的な主導権をパーマストンと競い合うなかで、メッテルニヒは側近に次のようにもらしている。「もし悪魔に子どもがいるとしたら、それはパーマストンに違いない[4]」。

さらにパーマストンに対して強烈な嫌悪感を示したのが、誰あろう彼自身の主君であるヴィクトリア女王（一八一九～一九〇一、在位一八三七～一九〇一年）であった。後述するが、女王とパーマストン外相とは一八四〇年代後半から、外交政策決定のあり方をめぐってたびたび衝突していく。「私は本心からもうこれ以上、パーマストン卿とは一緒にやっていけないし、彼に信頼も置いていない」とは、女王がときの首相に送った手紙の一節である[5]。

右はメッテルニヒから左はマルクスに至るまで、一九世紀のヨーロッパを代表する知性たちから非難を浴び、果ては自国イギリスにおいても議会内の左右両派はもとより、ヴィクトリア女王からも攻撃を受けたパーマストン子爵とはいったいどんな「悪党」だったのか。軽佻浮薄なポピュリストだったのか。あるいは当時のイギリス、さらにはヨーロッパを支配する偉大な政治家だったのか。この稀代の外政家の真実を探るために、まずは彼の生い立ちから振り返ってみることにしよう。

アイルランド貴族の家に生まれ

パーマストンは、一七八四年一〇月二〇日にロンドンのウェストミンスターに生まれた。父は第二代パーマストン子爵で、母は遠縁にあたるメアリ。二人の間には二男三女が誕生したが、本章の主人公第三代子爵のパーマストンはその最初の子である。本名はヘンリ・ジョン・テンプル。第三章に登場し、オランイェ公ウィレム（のちのウィリアム三世）とメアリ王女（のちのメアリ二世）の縁組を成立させた名うての外交官サー・ウィリアム・テンプルは、パーマストンの曾祖父曾祖父の兄にあたる。ウィリアムの弟のサー・ジョン・テンプルはアイルランドの政界で活躍し、その長子ヘンリがダブリン近郊の所有地にちなむ初代の「パーマストン子爵」に叙せられた。パーマストンのパーマストン子爵家は一一世紀にまで遡れる由緒正しき家柄ではあったが、地代収入は年七〇〇〇ポンド程度で、一八世紀末の当時にあっては中小貴族の部類にすぎなかった。幼い頃から、フランス人とイタリア人の家庭教師についていたパーマストンは、九歳くらいまでには仏伊両語もペラペラとなり、これがのちに外相に就いたときに強力な武器となっていく。

一〇歳の時にパブリック・スクールの名門ハロウ校に入学し、スコットランドのエディンバラ大学、次いでケンブリッジ大学で学問を修めた。そのさなかの一八〇二年に父を、〇四年に母を相次いで亡くし、パーマストンは二〇歳そこそこで爵位をはじめ全ての財産を引き継ぐとともに、弟や妹たちの面倒も見なければならなくなった。彼はなかなか商才にも長けており、巧みな所領経営と有益な投資で、子爵家の財産を着実に増やしていった。父が亡くなって一〇年も経たない一八一一年の時点で年収は一万四〇〇〇ポンドを超え、それは父の頃の倍にまで達していた。(6)

この若きパーマストン子爵を支えてくれたのが、亡き父の親友だったマームズベリ伯爵(一七四六～一八二〇)である。オランダ大使やプロイセン公使などを務めた有能な外交官で、政治や外交の極意をパーマストンに伝授してくれた。パーマストンが父の爵位を継承する前年の、一八〇一年までにアイルランド議会は廃止され、ウェストミンスターの議会に吸収合併されていた。彼にとって幸運だったのは「パーマストン子爵位」がアイルランド貴族の爵位だったことである。

イングランドの爵位を持つ者は自動的にウェストミンスターの貴族院に議席を有することができたが、それは、つまり庶民院議員にはなれないということだった。しかし、連合王国が形成される過程で合邦されたスコットランドとアイルランドの貴族たちは、互選で貴族院議員を送り込んでいた。すなわちパーマストンの場合には庶民院議員に立候補できたのである。前章でも述べたとおり、一八世紀半ばにウォルポールが第一大蔵卿として政権を率い、その後のペラム、ノース、小ピットといずれも庶民院議員の首相たちが長期政権を維持していたおかげで、一九世紀初頭までには議会内における庶民院の力はさらに強まっていた。

その小ピットが急逝した一八〇六年、彼が選出されていたケンブリッジ大学選挙区で補欠選挙が行われることになり、二一歳のパーマストンもここに出馬する。同じ選挙には、のちに内閣で同僚となるヘンリ・ペティ卿（第三代ランズダウン侯爵：一七八〇～一八六三）と、オルソープ子爵（第三代スペンサ伯爵：一七八二～一八四五）も名乗りを上げており、パーマストンはこの二人の後塵を拝して残念ながら落選となった。そして翌〇七年の総選挙で、パーマストンはワイト島（イングランド南部）のニューポート選挙区から見事初当選を飾ることになる。(7)

混迷の時代の陸軍事務長官職

パーマストンが議会入りを果たした頃のイギリス政治は混迷を極めていた。小ピットとフォックスという強力な指導者を相次いで失ったため、与野党の双方で諸党派の再編が繰り返された。トーリの平議員としてデビューしたパーマストンは後見役マームズベリの口利きもあり、海軍卿（複数いる次官）の一人に就任する。その猛烈な仕事ぶりはすぐに話題となり、一八〇九年から政権を担当することになったスペンサ・パーシヴァル（一七六二～一八一二）から早くも入閣を勧められた。財務相か陸軍事務長官のいずれかを取るようにと言われたパーマストンは、大方の予想を裏切ってなんと格下の陸軍事務長官に就いたのである。

パーシヴァルは庶民院に議席を置いており、同じ議院に首相がいては財務相といえども所詮は下働きにすぎない。しかも煩雑な予算等の説明に追われるよりは、一日中陸軍省で仕事をするほうが自分の性には合っている。さらに閣議に出るのも面倒であったため、パーマストンは「閣外」の閣僚として陸軍事務長官に就任した。(8)

陸軍事務長官（Secretary at War）とは、議会に対して陸軍予算の交渉を行い、また軍人たちの恩給や年金に関わる業務を担う役職であった。パーマストンは、小生意気な財務省の役人たちと予算や人員の確保についてじっくりと時間をかけながら交渉した。また向こう気の強い陸軍省の官僚たちも巧みに操作する術《すべ》をこのときに身につけたとされている。この陸軍事務長官時代の経験が、のちに外相となったときに各国の外交官らと繰り広げられた粘り強い交渉や、外務省の官僚たちを操作する際に大いに活かされていくわけである。

一八一五年にナポレオン戦争が終結すると、フランス革命とその思想に対する長年の警戒心もあって、ヨーロッパでも自由主義の気風が強かったはずのイギリス国内も保守反動の時代を迎えた。一八一九年八月には選挙権の拡大を訴える民衆の集会を武力鎮圧する事件（ピータールーの虐殺）が起こり、翌二〇年二月には過激派による閣僚爆殺未遂（ケイトー街の陰謀）も生じた。

こうした不穏な動きはパーマストンの身にもふりかかった。一八一八年四月には折からの緊縮財政のあおりを受けて恩給額を減らされた退役将校が、陸軍省の執務室でパーマストンに弾丸を放った。幸い弾はそれ、背中に軽い火傷を負うだけで助かったが、パーマストンはこの事件以降も休日返上で陸軍予算や軍人の恩給・年金問題に取り組む仕事ぶりを発揮した(9)。

パーマストンは命拾いをしたが、彼を閣僚に取り立ててくれたパーシヴァルはその六年前に、庶民院のロビーで銃弾に倒れていた。後任となったリヴァプール首相は、有能なパーマストンに他の役職（アイルランド担当相やインド総督など）への転身をたびたび勧めたが、彼にとってはいずれも魅力に欠けるものだった。議会入りした当初こそはマームズベリの口利きで官職にありつけたものの、その後のパーマストンは特に誰かの党派（派閥）に入るわけでもなく、「一匹狼」を貫いていた。それはこののち彼の政治家としての一生にわたって続く姿勢となった。

とはいえそれは、無派閥議員であるがゆえの恩顧関係《パトロネージ》の欠如に伴う不遇時代にもつながった。こうしたなかでパーマストンが出会ったのがジョージ・カニング（一七七〇～一八二七）だった。ナポレオン戦争直後の保守反動の時代から一変し、一八二〇年代も半ばに至るとイギリス政府には改革派の閣僚らが多数登庸され、なかでも外相兼庶民院指導者となっていたカニングはトーリの有力者で改革派の牽引役だった。そのカニングが取り組もうとした国内改革の目玉が、「カトリック解放」問題であった。

前章でも解説したとおり（一五五頁）、一八〇一年にアイルランドが連合王国に吸収合併されたにもかかわらず、カトリック教徒の官職就任を阻む「審査法」は廃止されずに残っていた。もはやヨーロッパ大陸のカトリック勢力が宗教的理由でイングランドに侵攻するなどあり得ないご時世になっている。それどころかこの法律の存在により、アイルランドでは様々な蜂起や不穏な動きまで見られていた。パーマストンはもともとがアイルランド貴族であり、所領を頻繁に視察に訪れていたこともあり、早い時期（一八一三年頃）からカトリック解放を訴えていた。

ジョージ・カニング

ところがトーリ政権内部には相変わらずカトリックに嫌悪を抱く勢力もかなりいた。一八二七年四月、カニングが首相に就任するや、彼のカトリック解放方針に批判的な閣僚の多くが政権への協力を拒んだ。パーマストンは陸軍事務長官に留まるとともに、ここに晴れて閣議にも出席する正式な「閣内大臣」となったのである。しかしその直後にカニング首相が心臓疾患で急死し、ゴタゴタが続いたあと、翌二八年一月に新たにウェリントン公爵（一七六九〜一八五二）が首相に就任した。陸軍の将軍としてかのナポレオンを「ワーテルローの戦い（一八一五年六月）」で打ち破り、戦後は閣僚としてトーリ政権を支え続けた大物中の大物である。

しかしウェリントンはカトリック解放に反対し、カニングへの協力を拒んで政権を去った中心人物であった。彼を支えるのが、リヴァプールから閣内最年少の三四歳で内相に抜擢された俊英ロバート・ピール（一七八八〜一八五〇）だった。ウェリントン政権でピールは内相兼庶民院指導者となり、庶民院における首相役を担うことになった。カトリック解放に否定的な政権の登場で、当初は留任していたパーマストンはここに二〇年近くにわたって務めた陸軍事務長官の職を辞した。

「一匹狼」のパーマストンは、トーリとホイッグの中間に位置する「旧カニング派」の一員と見られるようになった(10)。

一方で、機を見るに敏であったピール内相は世論がカトリック解放に大きく動いていることを察し、ウェリントン首相を説得するかたちで、一八二八年に審査法の廃止を、翌二九年にはカトリック教徒解放法の成立を達成した。しかしこれら諸政策を政府による裏切りととらえたトーリ右派（超《ウルトラ》トーリと呼ばれる）が党から離脱し、小ピット政権の成立（一七八三年）以来およそ半世紀にわたって続いてきた「トーリ優越」の時代にも陰りが見えてきた。

外相就任とロンドン会議の掌握

イギリス議会政治に動揺が生じていた頃、ヨーロッパ国際政治にも大きな変動が見られることになった。一八三〇年、フランスで七月革命が勃発したのである。ナポレオン失脚後に王政復古を遂げたブルボン王朝は再び保守反動化し、パリの市民らを中心とする革命によって倒された。ブルボン家の分家でオルレアン家のルイ・フィリップ（在位一八三〇～四八年）が、自由主義的な「七月王政」を打ち立てることになった。

これに脅威を感じたのが「北方三列強」と呼ばれた、ロシア、オーストリア、プロイセンの三大国だった。いずれも皇帝や国王を頂点に戴き、地主貴族階級が政治・経済・社会・文化を独占する体制を取っていた。この頃までにヨーロッパでは、経済的に力をつけてきた商工業階級《ブルジョワジー》にまで政治参加を認めるべきであるという自由主義（Liberalism）や、「帝国」の支配下から脱して民族的・宗教的・文化的な統一性により「自国」を築いていきたいという国民主義（Nationalism）が各地で台頭していた。北方三列強はこのいずれの勢力も徹底的に弾圧し、貴族中心の帝国を維持する絶対主義的・専制主義的な強大国となっていた。

北方三列強にとってフランスでの革命は、自らの勢力圏で自由主義や国民主義の動きを活性化させる呼び水になると恐れられた。そのような矢先に、ナポレオン戦争後にネーデルラント連合王国（オランダ）に組み込まれていたベルギーで独立戦争が始まった（一八三〇年八月）。

それはヨーロッパ北西部の小国オランダとベルギーの対立にとどまらない様相を呈していた。オランダの側には王室同士が姻戚関係で結ばれたロシアとプロイセンとが派兵を約束しており、ベルギーの側には宗教（カトリックが主流派）と言語（フランス語が主流派）で結ばれたフランスが加勢する可能性が高まっていたのである。ここはナポレオン戦争以前の「長い一八世紀」時代のようなヨーロッパ大戦争の勃発を避けるためにも、列強による国際会議が必要となった。

一八三〇年一一月、オランダとベルギーの係争は五大国（イギリス・フランス・ロシア・オーストリア・プロイセン）が一堂に会する会議で調整が図られることになり、交渉の舞台はロンドンと決まった。会議の初回はウェリントン首相が、二回目は外相のアバディーン伯爵（一七八四～一八六〇）が議長を務め、四大国はロンドン駐在の大使・公使を全権代表として出席させた。

ここで一大事が生じた。ロンドン会議が始まったばかりの一一月半ばに、当時のイギリスにとって懸案事項となっていた「選挙法改正（議会改革）」を行うつもりがないと政府側が言明したため、これに反発を示した野党側（ホイッグ、旧カニング派、超トーリ）が結束し、ウェリントン政権の不信任案を可決してしまったのである。ここにフォックス亡き後のホイッグを支えてきたグレイ伯爵（一七六四～一八四五）を首班とする三党派の連立政権が樹立される運びとなった。

そしてこの政権で外相に抜擢されたのが、旧カニング派の実力者と目されたパーマストン子爵だったのである[11]。

これまで陸軍行政一筋できたパーマストンにとって「外交」を扱うのは初めての経験である。しかも就任早々に、彼はロンドン会議の議長役まで引き受けなければならなくなった。とはいえこれまでに培ってきた粘り強い交渉能力と勤勉な態度により、パーマストンはすぐさま国際会議の主導権を掌握した。こののち会議は一八三二年一〇月まで二年近くにわたって定期的に続けられ、この間に交わされた議定書の数は実に七〇に及んだ。いつしか彼は、外務省において「議定書のパーマストン（Protocol Palmerston）」なる異名まで取るようになっていた。

その最初の重要な議定書が、一八三〇年一二月二〇日にとりまとめられた「ベルギーの独立を五大国すべてが承認する」というものであった。この後もベルギーとオランダの国境線や、オランダが抱えていた負債の分担問題など、いろいろと取り決めなければならない「国内問題」に加え、新生のベルギー王国の君主に誰を据えるのかも五大国の争点となっていった。これもグレイ首相からの援護を取り付け、パーマストンの斡旋でドイツの小国ザクセン・コーブルク・ゴータ公国のレオポルト（一七九〇～一八六五）を国王に擁立することに決まった。かつて英国王ジョージ四世の娘婿としてイギリスに長年滞在したイギリスにゆかりの深い人選だった[12]。

この後も、会議の決定に激怒したオランダ国王がベルギー侵攻を強行し、フランス陸軍とイギリス海軍により蹴散らされたり、そのフランス陸軍がいつまでもベルギーに居座り続けたりなどして会議は右往左往することもあったが、終始パーマストン議長のリードにより列強は牽引され、ベルギーの独立は平和裡に実現していく。

会議外交の始まり

パーマストンが議長としてヨーロッパに平和をもたらしたロンドン会議は、それまでオーストリア宰相メッテルニヒが進めてきた国際会議とは性質の異なる部分が多かった。

まずは「長い一八世紀」以前の時代の講和会議にはつきものであった「領土補償」がいっさい行われなかったことである。領土補償とは、大国間の衝突を抑えるために紛争地となった小国の領土を大国同士で分割するものである。ナポレオン戦争後のウィーン会議（一八一四〜一五年）でも、旧ポーランドの大半がロシア、ザクセン北半分がプロイセン、北部イタリアがオーストリアに割譲された。イギリスもこのときは地中海の要衝マルタ島をまんまと手に入れていた。

ところがロンドン会議では、ベルギーの土地はいかなる領土の分割も行わないと決められた。これに最も驚いたのがフランス代表のタレーラン公爵（一七五四〜一八三八）だった。ブルボン王朝から革命期を経て七月王政に至る幾度もの政変をくぐり抜けてきた百戦錬磨のタレーランは、まさに「長い一八世紀」の申し子ともいうべき外交官だった。その彼にとって「キャベツ畑やぶどう園の一片たりとも手に入れられない」ことは、衝撃だったという(13)。

さらにロンドン会議が示したもうひとつの新しい点、それが紛争当事国の「小国」まで会議に呼ばれたことだった。

ナポレオン戦争後に招集されたウィーン会議では、長い戦争に疲れ切った各国の指導者たちが、二度とヨーロッパ全土を巻き込むような戦争を起こさないためにと知恵を絞って「会議による平和」という考え方を編み出した。「長い一八世紀」のヨーロッパでは、ルイ一四世やフリードリヒ二世、ナポレオン一世といった野心家たちが他国の勢力圏に手を出してそれが大戦争に発展していた。新しい「平和の一九世紀」においては、他国の勢力圏には絶対手を出してはならず、さらに自身の勢力圏で反乱や内乱などが生じた場合にも、他の列強に無断で軍事介入はせず、列強に相談してから問題の解決にあたり、解決した場合には速やかに自国に戻るという原則を打ち立てた。

その場合に有用となったのが「会議」である。ナポレオン戦争後の「ヨーロッパ協調（Concert of Europe）」を実現するには、五大国が「勢力均衡（balance of power）」によって平和を維持することが肝要となり、そのためには定期的に国際会議を開き、軍事介入が必要な場合には五大国の全会一致の承認の下で行っていく。そうすればこれが大国同士の戦争につながることもあるまい。

このような「会議による平和」の体制を最初にヨーロッパ国際政治に根づかせたのが、ウィーン会議以降の会議を取り仕切ったオーストリア宰相メッテルニヒであった。

メッテルニヒ

こののちヨーロッパでは、後述するクリミア戦争まで大国同士の戦いは起こらず、このような平和の時代は、メッテルニヒが主導した最初の会議にちなみ「ウィーン体制（一八一五～七〇年）」と呼ばれた(14)。しかし、それはあくまでも弱小国や弱小民族の犠牲の上に成り立つ強国の論理に基づいた平和にすぎなかったのだ。

パーマストン議長の下で進められたロンドン会議には、それまでメッテルニヒが主催する会議には招かれなかったような弱小国、オランダとベルギーの代表も招かれ、彼らからも意見を徴した上で、最終的には五大国の合意で決定が下された。それは一九世紀のイギリスに見られた自由主義的な発想に基づく会議であり、メッテルニヒが保守反動的に進めた「会議体制（Kongreß System）」に替わる、新たな「会議外交（Conference Diplomacy）」の始まりでもあった。

こうしてパーマストンはヨーロッパ国際政治に新しい風を吹き込んだ。それはまたヨーロッパの平和をイギリス主導で築き上げていく「イギリスによる平和（ラテン語でPax Britannica）」の時代の始まりでもあったのである。(15)

メッテルニヒとの対決

パーマストン流の会議外交の登場に激怒したのが、会議体制を主導していたメッテルニヒだった。実は、ヨーロッパを保守反動的な体制にとどめようとしていたメッテルニヒの姿勢に反発を示したのは、パーマストンが初めてではなかった。ある意味で彼の「兄貴分」にあたるカニングもそうだったのだ。カニングは、そもそもメッテルニヒや北方三列強が進める専制主義的な政治を嫌い、ヨーロッパの運命を仰々しく保守的な会議で決めていくのにも反対だった。カニングの考えでは、地域紛争はそれに深く関わる大国だけが臨機応変に小規模の会合を開いて解決すればそれで済むはずであった。

実際に、ギリシャ独立戦争（一八二一～三〇年）のときには、これに深く関わる英仏露の三国だけでロンドンの外務省を舞台に解決を試みた。カニング自身とロンドン駐在の仏露両大使との話し合いにより、ギリシャの独立を阻もうとするオスマン帝国に圧力をかけながらも、最終的にはロンドン条約でギリシャの独立は列強から認められた。メッテルニヒはこの一連の動きにほとんど関わることができなかった。

そのカニングが一八二七年夏に急逝し、もはやメッテルニヒを邪魔するものはいなくなったはずであった。そこへパーマストンが登場してきたわけである。パーマストンはカニングがギリシャ問題の解決で示したより柔軟性に富んだ会議のあり方を恒常化させ、メッテルニヒ流の保守的で硬直化した「会議による平和」に取って代わる新たな手法を編み出したのである。

それではなぜベルギー問題をめぐってメッテルニヒは自ら会議を開けなかったのか。ひとつにはネーデルラントは英仏側の勢力圏だったことによる。さらにフランス七月革命の余波が、ベルギーだけではなく、ロシア領ポーランドやオーストリア領北イタリアにも及んでおり、一八三〇年末から両地域でも反乱が勃発していた。そのような緊急時に、メッテルニヒは自国領で会議も開けなかったし、自らロンドンに乗り込むわけにもいかなかったのである[16]。

こののちヨーロッパの安全保障をめぐって、会議体制に戻そうとするメッテルニヒと会議外交で平和を維持しようとするパーマストンの間に確執が生じた。両者ともに愚かではない。相手の勢力圏で紛争が起こった場合には決して手は出さなかった。しかしいずれの勢力圏でもない場所で紛争が生じた場合にはその限りではない。たとえば当時衰退著しいオスマン帝国の勢力圏では、激しいつばぜり合いが展開された。

弱小なギリシャがオスマンから独立を果たしたことで、いまや帝国の威信は地に墜ちていた。これを機にオスマンからの独立をめざして周辺諸国を巻き込む「東方問題（Eastern Question）」

が頻発していたのだ。

　なかでも長年オスマンの宗主権下にあったエジプトの太守ムハンマド・アリーがオスマンからの独立を目的に「第一次シリア戦争（一八三一～三三年）」を引き起こしたとき、メッテルニヒはウィーンで、パーマストンはロンドンでそれぞれ会議を開こうと画策して、両者の見解は平行線をたどった。ところがそのすきにロシアがオスマンに味方し、エジプトが引き下がってしまった。オスマンはこの恩に報いるため、地中海に通ずる海峡の通過をロシア艦隊にのみ認めることになったのである。

　これはパーマストンにとっても痛恨の大失敗となった。しかし失敗からすぐに学び取れるのが、この男の長所でもあった。ムハンマド・アリーが再びオスマンに挑戦を開始すると（第二次シリア戦争：一八三九～四〇年）、パーマストンは今回は引き下がり、メッテルニヒを議長にウィーンで会議を開かせた。とはいえ、パーマストンの予想通り、所詮「東方問題」に通じていないメッテルニヒではまとめることのできない問題だった。そこでパーマストンが、ロンドンに駐在する北方三列強の大使・公使らと秘かに自身の屋敷などで交渉を進め、シリア戦争はウィーンではなく「ロンドン条約（一八四〇年）」で調整が図られることになったのである[17]。

　このとき当初フランスだけはムハンマド・アリーに味方して条約に加わらなかった。しかし、ヨーロッパでの孤立を恐れた七月王政はすぐに屈し、翌一八四一年に改めてロンドン条約が結び直され、ここにフランスとエジプトも加わることになった。まさにヨーロッパ国際政治は「パーマストンの時代」であることを見せつけるかのような状況となった。

革命の時代――ヨーロッパ自由主義の王者

しかし一八四〇年代後半には、今度はパーマストンがヨーロッパで孤立を味わわされる番となった。第二次シリア戦争後に、まんまと主役の座をパーマストンにさらわれたメッテルニヒと、エジプトを支援しヨーロッパで恥をかかされたルイ・フィリップの七月王政とが結果的には手を結ぶことになったのである。フランスではこの頃から保守反動化が見られ、市民たちの政治参加が再び制限されるようになっていた。

ところがパーマストンはヨーロッパ列強による「包囲網」を恐れることなどまったくなかった。彼には、台頭しつつある市民階級の不満を力ずくで抑える北方三列強やフランスのやり方では、遅かれ早かれ失敗に終わることが予想できたのである。パーマストンはロンドン駐在オーストリア大使に次のように語ったことがある。

「メッテルニヒ侯爵はヨーロッパの政治的現状を頑なに維持することを保守主義（conservatism）と呼んでいるらしいが、われわれも保守主義者である。しかしそれは公衆から要請があった場合にはいずこにおいても改革や改良を説き、推進していく性格のものである。しかるに貴国の場合にはそのすべてを拒んでいる。さらに貴国の場合には、自国領はもちろんその影響下にある国々の世論からの要求をすべて拒んでもいる。そのような停滞は保守主義とは呼ばない。貴国の抑圧的で息の詰まるような政策は、間違いであると同時に爆発をもたらすことになるだろう。ちょうど密閉して蒸気の出口を封じられたボイラーのようにね」(18)

このパーマストンの予言は見事に的中した。まずは、一八四八年にパリで二月革命が勃発し、七月王政は倒壊させられた。北方三列強の首脳たちは動揺を隠せなかったが、冷静沈着なパーマストンは列強にフランスへの介入を控えるよう要請し、これが大戦争に発展することを防いだ。フランスの側でも革命政府が北方三列強に対し挑発的な態度を示すことがあったが、パーマストンの尽力で事なきを得ていた。三月一日に庶民院の審議でヨーロッパ情勢について答弁に立ったパーマストン外相はこう言い放った。

「イギリスには永遠の同盟国もなければ、永遠の敵対国もない。イギリスの利益こそが永遠であって、不滅なのだ[19]」

この発言から二週間もしないうちに、「革命の嵐」はついにはドイツ諸国へと襲いかかった。三月半ばにはウィーンでの革命により宰相メッテルニヒが失脚した。先に革命で倒されたルイ・フィリップといい、このメッテルニヒといい、失脚後に頼ったのはあれだけ毛嫌いしていたパーマストンのイギリスであった。二人はともにロンドンに亡命したのである。このの ち革命の狼煙はベルリン、ドレスデン、ミュンヘンなどドイツ各地で上がった。

なぜイギリスだけは市民による革命を免れたのか。一七世紀の二度の革命を経て、イギリスでは国王たちが議会に対して「現実主義と柔軟性」をもって対応するようになっていた。一八世紀以降は、今度は議会を支配する地主貴族階級がより下の階級に「現実主義と柔軟性」を示す番となっていた。すでに述べたとおり、カトリック解放に反対していたウェリントンやピールでさえ一八二九年にはこれを実行に移さざるを得なかった。さらに彼らを追い落としたグレイ連立政権によって、一八三二年には第一次選挙法改正も実現した。これにより下層中産階級（小売り店主クラス：ただし男性世帯主に限る）にまで国政選挙での選挙権が拡大されたのである。

さらにグレイ政権は、世界に先駆けて産業社会に踏み出したゆえの様々な問題を改革によって乗り越えようとした。労働者の環境改善、婦女子の労働の制限、貧民の救済などがそれである。また一八四〇年代半ばには、保守党（トーリが一八三四年から改名）のピール政権により、地主貴族階級の利益を守る代名詞であり、庶民にとってはパンの値段をつり上げている象徴だった「穀物法」が撤廃された。

これらの改革はいまだ時代的な制約もあり、今日のわれわれの目からは不徹底な部分が見られるが、それでも当時の中産階級や労働者階級からすれば「ガス抜き」にはなり得たのである。本書の第二章や第三章で見たように、一七世紀の議会による革命の時代を経て、イギリスではこのように地主貴族階級に「現実主義と柔軟性」が備わるようになっていた。

さらに一九世紀半ばから「世論」を形成する手段として大きな影響力を持つようになった新聞を通じて、自らの政策を喧伝する天才的な手法を見せたのがパーマストンであった。彼が外相に就いた一八三〇年頃から、『クーリア（*The Courier*）』『グローブ（*The Globe*）』『モーニング・クロニクル（*Morning Chronicle*）』といった新聞が、パーマストンから種々の情報を得る見返りとして彼の外交政策を全面的に支援する、「持ちつ持たれつの関係」が醸成されていった[20]。

ヨーロッパで革命が生じる前年、一八四七年の秋にはイギリスで総選挙が実施されたが、このときパーマストンは自身を「ヨーロッパにおける自由主義の王者（champion of European liberalism)」であると新聞各紙に喧伝させただけではなく、一八四八年革命のさなかにはイギリス市民こそが「ヨーロッパ大陸における立憲的自由の擁護者（Protector of constitutional Freedom of the Continent)」だと宣言し、国民の支持を取り付けることに成功した。そしてその言葉のとおり、イギリス政府は「革命の嵐」がヨーロッパ大戦争へと発展しないように、全力を尽くしてヨーロッパの平和を守ったのである(21)。

パーマストンはいまやメッテルニヒに代わって、ヨーロッパ国際政治の調整役《バランサー》として、まさに王者のような立場に君臨していた。

外相辞任――女王夫妻との確執

ところが一見盤石に見えたパーマストンの体制はあっけなく崩壊していく。それはイギリスの本物の「王者」であるヴィクトリア女王からの一撃によっていた。

女王は一八四〇年に従弟《いとこ》のアルバート（一八一九〜一八六一）と結婚し、前章で見た祖父ジョージ三世のように、四男五女の子宝にも恵まれて幸せな家庭生活を築いていた。しかし祖父ジョージと決定的に異なっていたのは、妊娠・出産を繰り返していたのが女王自身だったことである。この間の政務は夫のアルバートが一部担うことになる。賢明なアルバートはイギリスの議会政治や政党政治に介入するようなことはしなかった。このため最初はこの「ドイツ人の旦那」に警戒心を抱いていたイギリスの政治家たちも、次第にアルバートを高く評価するようになる。

ところがその彼でさえ疑問に思ったのが、パーマストン外相の態度であった。パーマストンは外相に就任した当初は、自身より一九歳も年上のウィリアム四世（在位一八三〇～三七年）が王だったこともあり、外交政策の詳細を逐一彼に報告し、重要な政策決定にあたっては事前に相談することもあった。ところが老国王の後に、今度は自分より三五歳も若いヴィクトリアが登場すると、君主に対する事前の相談や詳細な報告などを怠るようになってしまう。

アルバートはこれに合点がいかなかったのである。自身がドイツの宮廷で経験した限りでも、外相は君主に相談をし、報告をきちんと行うべき存在であった。それがイギリスでは外交政策のすべてが君主を素通りして決められてしまう。しかもそれが女王やアルバート自身の考えとは異なり、かなり強硬な外交政策であることも多々あった。ヴィクトリアもアルバートの見解に賛成であり、パーマストンにもう少し君主に事前に相談したり、外交に関する報告を頻繁に行うよう要請したが、御用繁多のパーマストンにしてみればそんな「無駄な」時間はなかった。[22]

ヴィクトリア女王とアルバート

そのような矢先の一八五〇年、パーマストンは議会で窮地に追い詰められた。これより三年前、ギリシャのアテネでイギリス国籍を持つポルトガル系のユダヤ商人が（あくどい商売もしていたのだろう）民衆に襲撃され家が焼き討ちに遭った。この商人はギリシャ政府を相手取り賠償請求の訴訟を起こしたが、もちろん政府は無視していた。ここに目をつけたのがパーマストンだった。折しもイギリスはギリシャとイオニア諸島（ギリシャ西部）の領有問題をめぐって対立しており、パーマストンはこの商人の一件を持ち出し、彼の要求を受け入れるようギリシャ政府に要請した。これに応じる姿勢を示さなかったギリシャに怒り、ついにパーマストンは海軍に要請してアテネ沖にイギリス艦隊を派遣させた。

世界最強のイギリス海軍《ロイヤル・ネイヴィー》が相手である。さしものギリシャ政府も商人への賠償に応じるとともに、イオニア諸島に関するイギリス側の要求まで受け入れざるを得なくなっていく。アヘン戦争に続くパーマストンお得意の「砲艦外交（gunboat diplomacy）」は効果抜群であった。

しかしこの強硬な姿勢には、さすがにイギリス国内からも「道義に反するのではないか」との非難の声があがった。それはついに議会内での「外相解任動議」へと発展する。女王夫妻もこのパーマストンの姿勢には強い懸念を示し、彼が外相から辞任することを望んでいた。

六月二五日の夕刻、パーマストン外相は庶民院で弁明の演説を始めた。それは実に四時間半にも及ぶ長いものとなった。彼自身の議員生活のなかでも最長だったが、それをいっさいメモなしで成し遂げたのである。そのクライマックスはこのようなものだった。(23)

「いにしえのローマ人たちが、『私はローマ市民である（ラテン語でCivis Romanus sum）』とひとこと言えば、あらゆる辱めから身を守ることができたように、今日のイギリス臣民も世界中のいずこにいようとも、イギリス政府が有するすべてを見渡す目と強力な腕によって、あらゆる不正や災厄から守られるのだという強い自信を抱くことができるように」、パーマストンはこの商人を救ったというのである。

この一世一代の大演説で形勢は一気に逆転した。庶民院での採決で外相解任動議は敗北し、新聞はいっせいに「ローマ市民演説」と名付けて、このパーマストンの発言を絶賛した。ヴィクトリア女王夫妻ががっかりしたのはいうまでもない。

ところがそれからわずか一年で、今度は運命の女神は女王に微笑むこととなった。一八四八年の二月革命でフランス第二共和国の初代大統領に選ばれたのが、かのナポレオンの甥っ子ルイ・ナポレオン・ボナパルト（一八〇八～一八七三）だった。しかしもともと野心家の彼は三年後の一八五一年一二月にクーデタを成功させ、フランスの全権を掌握した。この第一報を聞いたパーマストンは、ロンドン駐在のフランス大使に祝意を伝え、ナポレオンのクーデタを事実上容認するかのような姿勢を見せた。ところがそれはまたまた事前に女王に相談のない発言であった。

パーマストンの発言は大使との二人だけでの個人的な会見でのものではあったが、仮にも一国の外務大臣である。喜んだ大使がすぐにフランス本国に報告し、それをナポレオンから伝え聞いたパリ駐在のイギリス大使が驚いて本国に問い合わせてきたことから、この外相の発言がばれてしまったのだ。このときに激怒したヴィクトリア女王が、時のホイッグ政権の首相ジョン・ラッセル卿（一七九二～一八七八）に述べた言葉が、本章の冒頭近くで紹介した「パーマストン卿とは一緒にやっていけない」という発言だった。

ヨーロッパ国際政治におけるイギリスの立場を強化しただけでなく、いまや党内や議会内にも一定の支持勢力を有するパーマストンが政権を去るのは、ラッセルとしては何とか避けたかったはずである。しかしこれまでたびたびパーマストンの言動をかばってきたラッセルも、もうかばいきれなくなった。一八五一年一二月二六日にパーマストンは辞任した。通算で一五年九ヶ月にも及んだ外相歴は、いまだにイギリスで破られていない最長在任記録である。

女王はあまりのうれしさに自らの叔父（母の弟）であり、パーマストンが主催したロンドン会議でベルギー国王となっていたレオポルド一世（在位一八三一～六五年）に次のような書簡を送った。「私たち夫婦だけではなく、おそらく世界中にとって、満足をもたらしてくれるような素晴らしいニュースをここにお伝えします。パーマストン卿はもう外相ではありません！」[24]。

ところが翌朝から、『モーニング・クロニクル』など新聞各紙は、パーマストンを辞任に追い込んだラッセル首相と、おそらくその背後にいる宮廷の存在について、連日非難の記事を書いて世論を誘導した。なかには「外国人の王子がイギリスの大臣の解任に関わっている」などと書き立てるものもあった[25]。政権にとっても、女王にとっても何とも藪蛇な結末となってしまった。

復活――クリミア戦争と首相就任

この翌年（一八五二年）二月にラッセル政権は早くも総辞職に追い込まれた。後任は保守党のダービ伯爵（一七九九～一八六九）に決まったが、当時のイギリス政党政治は混乱期にあった。穀物法の廃止（一八四六年）は保守党内にいた地主貴族階級からも反発を買う「改革」であったため、保守党は自由貿易派（旧ピール派）と保護貿易派（ダービ派）とに分裂した。ところが、グラッドストンに代表されるような有能な閣僚経験者はみな自由貿易派として保守党を去ってしまったので、ダービは初入閣の閣僚ばかりからなる少数党政権を率いなければならなかった。

ここで政権の庶民院指導者と目されたベンジャミン・ディズレーリ（一八〇四～一八八一）は、

「貴卿が組閣されるとしたら、Pを閣僚にすべきなのは必至。庶民院における彼の声望は極めて高いし、さらに国全体では考えられないほどだ」とダービに進言した。もちろんこの「P」とはパーマストンのことである。[26]

しかしパーマストンは保護貿易主義に反対し、ダービからの誘いを拒否した。結果的に、このパーマストンの判断は吉と出る。再び「一匹狼」としての政治生活が始まったと思いきや、早くも一八五二年末には新たなお誘いが舞い込んできた。ダービ政権が総辞職に追い込まれ、ホイッグ、旧ピール派に急進派を加えた連立政権が樹立されることになったのである。首班には旧ピール派のアバディーン伯爵が就いた。パーマストンとはハロウ校、ケンブリッジ大学での同級生という古い仲だった。ただし二人の外交方針は対照的なものだったが。

この政権にパーマストンは外相として入閣したかったが、それを阻止したのが女王夫妻だった。さらに旧ピール派の閣僚たちも彼の強硬な外交姿勢にはもともと反対であり、ここにパーマストンは「内相」として連立政権に加わることになった。しかし彼の主要な関心は相変わらず「外交」だった。翌一八五三年一一月に、イングランド北部の工場労働者たちが賃金の一割アップを訴えてストライキに突入していた。「このストライキについて新しい情報が何か入っていますか?」とのヴィクトリア女王からの質問に、パーマストン「内相」が答えたのは以下の言葉であった。「いいえ、陛下、何も聞いておりません。しかし、トルコ軍がドナウ川を越えていることは確かなようです[27]」。

女王からの質問に対してはトンチンカンな答えであるが、パーマストンの情報は正しいものであった。ちょうどこの一八五三年一一月から、ロシアとオスマンとがお互いに宣戦布告をし、戦闘状態に突入していたのである。もはや「ヨーロッパの瀕死の病人」と呼ばれるようになっていたオスマン軍には昔日の面影はなく、ヨーロッパ最強のロシア陸軍はあっという間にバルカン半島を南下した。これに脅威を抱いたのが地中海に利害を有するフランス皇帝のナポレオン三世(在位一八五二~七〇年)だった。クーデタに成功を収めたルイ・ナポレオンは五二年から第二帝政を率いていた。そしてこのたびはロシアの地中海進出を阻止すべく、アバディーン連立政権下のイギリスに近づいてきたのである。イギリスとしてもロシアの南下はどうしても避けたい。

ここに一八五四年三月、英仏両国がオスマン側について、ロシアに宣戦布告することになった。こののち、主戦場はバルカンから黒海でのロシア領南端のクリミア半島へと移ったため、のちに「クリミア戦争(一八五三~五六年)」と呼ばれることになる。「ウィーン体制」下で大国同士の間で初めて生じた戦争となった。英仏軍の側も慣れないクリミアの地での戦闘となったため、戦争は長期化・泥沼化した(28)。

クリミア戦争は、ヨーロッパでの戦争が一八世紀的な古いものから二〇世紀へと通ずるような新しいものへと転換を遂げる、端境期《はざかいき》の戦争の様を呈していた。近代的なライフルや蒸気船、鉄道や電報などが戦場に持ち込まれる一方で、戦う兵士たちは中世さながらの騎士道精神で砲弾に立ち向かっていたのである。さらにこの戦争は、ある程度はリアルタイムで報じられるようになった最初の戦争だった。『タイムズ(*The Times*)』の特派員が最新の情報を本国に伝え、臨場感あふれる戦況の報告に、読者たちは紙面に釘付けとなった(29)。

このようにますます新聞が世論を扇動していくようになるなかで、「弱腰」のアバディーンでは戦争指導者には向かない、やはりパーマストンでなければロシアに勝てないとの論調が各紙に書き立てられていく。戦争が長引くにつれて議会内でも信頼を失ったアバディーン首相は、一八五五年一月末に辞意を表明し、二月六日ここにパーマストンが首相に就任した。女王は彼を首相に据えるのだけはなんとか避けたかったが、議会内の大勢も世論もパーマストンを支持するなかにあっては、さしもの女王でさえこれに抗うことはできなかった。

ウォルポールから数えて二八人目の首相に就任したとき、パーマストンは七〇歳と一〇九日に達していた。この時点でイギリス史上で最高齢の記録であった。そして、初めての組閣という条件に限れば、二一世紀のいまも破られていない高齢記録である。これだけ有能で庶民からの人気も高かったパーマストンでさえ、やはり「一匹狼」「アウトサイダー」として政治活動を続けてきたために、なかなか首相の座を手にすることができなかったが、ついにその地位に昇りつめたのである。

ヨーロッパとイギリスの転換期

当時でもかなり高齢での首相就任であったが、パーマストンは並の七〇歳の男性とは違った。首相に就くや、ますます精力的に執務を続け、その年の九月には難攻不落と言われた黒海最強のセヴァストポリ要塞（ロシア）も陥落させた。そこで、いよいよパーマストンは本格的にロシアとの戦争に乗り出そうと、陸海軍の増強に踏み切ろうとした。ところがそうもいかなくなってしまったのである。

イギリスとともに戦争に乗り出したナポレオン三世がもはや戦闘意欲を失っていたのだ。彼にとってはロシア最強のセヴァストポリ要塞を落とせばそれで満足だった。対するロシアの側も、皇帝の代替わり（一八五五年三月）とともにより穏健な政策を採る路線へと切り替わっていた。

一八五六年三月、ナポレオン三世がパリに列強を集めて戦後処理問題を話し合う会議を開いた。紛争当事国のひとつが自らの都で会議を開くというのもおかしい。本章の解説からもお察しのとおり、通常は第三国が公正中立の立場から会議を開くものである。すなわちナポレオン三世は、最初からイギリスを裏切るつもりであった。ロシア側にかなりの譲歩を見せた解決案を提示し、ロシアの全権もパリへとやってきたのである。こうしてパリ条約で戦争は終結した。

セヴァストポリ要塞の包囲戦

クリミア戦争はそれまでヨーロッパに一定の平和を保ってきた「ウィーン体制」の崩壊を決定づける事件となった。鉄の絆で結ばれてきた北方三列強がこれを契機に分裂していくのである。英仏両国と交戦状態に入ったにもかかわらず、オーストリアもプロイセンもロシアに手を貸してくれなかった。それどころか、ロシアのバルカン侵出に難色を示したオーストリアは英仏の側と秘かに条約を結び、ロシアの南下がさらに進んだ場合にはロシアに宣戦布告する準備までしていたのである。

北方三列強の団結はここに瓦解し、バルカン半島をめぐるロシアとオーストリアの確執に加え、ヨーロッパ中央部に強力な統一国家「ドイツ帝国」を形成する問題についてオーストリアとプロイセンとの対立が激しさを増していく。

さらにこの北方三列強の分裂につけいるかたちで、著しい台頭を見せていったのがナポレオン三世であった。彼はそもそもが伯父の屍《しかばね》の上に築かれた「ウィーン体制」を倒壊させ、伯父の帝国を凌ぐような新たな国際秩序を構築しようとの野望をめぐらせていた。

そして何よりクリミア戦争がヨーロッパ全体に衝撃を与えた事実、それは「イギリスが意外なほど弱い」ということだった。実はナポレオン戦争以降、イギリス陸軍は改革を怠ってきていた。ワーテルローでかのナポレオンを打ち破ったという自信が驕りにつながったのだ。このためクリミア半島では、イギリス陸軍はいつもフランス軍のお荷物であり、セヴァストポリ陥落後にフランスが兵を引くとなれば、それに従わざるを得なかったのである。

もちろん海軍は相変わらずヨーロッパ（世界）最強である。しかし戦場が内陸地になった場合には、さしもの艦隊も役には立たない。「砲艦外交」を得意としたパーマストンでさえ「大海原をゆく船団には、陸地をゆく軍隊を止めることなどできない」ことはしっかり認識していたのである。[30] さらに一九世紀前半までは港に面した大都市に脅威を与えられた海上封鎖も、皮肉なことにイギリスで発明・開発された鉄道のおかげで、それ以前のような威力を発揮し得なくなっていたのだ。「パクス・ブリタニカ」はもはや幻想のかなたへと消え去った。

このの後ヨーロッパは「イギリス」という重石がなくなったこともあって、次々と戦乱に巻き込まれていく。まずはイタリア統一戦争（一八五九〜六一年）である。野心家のナポレオン三世はこれにも関与し、ニースとサヴォイアをまんまとせしめてしまった。そして、ここにもう一人の野心家が登場してくる。一八六二年九月にプロイセン王国の首相に就任したオットー・フォン・ビスマルク（一八一五〜一八九八）である。彼の下でこののちプロイセン主導のドイツ統一が進められていく。

他方で、一八五〇年代末からはイギリス政党政治も転換期に突入していた。この七年ほどの間（一八五二〜五九年）に、イギリスでは三度の総選挙と五度の政権交替が見られた。議会内には過半数を得られる強力な政党がなく、諸党派が離合集散を繰り返していた。大きな争点ではなくちょっとしたタイミングのずれで法案が敗北し、政府が辞任に追い込まれるようなことも見られた。パーマストン自身も、本章の冒頭のほうで紹介した、第二次アヘン戦争での内閣非難決議が可決されたのち、新聞・世論を味方につけて総選挙で大勝を果たしたにもかかわらず、翌五八年二月には野党連合の結集に遭い辞任に追い込まれた。

このような政治的混乱が続くなかで、長期的な視野から様々な改革を実現できるような、確固たる地盤を築いた政党の必要性が説かれるようになった。一八五九年六月、ホイッグ、旧ピール派、急進派の議員たちが一堂に会し、ここに「自由党（Liberal Party）」が結成されることになった。その初代党首に選ばれたのが一年四ヶ月前に首相を辞任したばかりのパーマストンだった。ダービ率いる保守党は多数を制することができず、ここに自由党最初の政権がパーマストン首相の下に成立する。こうしてこののち二〇世紀前半まで続くことになる、「保守党と自由党」という二大政党がイギリス政治に出そろうことになった[31]。

時代の移り変わりと老首相の死

七四歳で二度目の政権を率いることになったパーマストンは、体力的にはいまだ衰えを見せていなかった。しかし時代は確実に変わりつつあったのだ。

まずは最初の自由党政権とはいえ、第二次パーマストン内閣はいまだ諸党派による「連立」的な色彩が濃かった。いかに「自由主義の王者」を気取ろうとも、パーマストンは自由党内部では「右派」に属し、その姿勢は、第一次選挙法改正の推進役だったラッセル（外相）や、旧ピール派出身のグラッドストン（財務相）、そして急進派の議員らに比べれば、かなり保守的だったと言わざるをえない。パーマストンはこうした有能ながらも、信条的にはそりの合わない閣僚たちをも統率して政権運営にあたらなければならなかった[32]。

さらにヨーロッパ国際政治も新たな局面に入っていた。ビスマルクのプロイセンがドイツ統一をめざし、いよいよ本格的に動き出したのである。まずはロシア領ポーランドで生じた反乱の際に、ロシアに全面的に協力し早期にこれを鎮圧することを助けたため、ロシアはプロイセンへの協力を惜しまない存在となった。次にビスマルクが目をつけたのがデンマーク領のシュレースヴィヒとホルシュタインである。この両公国にはもともとドイツ系住民が多く、ビスマルクは彼らの国民主義を利用して、オーストリアとともにデンマークに戦争を仕掛けた。

実は一八四八年革命の際に、シュレースヴィヒとホルシュタインの両公国で生じた国民主義の動きをめぐる一連の騒動を、ロンドン会議で平和裡に収束させたのが当時のパーマストン外相にほかならなかった。このたびも四大国に呼びかけここにロンドン会議（一八六四年）が招集される運びとなった。しかし八〇歳になろうとしていたパーマストンには往年の輝きはもはや見られなかった。彼は最初から露骨に弱小国デンマークの肩を持ち、プロイセンとオーストリアから非難される始末であった。ロンドン会議は失敗に終わり、デンマークは瞬く間に普墺《ふおう》両軍によって降伏させられた。

史上初めて「失敗」に終わったロンドン会議の責任を問うかたちで、イギリス両院では内閣不信任動議が提出された。七月八日の庶民院での審議は夜遅くまで続き、投票結果が出たのは翌九日の午前二時を回っていた。不信任動議はぎりぎりのところで否決され、パーマストン政権は命拾いをした。二階の婦人傍聴席ではパーマストンの妻エミリも固唾を飲んで見守っていた。散会するや、パーマストン首相はすぐさま階段を上がってエミリの許に行き、彼女を強く抱きしめた。その様子を間近で見ていた野党保守党の庶民院指導者ディズレーリは呆れながらにこう呟いた。「なんて元気なじいさんなんだ。明けがたの三時近くに、あんな危ない階段を駆け上がっていくなんて。しかも八〇歳になろうというのに！」(33)。

しかし現実のパーマストンは心身ともに疲れ切っていた。数年前から患っていた痛風に加え、内臓疾患にも悩まされるようになっていたのである。

この翌年の一八六五年一〇月、フランス南西部の保養地ビアリッツにおいて二人の人物が極秘の会談を行った。フランス皇帝ナポレオン三世とプロイセン首相ビスマルクである。ビスマルクは翌年にはオーストリアに戦争を仕掛けるつもりであったが、ここで西側からフランスに邪魔されてはかなわない。フランスが中立を保ってくれるのであれば、ライン左岸のプロイセン領を割譲しようとの密約を交わすために、皇帝が静養するビアリッツまでわざわざ足を運んだのである。皇帝もこれを快諾し、翌年夏には普墺戦争が始まっていく。

ナポレオンもビスマルクも、メッテルニヒらによって築かれ一八四八年革命以後にもパーマストンによって維持されてきた「ウィーン体制」を破壊するのが目的であった。半世紀にわたってヨーロッパに一定の平和を与えてきた「ウィーン体制」はもはや時代遅れの代物となっていた。この二人にとっては、もうひとつの時代遅れの代物が、イギリスの首相だったのかもしれない。

そのパーマストンは二人がビアリッツで会談を行っていたのと時を同じくして、ロンドン北部の邸宅で療養していた。数日前に馬車で散策に出たところ軽い風邪を引いてしまったが、その後に容態が急変したのである。一八六五年一〇月一八日、パーマストンは静かに息を引き取った。あと二日で八一歳の誕生日を迎えるところであった。ここに最期の言葉が残っている。[34]

「第九八条はこれで結構です。次に移りましょう」。なんとそれは、三〇年以上前にロンドン会議で自ら議長として取り仕切りながら、議定書を作っていたときの言葉であった。意識が朦朧としているなかで、かつて自身が自由主義的な会議によってヨーロッパ国際政治を主導していたときの記憶がよみがえったのかもしれない。最期まで外交に尽くした政治家であった。

新聞はいっせいにこの偉大なる首相の訃報を掲載した。『タイムズ』は「パーマストン卿ほどまでにイギリスを真に代表する政治家はこれまでいなかった」と激賞した。その一方で同紙は、「彼がもし七〇歳で亡くなっていたら、その政治的名声は二流で終わっていたことだろう」とも伝えている。[35] 確かにパーマストンが初めて首相に就任したのは七〇歳を過ぎてからであり、その並み外れた体力と知力が彼を政治家として一流に押し上げたのかもしれない。

未来の予見者?

パーマストンは良くも悪くも「パクス・ブリタニカ」の時代のイギリスを体現した存在だった。ヨーロッパ国際政治においては自由主義的な会議を用いて「ヨーロッパ協調」を成し遂げた。時折強引な手法を見せ、メッテルニヒはもとより、ヴィクトリア女王夫妻と衝突することもあったが、彼の冷徹な判断のおかげでヨーロッパは幾たびも全面戦争の危機から救われたのである。

特に、本章の冒頭で紹介したマルクスが這々《ほうほう》の体《てい》で故国を追われた一八四八年革命の際には、これをヨーロッパ大戦争にまで発展させずに済ませた最大の功労者が、「永遠の同盟者も、永遠の敵対者もいない」と豪語したパーマストンであったといっても過言ではない。

他方でパーマストンはアジアにおいてはイギリスの国益を情け容赦なく追求した。すでに述べたとおり、二度のアヘン戦争に外相・首相として関与し、清王朝の中華帝国に不平等条約を押しつけていった。このため一九九七年の中国映画『阿片戦争』でも、これに登場するパーマストン外相は当然のことながらかなりの「悪役」として描かれている。

パーマストンから不平等条約を押しつけられたのは清国だけではなかった。この日本にしてもしかりなのだ。日本では中国に比べると「パーマストン」の印象は薄いかもしれないが、幕末に生じた生麦事件（一八六二年）、薩英戦争（六三年）、下関戦争（六四年）は、いずれも第二次パーマストン政権時代のイギリスと事を構えた大事件であった。

さらに、東インド会社軍の傭兵《シパーヒー》による蜂起に端を発する「インド大反乱（一八五七～五八年）」も彼が首相だったときに発生している。当時のパーマストンは、東インド会社によるインド統治には限界を感じており、反乱鎮圧後により強固な支配を確立できると確信していた[36]。彼の思惑どおり、このののちイギリスによるインドへの過酷な直轄支配が始まっていく。

アヘン戦争

その意味でも、パーマストンは彼の死後にさらに本格化していく「帝国主義（Imperialism）」的な支配がアジア・アフリカへと拡がっていく基礎を築いた存在でもあった。その点ではパーマストンはまさに「悪党」だったといえよう。

しかしその一方で、彼は自由主義を愛し、道徳心を発揮したこともあった。大西洋で横行する奴隷貿易の取り締まりがその最たる事例である。ナポレオン戦争後にウィーン会議に集まった国々を中心に、戦後はアフリカからの黒人奴隷の取引を全面的に禁止する条約が結ばれた。ところがポルトガルやスペインの商人が相変わらず密貿易を続けていたのだ。これをイギリス海軍を使って全面的に取り締まる一方、スペインやポルトガルと粘り強い交渉を続けて条約を結び直し、大西洋から奴隷貿易を一掃したのがパーマストンそのひとだったのである[37]。

さらにパーマストンは、「世論（public opinion）」というものに力と意味を見いだしたイギリスで最初の政治家だった。そのために新聞界とのつながりを強固にし、自身の政策に引きつけた。パーマストンは、マルクスが痛烈に批判するような、同時代のナポレオン三世が大衆に迎合するかたちで自らの独裁体制を維持していた「ボナパルト主義」とは一線を画していた。パーマストンがめざしていたのは、自らの政策に中産階級や労働者階級の好意を引きつけることであり、彼ら一般大衆の心情に合わせて政策を進めていたわけではなかったのだ。その点が現代的な意味での「ポピュリズム」とも異なっていたのかもしれない[38]。

パーマストン自身は、労働者階級にまで性急に選挙権を拡大することには消極的ではあったが、いずれ彼らにも選挙権が付与されることは予見していた。このため晩年（一八六〇年代）には、ロンドンや地方都市で頻繁に政治集会や講演会を開き、彼ら一般大衆を自身に引きつけていった。歴史家のコリン・マシュウも指摘するとおり、こうした政治集会を巧みに用いて大衆を味方につけた代表格がグラッドストンであったが、その先駆けとなったのがパーマストンだった[39]。『オクスフォード国民伝記辞典（新《ニュー》DNB）』の「パーマストン」の項目を執筆した歴史家のデイヴィッド・スティールも、晩年のパーマストンは議会外の遊説や講演会を頻繁に開き「首相と民衆との直接的な関係」を築き上げ、そのときのパーマストンは上層労働者階級がすでに選挙権を有しているかのごとくに彼らと接していたと論じている[40]。

その意味でもパーマストンは、きたるべき「大衆民主政治（mass democracy）」の時代をしっかり予見もしていたのであろう。

パーマストンが首相として自由党最初の政権を率いていた一八六三年、綿産業の中心地マンチェスターの下層中産階級の家庭で一人の赤ん坊が産声を上げた。しかしその庶民出身の赤ん坊が、のちに首相の地位まで昇りつめ、爵位まで獲得することになろうとは、大衆の時代を先取りしていたパーマストンでさえ予想できなかったに違いない。

第六章　デイヴィッド・ロイド＝ジョージ――「王権と議会」の敵役

ウェールズの魔女？

ロイド・ジョージには根ざす所というものがない。彼はからっぽで、中味がない。彼はじかに自分を取り巻くものによって生き、養われる。彼はまた楽器でもあれば演奏者でもあって、仲間を鳴らすかと思うと仲間に鳴らされもする。誰かが彼を評していたように、ロイド・ジョージはプリズムであって、光を集めて屈折させ、光が同時に四方八方から射すときに最も輝かしさをます。つまりは吸血鬼《ヴァムパイア》と霊媒とを一緒にしたようなもの(1)。

この一文は二〇世紀を代表するイギリスの経済学者ジョン・メイナード・ケインズ（一八八三～一九四六）が残した『人物評伝』の一節である。ここで彼が批判的に扱っているデイヴィッド・ロイド＝ジョージ（一八六三～一九四五）は、第一次世界大戦（一九一四～一八年）の後半に首相としてイギリスを率いた大政治家である。現在では、次章の主人公チャーチルと並ぶ偉人として扱われるロイド＝ジョージであるが、マクロ経済学の始祖ともいうべきケインズからすれば、彼は「からっぽ」で「中味がない」存在に映ったようである。

もともと財務省の役人だったケインズは、第一次大戦に関わるドイツの戦後処理問題を話し合うヴェルサイユ講和会議（一九一九年一～六月）に同省の首席代表として出席し、イギリス全権のロイド＝ジョージ首相にはその折に間近で接していたのだ。会議によって締結された講和条約の内容は、敗戦国ドイツに対してかなり苛酷なものとなった。それに不満を募らせていたケインズがのちにロイド＝ジョージを評して用いた表現が「ウェールズの魔女」だった。「私は魔女のほうきの柄が、パリの薄明の空を飛んで行ったときのシルエットを描いてみなければならない」。

こうして描かれた評伝で、ロイド＝ジョージはさらに「究極目的の欠如、内奥の無責任、われわれサクソン人の善悪の観念から超越ないし遊離した、狡猾と無慈悲と権力欲とを交えた存在」とまで、ケインズによってこき下ろされているのである(2)。

ケインズと同じように、ロイド＝ジョージに対して辛辣な批判を浴びせているのが、外交官にしてのちに『外交』『ジョオジ五世伝』などの名著を残したハロルド・ニコルソン（一八八六～一九六八）だった。彼もまた外務省からヴェルサイユ講和会議に派遣され、ロイド＝ジョージを補佐する役割を担っていた。そこで彼が見たものとは、ロイド＝ジョージ、アメリカ大統領のウッドロウ・ウィルソン（一八五六～一九二四）、フランス首相のジョルジュ・クレマンソー（一八四一～一九二九）という「三巨頭」が、国際政治をまったく理解していない現実だった。

「それにしても、これら三人の無知で無責任な男たちが、ケーキを切るかのように小アジアを切り刻むのは、恐ろしいことです」と、当時ニコルソンは故国の妻に書き送っている。「数百万の人々の幸福が、このような方法によって決まること」に怒りを感じていたニコルソンは、会議中に思わず「そのような決定は、非道徳であり、実現不可能なものです」と声を荒らげて進言したこともあったようだ。ドイツに課せられたあまりに巨額な賠償請求に反感を感じていたケインズと彼より三歳年下のニコルソンとは、二人して自国の首相に幻滅を感じていたのである[3]。

ロイド＝ジョージら三巨頭に失望していたのは、彼らのような三〇歳代の若き官僚たちばかりではない。外相として会議に出席していた元首相アーサー・ジェームズ・バルフォア（一八四八〜一九三〇）もしかりであった。彼はロイド＝ジョージより一五歳も年上で会議当時は七〇歳を超えていたが、三巨頭のあまりの無知にしびれを切らして、こう漏らしている。「三人のあまりにも大きな権限を持った、あまりにも無知な男たちが座って、大陸を分割している[4]」。

デイヴィッド・ロイド＝ジョージ

事実上はこの三巨頭による話し合いによって決まったヴェルサイユ講和条約のひとつの帰結が、その後のナチス・ドイツの台頭や第二次世界大戦へとつながったのは周知の事柄である。

大戦中は「英雄」扱いを受けていたロイド＝ジョー

ジは、戦後にはイギリス議会内のあらゆる党派から非難を浴びることになった。保守党からは「無節操な独裁者」と嫌われ、労働党からは「反動主義的な〔労働者階級にとっての〕裏切り者」にすぎぬと批判され、さらには彼自身が属した自由党からさえも「党を分裂させ、崩壊させた張本人」とのレッテルを貼られた(5)。

特に、大戦中に政府への協力を惜しまなかった取り巻きに対して、露骨な「栄典売買」を示し、自党に莫大な資金をもたらしたロイド＝ジョージの姿勢が非難を集めていた。あとで詳述するが、一説には「勲爵士《ナイト》」は一万ポンド、「准男爵《バロネット》」は四万ポンドで取り引きされ、わずか六年ほどで首相の懐に入ったのは一〇〇万～二〇〇万ポンドに及んだとされている(6)。今日の邦貨に換算すれば二〇〇億円以上にものぼろうか。

こうした醜聞に包まれ、戦後わずか四年足らずでこの「大戦の英雄」は失脚を余儀なくされていく。しかもケインズやニコルソンらが憂慮したとおり、第一次世界大戦後のドイツは政治的にも経済的にも混乱を極めた。それに対する罪滅ぼしの気持ちもあったのであろうか、ロイド＝ジョージは一九三六年夏にドイツを訪れてときの政府首脳らと親しく交わった。ところが相手が悪かった。言わずと知れたアドルフ・ヒトラー（一八八九～一九四五）である。この「ウェールズの魔女」は総統《フューラー》の「魔法」にかかってしまったのか、帰国後に「現存する最高のドイツ人」「ドイツのジョージ・ワシントン」などとヒトラーを持ち上げ、後世に禍根を残している(7)。

このように見ると、ロイド＝ジョージなどたまたま時代の波に乗っかっただけの軽薄な政治屋のように思われるが、一方で社会主義者で筋金入りの社会改革論者としても知られたベアトリス・ウェッブ（一八五八〜一九四三）は、まだ閣僚になる前の若き政治家ロイド＝ジョージに会い、次のような印象を日記に残している。「彼は個人的な野心をその内面に秘めているかもしれないが、それは刻苦勉励、公正なる信念、そして輝ける議員としての才能を伴うものである」[8]。

友人のジョージ・バーナード・ショー（一八五六〜一九五〇）と並ぶほどの「皮肉屋」で知られたウェッブ夫人にしては、まさに絶賛といっても過言ではない。あるいはこののち数々の閣僚の座に就き、果ては首相にまで昇りつめていくうちに、ウェッブ夫人から将来を嘱望されていた若き政治家は「悪党」に成り下がってしまったのであろうか。このロイド＝ジョージという人物は、ケインズが蔑んだ「ほうきの柄に乗る魔女」だったのか、あるいは未曾有の大戦争から祖国イギリスを救った「大戦の英雄」だったのか。さっそく彼の人生を追っていくことにしよう。

弱者のための弁護士

ロイド＝ジョージは、一八六三年一月一七日にイングランド北西部の大都市マンチェスターの中央に生まれた。父は学校の教員ウィリアム・ジョージ、母はエリザベス。二人の二番目の子にして長男が本章の主人公デイヴィッドである。ところがロイド＝ジョージは、生まれていきなり試練に直面する。翌六四年に父が肺炎で突然この世を去ってしまうのである。四四歳という若さであった。それからまもなく母のお腹にいた弟ウィリアムが誕生した[9]。

二男一女という三人の子を抱えて途方に暮れた母が頼った先は実家のロイド家だった。ウェールズ北部のラナスティムドゥイで靴職人の娘として生まれたエリザベスは、子ども三人を連れて実家へと戻った。当時は六歳年下の弟リチャード・ロイド（一八三四〜一九一七）が店を継いでいた。幼いデイヴィッドにこの「ロイド叔父さん」は絶大な影響を与えた。叔父は靴屋を営むとともにバプティスト派教会の俗人説教師も務め、地元の顔役だった。

バプティスト派とは、一七世紀初頭にイングランドに登場したキリスト教の一派である。個人の自覚的信仰を重んじ、カトリックなどで施される幼児洗礼を否定する。イングランド国教会が行う洗礼（頭部に水をつける）とは異なり、全身を水に入れる浸礼《バプティスマ》方式をとるためこの名称がつけられた。当初は非合法の教派としてイングランドで迫害を受け、オランダや新大陸などに信仰は拡がった。やがて叔父の影響を受け、デイヴィッドもこの宗派に属していくこととなる。

デイヴィッドはロイド叔父さんの肩車に乗り、幼い頃から選挙戦も間近で見物していたようだ。五歳の時（一八六八年）にはウェールズの選挙区で自由党が大勝利をつかんだのを子ども心にも覚えている。叔父さんのウェールズ国民主義《ナショナリズム》と自由党びいきとは、やがてこのデイヴィッドにもしっかり引き継がれていった。そして姓も母と父のものをあわせて「ロイド＝ジョージ」となる。

デイヴィッドは中等教育までをこの町で受けてから、一五歳で同じくウェールズ北部のポートマドックに移り住み、町の事務弁護士事務所で働くようになった。先に紹介したウェッブ夫人が鋭く見抜いたとおり、ここでロイド＝ジョージは「刻苦勉励」の末、二一歳で弁護士資格を見事に取得する。ポートマドックから西へ八キロほど行ったクリクキエスの町で自分の事務所を開設した彼は、「弱者のための弁護士」をめざしていく。

ロイド＝ジョージが事務弁護士の資格を得た一八八四年といえば、地方の労働者階級（農園や鉱山で働く労働者）にも選挙権を拡大することを目的とする「第三次選挙法改正」が議会内で討議されていたさなかのことであった。ウェールズでは、イングランド勢力が政治的にも宗教的にも幅を利かせる体制に反発が芽生えた時期であり、さらには地主貴族階級と小作農・労働者との争議も頻発していた。ロイド＝ジョージはその双方において、つねに弱い者の味方をしていた。

そのようななかで、若き弁護士ロイド＝ジョージは一人の女性と恋に落ちる。裕福な農家の娘マーガレット（マギー）・オーウェン。彼女の父は娘が急進的なバプティスト派の弁護士と結婚することに反対だったようだが、結局は折れて二人は結婚を許される。一八八八年のことだった。この翌年に誕生した長男リチャードを頭に、二人は三男二女の子宝にも恵まれていく[10]。

政治家への道

マーガレット・オーウェン

マギーと晴れて結婚したその年、ロイド＝ジョージは地元のカーナヴォン・バラ選挙区からの自由党の国会議員候補に選出された。彼が政治に強い関心を示すようになったのは、これより七年前の一八八一年のことだった。まだ弁護士の資格を取る三年前で、一八歳のときのことである。所用でロンドンを訪れ、ウェストミンスターに建つ庶民院の議場にも足を伸ばしたのだ。議場見学で感激を受けた彼はその日の日記に次のように記している。「私は、ウィリアム征服王（一世）がエドワード証聖王に会いにイングランドを訪れたときに、これこそ将来自分が治める土地だと感じたのと同じ気分を味わった」(11)。

　そして弁護士の資格を取った二年後の一八八六年から、ロイド＝ジョージは自由党を支援する運動員として活動する。ところがその年に自由党は大分裂の危機に瀕していた。その争点が「アイルランド自治問題」であった。一八〇一年の合邦から、事実上はイングランドの支配下に置かれていたアイルランドに再び議会を設置し、カナダ（一八六七年から自治領）のように独自の政府も置いて、アイルランドに自治権を与えるか否かで自由党は分裂した。ウィリアム・グラッドストン（一八〇九～一八九八）が自治派の急先鋒であり、これに反対し連合王国の「統一《ユニオン》」を重んじる一派が自由党を離脱し、「自由統一党」を結成していく。

　ロイド叔父さんからウェールズ国民主義をたたき込まれていたロイド＝ジョージは、もちろん自治派であった。その優れた弁舌能力も認められ、自由党候補に認められた二年後の一八九〇年、カーナヴォン・バラ選挙区から選出されていた議員の急死で補欠選挙が行われることになった。この選挙で、ロイド＝ジョージは一九六三票を獲得し、見事初当選を飾った。対する保守党側の候補は一九四五票を得ており、わずか一八票差というまさにギリギリでの当選だった。

　このカーナヴォン・バラ選挙区は、ロイド＝ジョージが生涯にわたって戦い続けていく選挙区であり、最後の一九三五年の総選挙まで実に一四回も連続当選を果たしていく重要な土地となる。

　二七歳で庶民院議員となったロイド＝ジョージは、九年前に感銘を受けた議事堂へと意気揚々と乗り込んでいった。しかし実際に議員となって議席に着くや彼は愕然とする。周囲を見渡せばみな地主貴族《ジェントルマン》階級かそれに類するものたちばかりである。学歴にしても、パブリックスクールやオクスブリッジ（オクスフォードもしくはケンブリッジ大学）出身の英才ばかりで、中等教育までしか受けていないのは自分くらいのものだった。

『オクスフォード国民伝記辞典（新《ニュー》DNB）』に「ロイド＝ジョージ」の項目を寄稿している歴史家ケネス・モーガンも指摘するとおり、この初登院以後、ロイド＝ジョージが生涯にわたって敵視し、対抗意識を燃やすことになったのが「王室、法廷、官僚、軍隊、上流階級」からなるロンドンの支配階級であり、彼は自らをウェールズの非国教徒（非イングランド国教徒）のアウトサイダーとして位置づけ、こののち奮闘していくことになったのである。[12]

常人であれば、エリート階級の間で萎縮し、そのまま政界から消え去ってもおかしくない状況だったのかもしれない。しかしそれがこの「ウェールズの魔女」の違うところである。ウェッブ夫人が鋭く感じ取った「刻苦勉励」「公正なる信念」とともに「輝ける議員としての才能」がこのロイド＝ジョージにはすでに芽生えていた。

そして幸運なことに、彼が議員生活を始めた一八九〇年代までには、イギリス議会も庶民院議員自身もそれまでとは大きく性格を異にするようになっていたのである。

議会史家フィリップ・サーモンの分析によると、第一次選挙法改正（一八三二年）以前に庶民院の審議で発言し、積極的な議員活動を展開していたのは議員の二三％程度（一五〇人ほど）にすぎなかった。大半の議員は、それぞれの地元の名士として無投票で当選してきたか、有力者の縁故で「恩顧関係《パトロネージ》」をあてに議員になったような連中ばかりだったのだ。しかし各地で「腐敗選挙」が徐々に姿を消し、前章でも論じたとおり、日々の議会の記録が新聞等で報じられるようになると、議場で発言し、活躍する議員たちの数も増えていった。

それは一八四一年には二三一人（三五％）、六一年には三〇〇人（四六％）となり、一八七六年には三八五人（五九％）にまで増加した。さらに審議で発言する議員の数にしても、一八二〇年には全議員の三一％にすぎなかったのが、ロイド＝ジョージが議席を持っていた一八九六年には八六％にまで上昇していたのである。一九世紀半ばには五五年間（一八一二～六七年）も議席を有していながら、ひとことも発言しなかった庶民院議員さえいたが、一九世紀末になるとそのようなことはもはや許されない状態となっていく。[13]

その点でも弁護士として弁舌能力を鍛え、「弱い者の味方」としていま庶民が何を一番求めているのかも知り尽くしていたロイド＝ジョージは、まさに新しい時代の「庶民院」議員としてはうってつけの存在だった。

しかし彼は、前章の主人公パーマストンと同様に、「一匹狼」を貫き、どこか特定の派閥に属することはなかった。彼が尊敬したのは自由党党首で「老大人（Grand Old Man）」とも呼ばれたグラッドストンであったが、ロイド＝ジョージ自身はグラッドストンが推進する「アイルランド自治」政策をウェールズへと転化させ、長年にわたりウェールズで信教の自由を侵害してきたウェールズ国教会の廃止を第一に掲げるという独自の道をいく。このためウェールズ国民主義を牽引する団体「カムリ・フィド（青年ウェールズ運動）」とも積極的に関わっていった。[14]

そのロイド＝ジョージ議員の活動が衆目を集めるきっかけとなったのが、「第二次ボーア戦争（一八九九〜一九〇二年）」への反対活動であった。ボーア戦争とはアフリカ南部のオランダ系入植者（ボーア人と呼ばれた）の土地にイギリスが仕掛けた侵略戦争である。彼らの土地に眠る黄金とダイヤモンドが主たる目的だった。これを道義にもとる戦争と批判した野党自由党の急先鋒がロイド＝ジョージだった。戦争を遂行する中心人物のひとりジョゼフ・チェンバレン（一八三六〜一九一四）植民地相のお膝元バーミンガムの公会堂で反対演説をぶったときには、さすがにチェンバレン支持派の暴徒に取り囲まれ、命からがら逃げ出すという場面もあった。

しかしこのときの活動が、同じく戦争に反対する自由党指導者ヘンリ・キャンベル＝バナマン（一八三六〜一九〇八）に認められ、一九〇五年暮れに自由党が一〇年ぶりに彼を首相に据えて政権に返り咲くと、ロイド＝ジョージは早速に商務院総裁（商務相：現在の経済産業相）として入閣することになる。さらにこのボーア戦争への反対活動の際には、『リベラル・デイリー・ニュース』など自由党系の新聞からも絶賛され、ロイド＝ジョージはこの頃から新聞と世論を自らに引きつけて政治活動をしていくことの重要さに気づかされていく⑮。

四二歳で初入閣を果たしたロイド＝ジョージは、早くも地主貴族階級出身の「並の」大臣とは違う「破天荒」ぶりを発揮する。毎日のように官僚たちから届けられる山のような書類にはほとんど目を通さず、幅広い様々な情報を口頭で収集するという、それまでの大臣たちとはまったく異なる執務の方法に官僚らは度肝を抜かれた。さらに新大臣は役所を飛び出し、自ら業界の大物や実業家たちと会見し、現場の生の声をもとに自国産業の育成に努めた。

また二〇世紀初頭ともなると、労働組合運動も前世紀に比べてさらに活発化していた。ロイド＝ジョージ自身はあまりにも過激な労働組合主義には賛同できなかったが、綿産業や炭鉱の労働組合幹部らとも頻繁に会っては緊密な関係を保ち、一九〇七年に発生した全国鉄道ストでも自ら動いて交渉にあたるなどした。このため労働組合員や一般大衆にとっても、ロイド＝ジョージはいつしか「人民の王者（people's champion）」と見なされるようになっていったのである。(16)

さらに一九〇八年四月、キャンベル＝バナマンが病気で辞任し、財務大臣だったハーバート・ヘンリ・アスキス（一八五二～一九二八）が後継首班に決まると、ロイド＝ジョージは財務相へと転任する。公共財政に関してはほとんど知識も経験もなかったロイド＝ジョージであったが、持ち前の行動力と旺盛な知識欲とにより、すぐに省内を掌握していった。さらには自身の後任の商務相となったウィンストン・チャーチル（一八七四～一九六五）とも綿密な連携を取り、社会福祉、貧困、失業、健康、栄養失調などに取り組み、「弱い者の味方」として腕を振るった。

こうしたなかでロイド＝ジョージ財務相が注目するようになったのが「老齢年金」であった。当時は職を退いた労働者階級の老人には社会保障などいっさいなかった。それぞれの会社や職場が彼らに保障することとされており、国家が口出しすべき問題とは考えられていなかったのだ。このため職を退いてから貧困に苦しむ老人も数多かった。こうした老人たちに、せめて週に五シリング（年間一三ポンド）でもいいから老齢年金を出せないだろうか。ここに「七〇歳以上で、年収が三〇ポンド以下」という条件の下、全国一律に老齢年金を拠出することに決まった。

さらに当時はイギリスとドイツとの間でどちらが強大な戦艦を造れるかを競う「英独建艦競

争」の時代でもあった。一九〇九年の予算案には老齢年金に加え、戦艦建造費も盛り込まれることになった。しかし一六〇〇万ポンドと見積もられたこの新たな財源をどうするのか。そこでロイド゠ジョージ財務相が考え出したのが、富裕層への所得税増税と、それまではほとんど課せられていなかった不動産への相続税であった。年収五〇〇〇ポンド以上の高額所得者に二・五％（五〇〇〇ポンドだと一二五ポンド）の所得税を払わせ、遊んでいる土地に相続税をかけることにしたのである。

これに真っ向から反対したのは、当然のことながら地主貴族階級だった。当時のイギリスでは、たかだか七〇〇〇人の有力な地主だけで国土の八〇％以上を所有しているのが実状だった。もちろんその多くが国会議員である。一九〇九年一一月に庶民院を圧倒的多数（賛成三七九票×反対一四九票）で通過した予算案は、その直後に貴族院で今度は圧倒的多数（賛成七五票×反対三五〇票）で否決されてしまった。

ロイド゠ジョージ（左）とチャーチル

この結果に財務相は激昂した。もともとが議会に入るや「地主貴族階級」を目の敵にしてきたロイド゠ジョージである。「公爵ひとりにかかる費用で巨大戦艦二隻は維持できる」などと演説して貴族院を批判した。

そもそも、名誉革命（一六八九年）以後毎年開かれてきた議会で、有権者から選ばれた庶民院を通過した予算案が、選挙の洗礼を受けない世襲貴族が大半を占めている貴族院で否決された例はこれまでになかったことである。ロイド＝ジョージによる貴族院への攻撃はさらにエスカレートした。「職なしの連中のなかから行き当たりばったりで選ばれたにすぎぬたかが五〇〇人ほどの凡人たち」により、庶民からの神聖な選挙で選ばれた庶民院を通過した予算案、つまり人民のためのお金の使い道が否決されるなどもってのほかだとロイド＝ジョージは訴えた。

いまや新聞各紙も彼の味方であった。すぐにその訴えに呼応し、これに「人民予算（People's Budget）」という名前をつけて、貴族院の横暴ぶりを世論に訴えた。こうしてロイド＝ジョージは自らが正しいと信じる政策を遂行するために、階級闘争を煽る手段に打って出たのである。

こののち与党自由党（庶民院で多数を占める）と野党保守党（貴族院で多数を占める）の首脳間で、国王エドワード七世（在位一九〇一～一〇年）を仲介役に調整が続けられ、早期に議会の解散・総選挙を実施し、ここで自由党側が多数を占めた場合には翌年度に「人民予算」を通すという密約が交わされた。明けて一九一〇年一月、総選挙が行われたが、自由党が二七五議席、保守党が二七三議席、という大接戦となった。相続税増税だけではなく、所得税増税などは郊外に住宅を構えるようになった中産階級にとっても打撃となり、彼らが保守党に票を投ずるようになったのが自由党の苦戦の要因であった。

とはいえ勝ちは勝ちである。わずか二議席の差ではあったが、自由党の予算案には、労働党（四〇議席）とアイルランド国民党（八二議席）も賛同していたため、「人民予算」は新たな議会で問題なく成立を見ることになった。ロイド＝ジョージは、こうして所期の目的を達成することに成功した。(17)

貴族院への一撃——議会法の成立

しかし彼の怒りはまだ収まっていなかったのである。二〇世紀という新たなる世紀を迎えたにもかかわらず、いまだに地主貴族たちが絶大な影響力を持つイギリス議会とはいったい何なのか。この時代錯誤の旧弊な議院も抜本から改革するしかない。アスキス首相とロイド＝ジョージ財務相の次なる挑戦が「貴族院改革」となった。

一九一〇年四月に「人民予算」が議会を通過すると、アスキス自由党政権は貴族院の改革案を盛り込んだ「議会法（Parliament Act）」の成立をめざしていく。それは①予算案や課税など金銭に関わる法案は、貴族院で否決されたとしても、庶民院を通過すれば成立する、②金銭以外に関連する法案については、貴族院で否決されたとしても、庶民院を三会期通過すれば成立する、という野心的な内容のものであった。「人民予算」では譲歩した貴族院（保守党）もさすがにこれは認められない。前年に見られた与野党間の対立以上の政争が予想された。

アスキス首相

そこで再び国王が仲裁に乗り出そうとしたが、五月六日にエドワード七世は突然、帰らぬ人となった。ここに皇太子がジョージ五世（在位一九一〇～三六年）として即位することになった。エドワード七世の死から葬儀までの間は与野党間の対立も「休戦」となったが、五月後半からは新国王を仲裁役に再び与野党で協議が始められた。

イギリス貴族のしぶとさは、さすがのロイド＝ジョージも呆れかえるほどであった。都市部の土地への投機や証券金融界への接近などにより、彼らの多くは一八七〇年代の農業不況を乗り切ることに成功していた。一九世紀末までには産業界や銀行界の一部から貴族に叙せられるケースも出てくるが、彼らの政治信条や生活様式は地主貴族階級のそれと寸分違わなかった。当時の貴族院にはこうした爵位貴族たちが六〇〇人ほど存在した。もともとは自由党所属の貴族院議員も多かったのだが、彼らの子孫の多くは数代も経つと保守党側に籍を置くようになっていた。すなわち、貴族院は保守党の牙城といっても過言ではなかった[18]。

アスキスやロイド＝ジョージは議会法案を貴族院で通すためには、五〇〇人規模で新規の貴族を国王に叙してもらうしかないと「脅し」をかけることで、保守党に譲歩を迫った。国王はこれ以上の混乱を避けるためアスキス首相からの要請に応じ、緊急時には大量の叙爵も許可することになると保守党側に通告した。しかし庶民院を通過した議会法案は、貴族院で否決され、ここに同じ年に二度目の総選挙が行われるという前代未聞の状況に突入した。

ロイド＝ジョージは再び新聞各紙と連携し、世論を扇動して貴族院批判を展開した。しかし、「人民予算」で決まった所得税・相続税政策に対する上流階級と中産階級からの批判はいまだに根深かったのであろう。結果は、自由党と保守党がともに二七二議席と同数になった。ただし、自由党には労働党（四二議席）とアイルランド国民党（八四議席）が支持を表明していたため、アスキス政権の存続が決まった。

保守党側は再び譲歩を迫られた。五〇〇人もの「得体の知れない」貴族が現れてしまったら、貴族院はもとより、イギリスの地主貴族階級それ自体の品位の失墜にもつながる。保守党幹部層からの要請に基づき、一九一一年八月に貴族院へと上程された議会法案は、保守党所属の議員が多数欠席するなか、賛成一三一票×反対一一四票で可決されることになった。

ロイド＝ジョージが放った「人民予算」という一撃が、地主貴族階級の牙城である貴族院の力を一気に骨抜きにしてしまった瞬間であった。とはいえ、その後の時代の趨勢を考えれば、貴族院の権限が大幅に縮減されるという犠牲によっていたものの、イギリスの貴族制度それ自体はこれで救われたとも言えるのである(19)。

同じく一九一一年にロイド＝ジョージの尽力によって議会を通過したのが、庶民院議員の歳費を国費から支給する法律であった。それまでは議員とは有産階級が「高貴なる者の責務《ノブレス・オブリージュ》」としていわば社会奉仕の感覚で務めるのが当たり前という時代であったが、これからは（年額四〇〇ポンド程度ではあったが）歳費を受け取り、「プロの政治家」として他の収入に頼らず政治に専心できるようになった。つまり下層階級出身の議員たちも登場できるようになったのだ。

さらにこの年は、ロイド＝ジョージ財務相により「国民保険法」も制定された。年収一六〇ポンド未満の労働者が加入でき、疾病や失業時に保険金が支払われた。いまだ支給限度額はかなり低かった（年額二六ポンド）が、これが三〇年後にイギリスで本格化していく「社会福祉制度」の先駆けとして極めて重要な一歩となったことは確かである。

こうして「人民の王者」としてのロイド＝ジョージの地歩は一九一〇年代に入りさらに固まっ

た。しかし、その直後にイギリスもヨーロッパも未曾有の危機に突入することとなる。

第一次世界大戦の勃発

前章でも詳説したとおり、ナポレオン戦争（一八〇〇～一五年）後のヨーロッパには「ウィーン体制」と呼ばれる一定の平和の秩序が形成された。それがパーマストンの死去と時を同じくして台頭したナポレオン三世とビスマルクの最終決戦ともいうべき、普仏（独仏）戦争（一八七〇～七一年）によって完全に崩壊し、勝利を収めたドイツによる新たな「ビスマルク体制（一八七〇～九〇年）」が確立された。この体制はバルカンをめぐるイギリスとロシアの対立、一八七〇年代から本格化した帝国主義的な問題をめぐるイギリスとロシアの確執をそれぞれ仲裁し、フランスをヨーロッパで孤立化させるという三本の柱からなる国際秩序であった[20]。

ところが一八九〇年にその調整役であるビスマルクが失脚し、ヨーロッパは露仏同盟と独墺同盟という二つのブロックに分かれ、ここに「長い一八世紀」以来のヨーロッパ大戦争が発生する気運が高まってしまう。そのような矢先、一九一四年六月二八日に生じた「サライェヴォ事件」を契機に、その一ヶ月後には露仏同盟と独墺同盟とがお互いに宣戦布告する事態へと発展する。イギリスはいずれの同盟にも与《くみ》していなかったが、ドイツがフランスを素早く攻略する意図から中立国ベルギーを通過する宣言を発し、パーマストンの時代以来ベルギーの安全を保障してきたイギリスもついにドイツに宣戦布告せざるを得ない状態となった。

ロイド＝ジョージはもともとドイツに友好的な態度を示す政治家であった。大戦前はドイツの皇帝や帝国宰相とも親しく交わり、建艦競争などで傷ついたドイツとの関係修復にも尽力していた。しかしドイツ軍によるベルギー侵攻でロイド＝ジョージも態度を改めることになる。開戦直後の一九一四年九月には、「ドイツはヨーロッパを突っ走る乱暴な運転手」であり、独墺両国に抵抗する「すべての弱小国を守り」、「あくまでも徹底抗戦を続ける」と演説した[21]。

しかし戦争は思いのほか長期化・泥沼化していった。そして、一〇〇年前のナポレオン戦争や六〇年前のクリミア戦争の時と比べて、武器の殺傷能力が驚異的に飛躍していた。機関銃、砲弾、装甲艦、有刺鉄線、さらに潜水艦や飛行機まで登場するようになっていたのである。あっという間に武器弾薬を使い尽くしたイギリスは窮地に立たされた。使い尽くしたのは武器弾薬だけではない。尊い兵士らの命や莫大な軍資金にしてもしかりであった。

ロイド＝ジョージ財務相は、所得税の倍増、イギリス人が大好きなお茶やビールへの関税増税などの検討に入った。原料の不足でビールのアルコール分は薄められ、パブの営業時間まで短縮された。ナポレオン戦争の時代には国民の数％が実際に戦闘に関わる程度で済んでいたが、いまや国家総動員で戦争にあたらなければ勝てない状況となっていた。「総力戦（total war）」である。

このためロイド＝ジョージは労働組合幹部らと会談し、戦争中はストライキを自粛するように密約を交わした。さらに大企業幹部らとも接触し、軍需物資の増産を約束させた。こういうときには、商務相時代に培った人脈がものをいってくれた[22]。

そしてついに一九一五年五月、イギリス史上初めての「挙国一致政権（National Government）」がここに成立する。いまや自由党だ、保守党だ、労働党だなどといがみあっている余裕はない。

全党から閣僚を募って一致団結してドイツと戦うことになった。この政権でロイド＝ジョージは新設された軍需大臣に就任する。

財務相時代の経験からも、総力戦においてはイギリスの経済はすべて戦争遂行のために利用しなければならないとの持論を展開したロイド＝ジョージは、原材料の供給も配給もすべて政府が統轄し、工業分野もすべて政府の管轄下に置いた。再び労働組合との合意に基づき、軍需品の生産は拡大され、男性労働者がこぞって戦場に駆り出されるようになると、女性も勤労動員された。特に一九一六年一月、これまたイギリス史上初めての「徴兵制度」が導入され、一八歳から四一歳までの成年男子が入隊すると女性労働者の数は激増し、彼女たちの手によって迫撃砲や機関銃が大量に生産されることとなった。

しかし戦況は思うようには進まなかった。一九一六年七月にフランス北部のソンムで始まった戦闘では、その初日だけでイギリス軍は二万人近い死者を出していた。一一月まで続いた戦闘では、なんと五〇万人近くもの兵士が尊い命を犠牲にしていた。同盟国フランスや敵国ドイツの戦死者もあわせれば一〇〇万人を超えていた。それでもこの戦闘で勝利を収めた英仏の側が得られたのは、ほんのわずかの前進にすぎなかったのである。

東部戦線（ポーランド）では同盟国ロシアがドイツに大敗を喫し、バルカンでは同盟国ルーマニアが粉砕されていた。ソンムの戦いが終わった直後、ロイド＝ジョージは側近のサー・モーリス・ハンキー（一八七七～一九六三）にこう呟いた。「このままではわれわれは敗北だ(23)」。

一二月政変と首相への就任

一九一六年七月から陸軍大臣に転身していたロイド＝ジョージは、いまや戦争指導の中枢部に位置していた。その彼にとって煙たい存在が、実は首相のアスキスだったのだ。アスキスは平時には優れた改革者としてその才能を発揮できたが、戦時には柔軟性に欠ける指導者にすぎなかった。それに追い打ちをかけたのがソンムの戦いだった。九月にアスキスの長男レイモンドが戦死してしまったのである。これに衝撃を受けた首相は毎晩酒浸りとなり、とても戦争指導どころではなくなってしまった。

政権内にはドイツとの和平を模索しようとする閣僚まで現れ始めたが、ロイド＝ジョージ陸相はあくまで徹底抗戦を主張した。この頃から、彼は保守党の党首で植民地相のアンドリュー・ボナ＝ロウ（一八五八～一九二三）や労働党の党首で教育相のアーサー・ヘンダーソン（一八六三～一九三五）らと協力し、陸相・海相・無任所相の三名からなる戦争遂行委員会を閣内につくり、ここに戦争指導の権限のすべてを集中させようと計画した。

アスキスはいまだ自由党内で大きな影響力を持ち、彼を首相から退けるのは得策ではなかった。アスキスを首相のままとし、戦争指導の実権はロイド＝ジョージらで握ろうという計画である。しかしアスキスは実権を手放そうとしなかった。ここにアスキスとロイド＝ジョージとの決裂が決定的となった。ロイド＝ジョージは一九一六年一二月五日、陸相からの辞任を首相に申し出た。前々から示し合わせたとおり、これにあわせてボナ＝ロウら保守党の閣僚も全員辞表を提出したため、政権運営が不可能となったアスキス首相はこの日の午後七時にバッキンガム宮殿に参内し、国王に辞意を表明した。

翌六日、ジョージ五世は野党第一党の党首ボナ＝ロウを宮殿に招請し、彼からの助言に基づき、全政党の指導者を一堂に集めた御前会議が開かれることになった。最年長の元首相バルフォアを座長役に、アスキスが政権に加わるのであればボナ＝ロウを首相に、アスキスがそれを拒否した場合にはロイド＝ジョージを首相とする挙国一致政権の樹立が決まった。会議後に自由党幹部らと話し合ったアスキスは、翌日、政権への参加を見送ると発表した(24)。

ここにロイド＝ジョージを首班とする政権が新たに誕生した。俗に「一二月政変」と呼ばれるこの政権交代劇は、のちにアスキス派の政治家たちによって「ロイド＝ジョージによる首相簒奪」であると非難され、「ロイド＝ジョージこそが自由党を分裂に追い込んだ張本人」とのレッテルを貼られる原因になった事件であった。

しかしこの一連の動きを冷静に見つめてみれば、ロイド＝ジョージは最初から「首相」の座を狙っていたわけではなく、戦争遂行の責任者になれればそれでよかったのである。そのため党内にいまだ確固たる基盤を持つアスキスを首相に据え、自身は陸相のままで戦争遂行委員会を率いようとしていた。戦争を指導する能力など持ち合わせていなかったのに、戦争遂行の全責任を担おうとして頑なな態度を示したのは、むしろアスキスのほうだった。この点では、歴史家のモーガンがロイド＝ジョージを擁護しているとおりであろう(25)。

真相がどうであれアスキスとその一派は新政権への協力を拒んだ。このためロイド＝ジョージは自らに賛同する一〇〇名ほどの自由党議員を率いるとともに、政権の基盤の大半はボナ＝ロウの保守党やヘンダーソンの労働党にも依存し、政権を維持していく。一二月一九日には首相就任後初めて庶民院で演説し、「この大惨事から人類を救済する」と力強く約束した。

ウェールズの片田舎から出てきた弁護士がついにイギリス政治の頂点に昇りつめた。バプティスト派で大学教育を受けていないという点でも、ロイド＝ジョージは完全に「アウトサイダー」だった。しかしそのような彼に政権を託さざるを得ないほどまでに、イギリスは世界大戦というこの未曾有の大惨事に危機感を抱いていたのだ。

前代未聞の戦時体制

この未曾有の大戦争に対するロイド＝ジョージの戦時体制もこれまた前代未聞のものだった。まずは当初の計画通り、首相自身を議長役に最重要閣僚のみを構成員とする「閣内戦時内閣」を形成する。メンバーは副首相格のボナ＝ロウ財務相、ヘンダーソン無任所相、保守党重鎮で枢密院議長のカーズン伯爵（一八五九～一九二五）、南アフリカ高等弁務官などを務めた無任所相のミルナー子爵（一八五四～一九二五）といったごく少数に限られていた（のちに若干増員）。

さらにロイド＝ジョージが新設したのが「内閣府（Cabinet Office）」である。ここに文武両官のすべての部局を統轄させ、官僚組織は文字通り首相の手足とされた。責任者である内閣書記官長（内閣官房長官に相当）には、ロイド＝ジョージの懐刀であるハンキーが就いた。

そしてロイド＝ジョージがこれまでの首相たちと異なり、自身の政策決定にあたって尊重したのが「ブレーン」というべき閣外の協力者の存在であった。会合はダウニング街一〇番地にある首相官邸の庭で開かれた。ここに集ったのは、保守党系の政治家で有力紙『ペル・メル・ガゼット』の社主ウォルドルフ・アスター（一八七九〜一九五二）、自由党系の政治家で実業家のデイヴッド・デイヴィス（一八八〇〜一九四四）、商業統計学者のサー・ジョゼフ・デイヴィス（一八六六〜一九五四）など、いずれもロイド＝ジョージが信頼するものたちばかりであった。

二一世紀初頭に、労働党の首相トニー・ブレアが同じような「ブレーン政治」を展開するが、ある意味ではアメリカ大統領型の「首相＝顧問官」による政策決定に近い[26]。

ロイド＝ジョージが求めたのは「効率」であった。効率よくヒト・モノ・カネを集め、それを集中的に戦争に投下していく。そのためにはイギリスに伝統的だった政治手法をも度外視するのが「ロイド＝ジョージ流」だったのかもしれない。

その犠牲になったのがまずは王権である。それまでの内閣には閣議録は正式にはなく、閣議の内容は議題に応じて首相、外相、財務相などが個別に君主に書簡のかたちで毎回報告していた。ところが内閣府が設置されてからは、書記官局によって毎回閣議録がとられ、印刷されて国王に届けられるだけとなってしまった。閣僚たちからの「書簡」であれば、君主は閣議決定に対して意見がある場合には「返信」のかたちで私見を伝えることもできる。しかし閣議録を受け取るだけでは意見の述べようがない。これについて国王が首相に一方的に書簡を送れば、政府の決定事項に王権が介入しているとも受け取られかねない。

ロイド＝ジョージは「閣内戦時内閣」の決定事項もほとんど国王には知らせず、露骨に王権を蔑ろにするような姿勢を取っていた。もともとが「アウトサイダー」で君主や貴族に敬意を払わないことで知られたロイド＝ジョージである。「人民予算」をめぐる騒動で貴族制に対する批判を展開していたとき、ジョージ五世は「ロイド＝ジョージのような馬鹿野郎はいない」[27]と陰口をたたいていたが、それも漏れ聞いていたのであろう。首相は国王を完全に見下していた。

それればかりではない。ロイド＝ジョージは「国王陛下の海陸軍」に対しても挑戦を仕掛けた。特に首相は、海外派遣軍の総司令官ダグラス・ヘイグ（一八六一〜一九二八）と事あるごとにぶつかった。陸相時代からたびたび大陸での戦線視察に訪れていたロイド＝ジョージは、フランドルからメソポタミアに至る広範囲をひとつの戦線と捉え、連合軍（英仏側）全体でひとつの指令下に置くべきだと主張したが、伝統的な考えにとらわれたヘイグは反対だった。しかしその結果が、パッシェンデール（ベルギー）での大敗北（一九一七年七月）につながった。

ついにロイド＝ジョージの独断で連合軍の総司令部はヴェルサイユに置き、フランス軍のフォッシュ元帥を総司令官とする決定を下してしまう。しかしイギリス陸軍の最高司令官はジョージ五世なのであり、いくら連合軍側に参加する諸国の政府との間で決定したこととはいえ、国王に無断で実行に移すのはあまりにも乱暴だった。

さらに海軍軍人だった国王の「古巣」である海軍とも首相は衝突した。ドイツ軍のUボート（潜水艦）が大西洋を往き来するイギリス商船を襲う頻度が増え、ロイド＝ジョージはこれを艦船による「護送船団方式」によって守ろうと主張するが、そ

ジョージ五世

のほうがドイツの標的になりやすくなると提督たちから大反対に遭っていた。しかしこれを無視して護送船団方式を強行した首相の読みどおり、以後、ドイツ海軍によって撃沈されるイギリス商船の数は激減していく(28)。

王権・海陸軍と並んで、ロイド＝ジョージが軽視したのが議会であった。首相になってからもたびたびヨーロッパ大陸に視察に出かけ、国内では閣内戦時内閣や首相官邸でのブレーンたちとの会合に明け暮れる首相は、煩雑な議会での答弁などにかまっていられる余裕などなかった。そこで彼は庶民院での答弁は、かつて保守党で庶民院指導者を二〇年にもわたって務めたバルフォア外相に任せ、議会にもほとんど出席しなくなったのである。第四章でも説明したとおり（一三五頁）、この国は議院内閣制で首相は議会の支持の上に成り立っているのに、これも乱暴なやり方だった。

しかし、国王も議会も怒り心頭だったにもかかわらず、ロイド＝ジョージを表立って批判できなかったのは、未曾有の大戦のさなかであったこともあるが、彼お得意の新聞界を味方につけての世論操作が見られたからだ。この頃までにはロイド＝ジョージの推挙もあり、ノースクリフ男爵（『タイムズ』『デイリー・ミラー』）、ロザミア男爵（『デイリー・メール』）、ビーヴァーブルック男爵（『ロンドン・イヴニング・ニュース』『デイリー・エクスプレス』）など主要紙の社主はみな爵位を与えられ「新聞男爵《プレス・バロン》」などとも呼ばれていた。その彼らがみな首相の支持者だったのである。

ロイド＝ジョージの勝利

一九一七年にロイド＝ジョージが西部戦線の膠着《こうちゃく》で悩んでいたとき、東部戦線を制御すべき同盟国ロシアで革命が生じた。ロマノフ王朝は倒壊され、以後ロシアは戦力にはなり得なくなった。ところが同時期に大西洋でのドイツ軍による無制限潜水艦作戦で被害を受けたアメリカ合衆国が新たに連合軍に加わり、長期的には戦況は英仏側の有利に傾いていく。

一九一八年にはアメリカ軍が欧州戦線に加わって、連合軍側はより強力になり、ついにその年の一一月一一日にドイツ軍は降伏、ここに後世に「第一次世界大戦」と呼ばれることになる大戦争が幕を閉じた。

この大戦争にイギリスは狭義の自国民だけでなく、カナダやオーストラリアなど自治領諸国、さらにインドなど植民地の兵力も投入してなんとか勝利を収めることができた。イギリス帝国全体では、九〇〇万人以上が動員され、八八万人以上の戦死者を出していた。戦後にはこれら自治領や植民地にさらなる権限の委譲をしなければならなくなるだろう。特にインドでは独立を要求する声などがあがり始めていた(29)。

そしてこのたびの大戦で兵役や勤労動員という国を守る「責務」を担った人々に、「権利」を与えるのは当然のこととなった。大戦が終結する直前に議会で制定された「人民代表法」により、二一歳以上の男子と三〇歳以上の女子に国政選挙での選挙権が付与されることが決まった。これで有権者は、八三〇万人から二一〇〇万人に一挙に増えた。この新たに加わった選挙民が初めて投票に臨んだのが、ドイツ軍降伏の翌月に行われた一九一八年一二月の総選挙であった。

ロイド＝ジョージは大戦の勝利で得られた余勢を駆って解散に打って出たのである。もくろみは見事にあたった。ロイド＝ジョージ率いる挙国一致政権側は、総計で四七八議席（全議席の六七％）を獲得し、国民から圧倒的な支持を集めた。与党側の候補者にはロイド＝ジョージとボナ＝ロウから「推薦書簡」が送られ、これが有権者に誇示されていたため、それはまるで当選の「引換券《クーポン》」のようだとも揶揄され、この総選挙は「クーポン選挙」とあだ名された。

実際に「クーポン」をもらえなかった候補者は軒並み落選し、アスキス派の自由党は二八議席しか獲得できなかった。なんとアスキス自身が落選の憂き目に遭ったほどであった。

いまやロイド＝ジョージは戦争における勝利をつかんだ人物として、クロムウェル以来の最も大きな影響力を手に入れたとまで言われた(30)。

その翌月、一九一九年一月一八日からパリ郊外にあるヴェルサイユ宮殿「鏡の間」で、ドイツに対する戦後処理問題を討議する講和会議が開かれた。ロイド＝ジョージは首席全権としてボナ＝ロウ財務相やバルフォア外相らとこれに出席した。

戦勝国のなかでも最大の発言力を示すようになったのがアメリカのウィルソン大統領だった。彼はこの前年の一月に、それまでのヨーロッパの伝統的な「旧外交」のあり方を否定し、秘密外交の禁止や新たな国際調停機関の設立などを盛り込んだ「一四ヶ条の平和原則」を発表していた。ロイド＝ジョージも、メッテルニヒやパーマストン、ビスマルクなどの時代にごく普通に見られた貴族出身の外交官らによる秘密の同盟や密約のあり方には批判的であり、それまで峻別されていた外交官職と外務官僚職とを統合し、イギリスにも「新外交」を採り入れようとした。

しかしロイド＝ジョージは、世界に冠たるイギリス海軍《ロイヤル・ネイヴィー》が自由と正義のために続けてきた「海上探索権」の継続を主張し、「航行の自由」を唱えるウィルソンとは衝突を余儀なくされた。ところがこの二人の対立以上に激しい論争を呼んだのは、ウィルソンとフランス首相クレマンソーとの衝突であった。「無賠償・無併合」を原則に掲げたウィルソンに対し、戦争で甚大な経済的被害を受けたクレマンソーはドイツに対する苛酷な賠償金要求に乗り出す。ロイド＝ジョージはこの両者の仲介役に徹することとなった。

　このヴェルサイユ講和会議でも、「効率」を重んずるロイド＝ジョージの手法が現れた。当初はドイツに対する戦勝一〇ヶ国（日本を含む）の首脳会合であったが、これではあまりにも「非効率」だと感じたイギリス首相の提案で、一九一九年三月からは英仏米伊四ヶ国による会合が実質的に講和条約の内容を決めていく方針に転換された(31)。

ヴェルサイユ講和会議における四大国首脳（左からロイド＝ジョージ英首相、オルランド伊首相、クレマンソー仏首相、ウィルソン米大統領）

　こうして「四大国《ビッグ・フォー》」、さらにはイタリアを除いた「三大国《ビッグ・スリー》」によって骨子を整えられたヴェルサイユ条約は、ほとんどドイツ側の意見など徴することなく、六月二八日に締結された。そこにはポーランド回廊、ザールラント、ズデーテンなど、民族的にも多くの問題が残され、何よりこののち最終的に金額が決まっていくまさに「天文学的な数字」に達する賠償金問題もあった。

　さらに、ドイツとともに敗戦国となったオーストリア＝ハンガリー、ブルガリア、オスマンにも問題が多々あった。特に、オスマンの支配下にあったパレスチナや中東に関わる様々な条約や密約（フサイン＝マクマホン条約、サイクス＝ピコ協定、バルフォア宣言など）はすべて大戦中にロイド＝ジョージ首相の指示に基づいて結ばれたものであった[32]。

このあたりのロイド＝ジョージの強引な姿勢や、国際情勢の詳細を知らずに自身の外交理念や自国の利益を前面に押し出そうとするウィルソンとクレマンソーの姿が、本章冒頭でも紹介したケインズやニコルソンなどイギリスの若手官僚から批判の対象とされたわけである。

いずれにせよ、六月末に講和会議を終えたロイド＝ジョージは、まさに凱旋将軍のようにイギリスへと帰国し、国民から歓呼を浴びたのである。

堕ちた英雄——新たなる時代の始まりと首相辞任

ところが意気揚々と引き上げてきたロイド＝ジョージを待ち受けていたのは、暗澹たる現実であった。イギリスの債務はいまや七八億七五〇〇万ポンドにまで達しており、これを大戦で疲弊した商工業界や金融界とともに返していかなければならない。戦時体制は一九一九年一〇月まで続き、食糧や原材料などの統制も取られたが、これ以降はイギリス各地で様々な問題が噴出していく。その原動力となったのが戦後に大きな力をつけた労働者階級だった。

労働組合員の数は大戦中の四年間に四〇〇万人から八〇〇万人へと倍増し、しかも彼らの大半はいまや有権者でもあった。一九一九～二一年には史上最悪のストライキが各地で起こり、特に炭鉱・港湾・鉄道の三組合が脅威の的となった。「人民の王者」「弱い者の味方」であったはずのロイド＝ジョージ首相は、海陸空軍やＭＩ５（諜報機関）などをスト鎮圧のために全国に送り込まなければならなくなっていた[33]。

さらにロイド＝ジョージの頭を痛めたのがアイルランド問題だった。すでに大戦勃発の年である一九一四年に、グラッドストン以来の長年の懸案であったアイルランドに自治権を与える法が議会で成立していたが、ここには問題が残った。プロテスタント系の信者が多く、工業地帯として栄えていた北部のアルスターがイギリスに留まることになったのである。これに反発して全島独立を訴える「イースター蜂起（一九一六年四月）」などが大戦中にも生じ、戦後には度重なるテロ活動で多数の命が犠牲となっていた。

ストライキが収束した一九二一年七月から、ロイド＝ジョージは全島独立を訴えるシン・フェイン党の指導者エイモン・デ・ヴァレラ（一八八二～一九七五）をダウニング街一〇番地に迎え、さらに一〇月からは英愛双方の指導者層による話し合いで、ここにアルスターを除いた南部二六州からなる「アイルランド自由国」という自治領の成立が決まった[34]。

ロイド＝ジョージにとって内憂外患は続いた。オスマン帝国が連合国と結んだセーヴル条約に不満を抱いたトルコ人指導者ムスタファ・ケマル（一八八一～一九三八）が条約拒否を訴えて、ギリシャと一戦を交える姿勢に出た。このとき中立地帯のチャナク（ダーダネルス海峡近く）に駐屯するイギリス軍をトルコ軍が攻撃する可能性が高まり、これにロイド＝ジョージが過剰な反応を示す（一九二二年八月）。最終的にはケマル政権がイギリスの態度に恐れをなし、翌二三年七月にローザンヌ条約が改めて結ばれ、海峡の中立は回復される。

このときのロイド＝ジョージの強硬な姿勢は、大戦が終結したばかりの時期に再び戦争を欲するかのように取られ、ついに彼の盟友だったはずの新聞各紙からいっせいに叩かれる結果となる。

さらにこの時期に浮上したのが、本章冒頭のほうでも少し紹介した「栄典売買」疑惑である。ロイド＝ジョージが政権にあった六年ほどの間だけで、七九名に爵位が授けられ、一五〇〇人以上の勲爵士《ナイト》が誕生した。戦争中の功績もあったとはいえいくらなんでもこれは多すぎた。保守党政権時代の一〇年間に勲爵士に叙せられたのはその一〇分の一（一五〇人）にすぎなかった[35]。

先にも記したが、勲爵士は一万ポンド、准男爵は四万ポンド、爵位ともなれば（格付けにもよるが）一〇万～二〇万ポンドの「相場」で首相と取り引きされていたといわれ、それはすべて自由党（ロイド＝ジョージ派）の運営資金に流用されていった。

こうした一連の事態に、ロイド＝ジョージと連立を組んでいた保守党の議員たちの間から非難の声があがった。一九二二年一〇月一九日、ついに保守党政治家の社交場「カールトン・クラブ」に議員らが集まって採決が取られ、一八七票×八七票という大差で、保守党としてはもうこれ以上ロイド＝ジョージ政権には協力しないことが決まる[36]。

「クーポン選挙」で大勝利を収めたとはいえ、政権側を支える庶民院の議席のなかでロイド＝ジョージ自身の支持基盤である自由党の議員は一三六人（二五％）にすぎなかった。政府側の大半を占める保守党が抜けることは政権の終わりを意味していた。ロイド＝ジョージは即日国王に辞意を伝えた。

こうして第一次世界大戦後の混乱が続くなか、わずか四年ほどでロイド＝ジョージの「天下」

はあっけなく終わってしまった。やはり「効率」を重んじ、それまでの伝統を無視したロイド＝ジョージの強引なやり方は戦中でこそ歓迎されたが、戦後のイギリス政治にはもはや馴染まなくなっていたのであろう。政治家も実業家も新聞界も、再び元のイギリス流のスタイルを希求するようになっていたのだ。

それと同時に、「弱い者の味方」であったはずのロイド＝ジョージにとって、それを「売り」にできる相手がもはや変わってしまっていた。彼は商務相時代から労働組合の幹部らと親しく交わるようになっていたが、もはや労働組合の体質自体が新しいものになっていた。特に「ロシア革命」の成功はイギリス労働界にまでボルシェビズムを浸透させる可能性を高めていたが、ロイド＝ジョージはこのロシア流のボルシェビズムを何より嫌悪し、恐れてもいた。こうした露骨な反共姿勢が、特に若い世代の労働組合員たちをロイド＝ジョージから引き離していったのだ。

さらに戦後の労働者階級は、もはや自由党ではなく、労働組合を支持基盤とする「労働党」を自分たちの政党として盛り上げ、政権を取らせることが第一の課題となっていった。これに追い打ちをかけるように、労働者たちの間で自由党の支持率を下げる原因となったのが、ロイド＝ジョージには皮肉なことに彼を首相に押し上げるきっかけとなった一九一六年「一二月政変」以降の、アスキス派とロイド＝ジョージ派が争いを続ける自由党自体の分裂だった。

第一次大戦後のイギリスは、「高貴なるものの責務《ノブレス・オブリージュ》」の時代から「国民全体の責務《ナショナル・オブリージュ》」の時代へと移り変わり、「貴族政治《アリストクラシー》」が「大衆民主政治《マス・デモクラシー》」へと完全に変容を遂げていくこととなったが、もはやそのなかでロイド＝ジョージは新たなる「人民」の王者にはなりえなかった。

自由党と「ウェールズの魔女」の死

ロイド＝ジョージの辞任に伴い、ボナ＝ロウが政権を樹立するが、国民の信を問うためすぐに解散・総選挙となった。結果は、保守党が全議席の五六％（三四五議席）を獲得し、単独過半数を手に入れた。野党の第一党には労働党（一四二議席）が収まり、自由党はロイド＝ジョージ派（六二議席）とアスキス派（五四議席）を併せても労働党に追いつかない有様となった。もはや自由党は野党第一党の座まで追われることになったのである。

この翌年の一九二三年にアスキスとロイド＝ジョージの和解が成立し、アスキスを党首として自由党はとりあえずは統一政党に戻ったが、一九二四年一〇月の総選挙ではわずか四〇議席にまで勢力が減退した。一九二六年にすでに貴族院に移っていたアスキスが政界からの引退を表明し、ロイド＝ジョージが後継の党首となるが、党の衰退を止めることはできなかった。一九三〇年代に入ると、イギリス議会政治は「保守党と労働党」の二大政党制が定着していく。

この間にロイド＝ジョージは『大戦回顧録』を執筆し（一九三三～三六年）、本章の冒頭でも述べたとおり、苛酷な賠償請求を突きつけたドイツに対する贖罪《しょくざい》の気持ちからか、ドイツを訪れ、ヒトラーやナチス政権幹部らと親しく談笑した。彼はラインラントやザール、ポーランド回廊についてドイツへの譲歩を提唱し、ネヴィル・チェンバレン（一八六九～一九四〇）の連立政権が進める「宥和政策（ドイツやイタリア、日本の要求を受け入れてなだめすかす政策）」を支持していた。しかし一九三九年九月には「第二次世界大戦（一九三九～四五年）」が勃発する。

戦争開始ともなると、かつての「戦争指導者」ロイド＝ジョージの血が騒いだのかもしれない。一九四〇年五月八日、庶民院でロイド＝ジョージはチェンバレン政権の弱腰を激しく糾弾した。七七歳の老人とは思えぬ力強い演説であったが、それが彼にとっての最後の議会演説となった。

こののちロイド＝ジョージは急激に体調を崩し、庶民院議員としての活動も続けられなくなっていく。一九四四年暮れには、次回の総選挙には出馬しないことを決めた。カーナヴォン・バラ選挙区で初当選を飾ってから、実に五四年の歳月が流れていた。翌一九四五年の新年の叙勲で、彼は「ロイド＝ジョージ伯爵（精確にはドワイフォーのロイド＝ジョージ伯爵）」に叙せられ、貴族院へ移籍することが発表された。なんと最後には、彼があれほどまでに嫌っていた「貴族」として生涯を終えることになったのである。

しかし「人民予算」に始まり、「議会法」であれだけ痛めつけた貴族院である。とりわけ保守党側の議員は、この貴族院の「新人」ロイド＝ジョージ伯爵の処女演説にヤジを飛ばしてやろうと手ぐすね引いて待ち構えていたに違いない。ところが神の救いか、ロイド＝ジョージは貴族院で演説することも、激しく罵られることもなかった。一九四五年三月二六日に彼は癌のため静かに息を引き取るのである。享年八二。

ロイド＝ジョージの議会での人生は波乱に満ちたものであったが、家庭での生活も実は一波乱あった。相思相愛だった妻マギーではあったが、生粋のウェールズっ子だった彼女はロンドンに移り住むのを生涯拒んだ。このため議員活動や社交生活を営むロイド＝ジョージは、ロンドンで一人になってしまう。そのような議員生活が七年を経過した一八九七年に、医師の妻であるキャ

フランセス・スティーヴンソン

サリン・エドワードという女性と出会い、以後は彼女が「ロンドンでのロイド＝ジョージ夫人」の役割を担って、キャサリンはいわば「公然たる愛人」として政界でも知られる存在となっていく。しかも両者の間には婚外子も二人ほどいたようである[37]。

さらにキャサリンと別れた後、一九一二年には次女メガンのフランス語の家庭教師として雇っていたフランセス・スティーヴンソンと出会い、すぐに二人は恋愛関係となる。「本妻」マギーは夫の浮気癖には激怒していたが、生涯離婚することもなく、一九四一年一月に亡くなった。その二年後の一九四三年一〇月、ロイド＝ジョージはフランセスを正式に二番目の妻として迎える。そしてその二年後の三月にこの老伯爵を自宅で看取ったのはフランセスとメガンであった。

ロイド＝ジョージが亡くなった二日後の三月二八日、いまだドイツ軍がベルリンで最後の死闘を展開していたとき、チャーチル首相は庶民院で四〇年以上に及ぶ友情で結ばれたこの「兄貴分」ロイド＝ジョージの追悼演説を行った。「彼は弱い者と貧しき者の王者であった。それはまさに偉大な日々であった。それから二世代近くの歳月が流れた。いまやほとんどの国民が自分たちの生活を形作っている数々の法律が、ロイド＝ジョージの手によることも気づかずに、日々の生活を送っている[38]」。様々な政治的薫陶を受けた恩人への心からの哀悼の意だったのであろう。

「英雄」の生涯

第一次世界大戦の戦後処理の失敗、晩年のナチスへの接近や「愛人問題」、さらに「栄典売買」に代表されるような数々の金銭的スキャンダルや首相時代の強引な政治手法から、ロイド＝ジョージは第二次世界大戦後は極めて評価の低い政治家となってしまった。

特に本章の冒頭で示した大経済学者ケインズからの批判は、ロイド＝ジョージが本当に「からっぽ」の政治家で、自身の政治的野心や金銭のために政策を進めていたかのような誤解を生み出した。確かに彼が「栄典売買」をやっていたのは事実である。しかしそうやってロイド＝ジョージが手に入れた莫大な資金は、一ペニーたりとも彼の懐には入らず、すべて自由党の運営資金に消えていったのである。そのあたりが地主貴族階級のように資金繰りに困らない出自ではなく、またアスキスのように党内に確固たる基盤を築いていたわけでもない、ロイド＝ジョージの泣き所であったと言えよう。事実政権から退くと、その後のロイド＝ジョージの資金集めはアメリカへの講演旅行やその講演録の新聞への売り込み、さらに回顧録の出版などで賄われていく(39)。

ロイド＝ジョージが多くの政治家や同時代人から誤解を受けやすかったのは、彼には心底から「友人」と呼べる者がいなかったのと、彼自身がそのような友人をつくろうとはしなかった点にある。それは政治学者の高橋直樹も鋭く指摘しているように、少年時代からロイド＝ジョージに生涯つきまとった「孤独感」にも原因があったのであろう(40)。

第二次大戦から二〇年以上を経過した一九六〇年代頃からは、よりバランスの取れたロイド＝ジョージ像も提示されるようになり、政界でも再評価されていく。ちょうどその頃、ウェストミンスターの国会議事堂の議員ロビーから庶民院議場へ向かうアーチに二体の銅像が建立される。それは二〇世紀の二度の世界大戦を指導者として率い、イギリスに勝利をもたらしたロイド＝ジョージとチャーチルの像だった。この二人の銅像は、類い稀なる歴史に彩られた庶民院の議場に入っていく議員たちを毎日力強く見守っているのである。

さらに一九九九年一二月三一日に発表された「二〇世紀で最も偉大な首相たち」というアンケートの結果では、ロイド＝ジョージはチャーチルに次ぐ第二位の座を射止めている[41]。

とはいえ、イギリス国内の政治に関していえば、ロイド＝ジョージはチャーチルを押しのけて堂々の第一位に位置するといっても過言ではない。国民保険法や老齢年金制度などは、第二次世界大戦後の労働党政権がお手本とした、「社会福祉国家イギリス」の原点ともいうべき政策である。さらに彼が軍需相、陸相、そして首相として推し進めた「効率的な」ヒト・モノ・カネの統制は、その後のイギリスやアメリカ、さらにはこの日本が来たるべき次の総力戦の時代に備えて研究した「国家総動員」のあり方の原点にもなっている[42]。

そして何より衝撃的だったのは、それまでの数百年にわたるイギリス政治を形作ってきた「王権と議会」を一時的なりとも蔑ろにして、ある意味ではその二つの上に立って戦争指導を展開したその姿であろう。イギリス史上でもこれに近い「偉業」を成し遂げたのは、第二章の主人公クロムウェルぐらいのものであろう。しかもロイド＝ジョージの場合には、クロムウェルが示したような「王殺し《レジサイド》」も反対派の「議員追放《パージ》」もせずに、あくまでも合法的に権力を掌握したのである。

しかし清教徒革命とその後の共和政という異常な事態が収束した後に、「王権と議会」が再び正常に戻ったように、第一次世界大戦という前代未聞の事態が終わった後には、「王権と議会」は再びイギリス政治にとっての大切な存在として、その機能を取り戻したのである。ロイド＝ジョージが首相として活躍した時代は、ある意味極めて特殊な時代でもあったのだろう。

そして、第一次大戦の終結からわずか二〇年で、イギリスは次なる世界大戦へと突入する。そのときにはロイド＝ジョージが築いた総力戦体制を再び「効率的に」起動させるとともに、彼とは異なり、「王権と議会」とも協力しながら戦争指導を進める必要性も出てきていた。そのような神業的な采配を振るったのが、国会議事堂のロビーでロイド＝ジョージ像とともに議員たちに微笑みかける、もうひとつの銅像となった人物にほかならなかったのである。

第七章　ウィンストン・チャーチル――最後の「帝国主義者」

歴史知らずのお坊ちゃま？

ご存じの通り、チャーチル氏は偉大な人物だ。彼は英国の貴族階級に属する。マールバラ家は英国の歴史のなかでも極めて有名である。英国がインドを失わなければならないのは愚かであると彼はいっている。［中略］しかしながら、われわれは英国史をよく知っており、いかにして英国がビルマを手にしたか、いかにしてインドでその勢力を強固にしたかを、どうしたらチャーチル氏に伝えることができるのか。誰もがそのような歴史を誇ることができるとは私は考えていないのだ。(1)

これは「インド独立の父」マハトマ・ガンディー（一八六九～一九四八）が、一九四七年八月にインドとパキスタンの独立が成し遂げられた一ヶ月ほど後に、祈禱集会で行った講話の一節である。ここでガンディーが「歴史を知らない」かのように批判している「チャーチル氏」とは、イギリスの前首相（当時）ウィンストン・チャーチル（一八七四〜一九六五）にほかならない。

チャーチルといえば、第一次世界大戦を描いた『世界危機』（全六巻、一九二三〜三一年）や、自らが首相として戦争指導にあたった経験に基づいて書かれた『第二次世界大戦』（全六巻、一九四八〜五三年）、そして最後の作品となる『英語諸国民の歴史』（全四巻、一九五六〜五八年）など数々の歴史書を著した「歴史家」としても知られている。

特に『第二次世界大戦』では一九五三年度のノーベル文学賞に輝いた。その授賞理由説明で、スウェーデン学士院は「歴史的出来事の力学を評価するに当たって、彼の深い経験は見間違いようもない。〔中略〕文献や史料を尊重しつつも、歴史を創造するのに一役を買った人物が書いた歴史には、何か特別なものがある」と、チャーチルが書いた「歴史書」を絶賛している。(2)

そのような歴史のエキスパートであるチャーチルを、ガンディーはなぜ「歴史を知らない」と揶揄したのであろうか。

実はこれには前段がある。一九四七年八月に長年イギリスの支配下にあったインド帝国は消滅し、インド（ヒンドゥー教徒が中心）とパキスタン（イスラーム教徒が中心）に分かれて独立を果したことは周知の事実である。しかし早くもカシミール地方をめぐる両国の衝突が始まる。チャーチルに言わせれば、「いまだ文明化の途上にある」インドに独立を与えるなど時期尚早であり、その結果がこのカシミール紛争だった。「数世代にわたる英国王室と議会の広範にして寛容なる帝国主義的支配の下で平和に」過ごしてきた人々を「カオスのなかへ」転落させるようなものだと、チャーチルはこのとき演説したのである。[3]

これに対するガンディーの反論が冒頭の講話であった。このようなカオスを引き起こしたのはいったい誰なのか。イギリス帝国主義の下で「平和」などあり得たのか。イギリスの圧政下での真の「英国史」を知っているのは、われわれインドの民のほうであるとガンディーは言いたかったのであろう。

この二人は一度だけ会ったことがある。一九〇六年に植民地省の政務次官だったチャーチルが、南アフリカにおける外国人労働者の問題をめぐり、短時間ではあるがガンディーと会見している。当時ガンディーは南アフリカでインド人移民の権利を守る弁護士だった。これが二人の生涯ただ一度きりの会見だった。このののちガンディーはインド独立運動の象徴となり、一九三一年にインド総督のアーウィン卿（のちのハリファクス子爵：後述）と総督官邸で会談を行った。そのときの様子をチャーチルは次のように評している。

ウィンストン・チャーチル

「東洋でよく知られる行者のふりをしながら治安妨害の暴力行為を行うミドルテンプル法曹院出の弁護士であるガンディー氏が、総督官邸の階段を半裸の姿で大股に歩くのを目にすることは、憂慮に値するとともにぞっとするほどの不快感を与える[4]」

「非暴力」運動の開祖であるガンディーを「暴力行

為」を行う人物とみなすとは、これまた誤解も甚だしい表現であるが、これを伝え聞いたガンディーも負けてはいない。後年（一九四四年）に、ガンディーはときのチャーチル首相に、あえて自らを「裸の行者」と称する次のような手紙を送った。「私は裸の行者として貴方に近づき、貴方がたの人々と私のために、そしてまた、世界すべての人々のために、私を信頼し、使って頂くよう、お願いしているのです」。しかしチャーチルはこの「年老いた悪党」ガンディーを決して信用しなかった。国王ジョージ六世（在位一九三六～五二年）にも「年老いたペテン師」としてガンディーを口汚く罵る書簡を送っているほどである(5)。

一見「狐と狸の化かし合い」のようにも思えるこの二人の「悪党」同士のやりとりの背景には、決して相容れることのない文明観、価値観の衝突があるのだろう。

しかし同じイギリス人でありながらも、チャーチルに厳しい目を向けるものは大勢いた。前章でも紹介した社会改革者ベアトリス・ウェッブ（一八五八～一九四三）は、ロイド＝ジョージには良い印象を持ったが、このチャーチルと一九〇三年七月に初めて会ったときの感想は手厳しかった。「ほとんど耐えられないほどに落ち着かない男で、独りよがりで、傲慢で、浅はかで、反動的」な若者として彼はウェッブ夫人には映ったようである。当時チャーチルは二八歳だった。

ただし彼女はすぐに続けてこう記している。「彼は確実に個人的な魅力に満ちあふれ、大いなる気骨と幾ばくかの独創性を持ち合わせている。知的ではないが個性が強い。イギリス貴族というよりは、アメリカの株屋という感じだ」。そしてその日の日記の最後はこう締めくくっている。「彼の大いなる勇気と、機知に富み、優れた流儀とが、彼をずっと高みにまで引き上げてくれるかもしれない。ただし彼の父親のように、自身をこっぱ微塵にしなければの話ではあるが(6)」。

前章の主人公デイヴィッド・ロイド＝ジョージ（一八六三～一九四五）は、大衆からの人気が高かったわりには、映画の主人公として描かれることは決して多くはなかった。ところがチャーチルともなると、優に三〇本以上の映画に登場している。第二次世界大戦でアドルフ・ヒトラー（一八八九～一九四五）という強大で邪悪な敵役を倒したチャーチルのほうが、複雑な経緯をたどった第一次世界大戦を率いたロイド＝ジョージより描きやすいという面があるにせよ、リチャード・アッテンボロー監督の『戦争と冒険（原題は *Young Winston*：一九七二年）』から、主演のゲイリー・オールドマンがオスカーを獲得した『ウィンストン・チャーチル／ヒトラーから世界を救った男（原題は *Darkest Hour*：二〇一七年）』に至るまで、彼を主人公に扱った映画やテレビなどは枚挙に暇《いとま》がない。

果たしてチャーチルとは、ヒトラーから世界を救った「世紀の英雄」だったのか。あるいは、独りよがりで傲慢な帝国主義者のお坊ちゃまだったのか。さっそく彼の人生を振り返ってみよう。

宮殿で生まれた赤ん坊

イギリスが世界に誇る大学町オクスフォード。そこから北西に一二キロほどのぼると、ウッドストックという小さな街にたどりつく。その郊外にそびえ立つのがブレナム宮殿。「宮殿《パレス》」とはいうものの館の主は王様ではない。一七〇四年八月のブレンハイムの戦いでフランス軍を打ち破った名将マールブラ公爵（第三章、一二四頁）が、褒美としてアン女王から下賜《プレゼント》されたのがこのお屋敷である。敷地は二〇〇〇エーカー。東京都の台東区とほぼ同じ大きさである。建坪だけでも八五〇〇坪ほどにも及び、部屋数は一八六もある。一九八七年にはユネスコ（国連教育科学文化機関）により世界遺産に登録された。チャーチルが生まれたのはそのような場所であった。

正式名でウィンストン・レナード・スペンサー＝チャーチルは、一八七四年一一月三〇日にこの屋敷の主で第七代マールブラ公爵の三男ランドルフ・チャーチル卿（一八四九〜一八九五）と妻ジェニーの長男として誕生した。父ランドルフはまさにこの年の総選挙でウッドストック選挙区から立候補し、初当選を果たした保守党の政治家だった。母ジェニーはアメリカの出身で、ニューヨーク（ウォール街）で投機家として財をなしたレナード・ジェロームの娘であった。ウェッブ夫人が若き日のチャーチルを「イギリス貴族というよりは、アメリカの株屋」と表現したのは、あるいはこの母方の祖父の面影がウィンストンにも見られたためであろうか。

ウィンストンが二歳のとき（一八七七年）、祖父の公爵がアイルランド総督に任じられて、父ランドルフはその秘書官となったため、一家はダブリンへと引っ越した。当時のイギリス貴族の家族では珍しくなかったが、両親は子育てにはまったく興味がなく、ウィンストンの世話は乳母のエヴェレスト夫人にすべて託された。父は政界に、母は社交界へとのめり込み、ウィンストンは幼少期から思春期にかけて両親の愛に飢えた少年だった(7)。

一三歳になると、ウィンストンはパブリック・スクールの名門ハロウ校に入学する。第五章の主人公パーマストンより九〇年ほど後輩にあたる。公爵家でわがままに育ったウィンストンは、自身を律せられず教師たちをかなり手こずらせたようである。当時のパブリック・スクールは、ギリシャ語やラテン語といった古典語の教育を重視したが、ウィンストンはこれが苦手だった。宿題も悪友にすべて任せたが、代わりに彼が請け負ったのが英作文である。のちの「名文家」としての素養はこのときからすでに培われていたのだ。

パブリック・スクールでは、ラグビーやクリケット、サッカーなどの団体競技を重んじていたが、これまたウィンストンには億劫だった。彼は水泳や射撃、フェンシングといった個人競技を好み、フェンシングでは一八九二年度の学内チャンピオンに輝いている。

学業にはあまり精進せず、大学への進学を諦めたウィンストンが進んだのは、サンドハースト陸軍士官学校だった。ここでは生活を改めて勤勉に励んだため、ウィンストンは一三〇人中二〇位という好成績で卒業を果たした。

ランドルフ・チャーチル

宮殿で生まれ、名門貴族の一族として順風満帆に見えたウィンストンであったが、ハロウ校に入る前あたりから家族には異変が生じていた。父ランドルフは選挙権を有するようになった大衆を保守党に引きつけようと、議会外組織「プリムローズ連盟《リーグ》」を立ち上げ（一八八三年）、新しい時代の保守党を担う指導者として俄然注目を集めていった。三六歳にしてインド大臣となり、翌一八八六年には財務大臣に抜擢された。当時の首相ソールズベリ侯爵（一八三〇～一九〇三）は貴族院議員であり、ランドルフは政府側の庶民院指導者も兼ね、庶民院における首相役として次代を担う政治家の筆頭に位置づけられたのである。(8)

ところが事態は急変する。これで居丈高になったランドルフは相続税・固定資産税の増税案や陸軍予算の削減などを盛り込んだ予算案を首相などに諮らず勝手に作成したため、閣内から反発が高まった。ランドルフは、ついにその年の暮れに辞表を叩きつけてしまう。ソールズベリ首相からの慰留はなかった。財務大臣としての在任はわずか四ヶ月で終わった。

急変したのはランドルフの政界での立場だけではなかった。彼の体調にも異変が生じたのだ。本人は「梅毒」に罹ったと信じていたようだが、近年の研究では「脳腫瘍」だったのではないかと言われる。(9) 死期を悟ったランドルフは妻と二人で世界周遊の旅に出かけた。その折にはこの日本にも立ち寄っている。そして旅が終わった一八九五年一月二四日に四五歳で亡くなった。当時二〇歳だったウィンストンは嘆き悲しむ母を心から慰めた。

生き急ぐ若者——キューバ・インド・アフリカへ

実は、父ランドルフが亡くなる三年前には、伯父（父の兄）の第八代マールブラ公爵が四八歳という若さで急逝していた。「チャーチル家の人間は長生きできない」。いまだ二〇歳にすぎなかったウィンストンは、まるで自身の短命を悟ったかのように「やれることをやってやろう」という気持ちになったようだ。ここに若きウィンストンの「冒険」が始まる。

陸軍士官学校を卒業し、将校に任官したチャーチルがまず向かった先がカリブ海のキューバであった。当時キューバはスペインからの独立の気運が高まっており、チャーチルはスペイン軍を助けて独立反乱を鎮圧する側に回った。二一歳の誕生日（一八九五年一一月）には人生初の実戦経験まで味わう。その彼が初めての海外でもあるキューバで終生の習慣として身につけたのが、「葉巻《シガー》と昼寝《シエスタ》」だった。

翌九六年一〇月から、チャーチルはインドへと赴任する。一八七七年一月にインド帝国が成立し、ときの皇帝はヴィクトリア女王（在位一八三七～一九〇一年）だった。インド南部のバンガロールに駐屯したチャーチルだったが、彼の好きな「戦闘」が起こるような場所ではなかった。ここで彼は、専用の執事一名、下僕二名、馬丁一名を与えられ、同僚の将校らと庭師二名、水運び人三名、洗濯係四名、夜警一名を共有していたという[10]。なんとも優雅な駐留生活である。

とはいえ冒険好きのチャーチルには飽き飽きするような生活だった。それと同時に同僚の将校らと話し、自身の教養の足りなさを自覚するようになった彼は、祖国の母ジェニーに書物を送るよう願い出る。母が送ってくれたのは、ギボンやマコーリーといったイギリスを代表する歴史家の手による古典の数々であった。ここで彼は名文に触れるとともに「歴史」にも興味を持つ。

チャーチルがついに戦闘に加わるのは、一八九七年にインド西北部で反乱が生じたときのことである。これを鎮圧するマラカンド野戦軍に志願した。実は彼はキューバ駐留時代から『デイリー・テレグラフ』と従軍記者契約を結んでいた。インドでも実戦に参加するとともに、その実況を本国の新聞に送り続けた彼は、一躍その名が知られるようになる。このときの体験談

1898年のチャーチル

をもとにまとめられたのが彼の処女作となる『マラカンド野戦軍記（一八九八年）』。この作品が好評を博し、彼の許には高額の印税が転がり込んでくる。「文人チャーチル」のスタートでもあった。

次にチャーチルが目をつけたのはスーダンであった。一八八〇年代にイスラームのマフディー軍による国家が建設されて以来、イギリス軍が征服を試みていた地域であるが、チャーチルはここに『モーニング・ポスト』特派員も兼ねて従軍することになった。ホレイショ・キッチナー将軍（一八五〇〜一九一六）率いるイギリス軍は、かなりの犠牲を出したものの、最終的にはマフディー軍を全滅させた。このときの従軍記も『ナイル河畔の戦い（一八九九年）』として出版され、「文人チャーチル」の名をさらに高めたが、ここで記したキッチナーの指揮ぶりに対する批判的な言動がのちに禍根を残すことになる。

文筆活動や講演などで稼げるようになると、チャーチルにはもはや「軍人」としての道に未練はなくなった。一八九九年春に陸軍を除隊したチャーチル中尉は、「憧れの父」と同じく政治家をめざすこととなる。同年七月に、オールダム選挙区で行われた補欠選挙に保守党から出馬したチャーチルであったが、残念ながら落選となってしまった。

しかし禍福はあざなえる縄のごとくである。この直後にチャーチルのもとに『モーニング・ポスト』から再び打診が来た。この年から始まった「第二次ボーア戦争（一八九九〜一九〇二年）」に従軍記者として派遣したいというのである。しかも月に二五〇ポンド（現在の邦貨で三〇〇万円ぐらい）という破格の契約だった。チャーチルはすぐにこれに飛びつき南アフリカへと渡る。ところが彼は着任早々に捕虜となり、収容所に入れられた。ここからチャーチルの「冒険」が始まる。巧みに収容所を脱出した彼はポルトガル領南東アフリカ（現在のモザンビーク）にたどり着き、イギリス領事館へ逃れた。[11]

この「世紀の冒険譚」でイギリスにおけるチャーチルの名声は不朽のものとなった。もちろん彼が本国の『モーニング・ポスト』に寄せる記事は連日、人々の心を揺さぶった。一九〇〇年の六月にはボーア人が支配するトランスヴァール共和国の首都プレトリアが英軍により陥落した。これとともにチャーチルは帰国し、「凱旋将軍」であるかのような歓迎を受けた。ソールズベリ政権はこの余勢を駆って同年九月に議会を解散し、総選挙に打って出た。政権の思惑通り、この勝利が与党側に有利に働いた。チャーチルも再びオールダム選挙区から出馬し、初当選を飾る。

陸軍（カーキ色の制服）の勝利に乗じたということで「カーキ選挙」と名付けられたこの選挙は、ヴィクトリア時代最後の総選挙でもあった。二五歳の若さで庶民院議員となったチャーチルは、この女王を筆頭にこののち六人の君主に議員として仕えていく。

それと同時に、父の早すぎる死からわずか五年の間にカリブ海、インド、そしてアフリカ大陸と世界を股にかけたチャーチルの姿は、外交官にしてチャーチルの評伝を著した冨田浩司も指摘するとおり「生き急ぐ若者（young man in a hurry）」そのものであった。[12]

政界進出と最初の鞍替え

「カーキ選挙」で初当選を飾ると、チャーチルはアメリカとカナダへ講演旅行に出かけた。彼の

「冒険譚」はすでに北米にも知れ渡っており、一ヶ月ほどの講演でなんと一万ポンドも稼ぎ出してしまった。翌一九〇一年一月にはヴィクトリア女王が崩御し、エドワード七世（在位一九〇一～一〇年）の御代となった。二月一八日に庶民院で「処女演説」も無事に終えたが、この折の彼の論旨は政府によるボーア戦争遂行を支持するものだった。前章の主人公ロイド＝ジョージがボーア戦争を激しく非難することで政界に地歩を築いたのとは反対に、チャーチルはこの戦争のおかげで政界に進出することができたのである。

とはいえ、チャーチルは常に亡くなった父ランドルフと比較されていた。父が亡くなってまだ六年ほどしか経っていなかったために、父の面影をよく覚えている政治家たちは議会内にも大勢いたのである。当時のチャーチルは身長一六六センチほどで（一七〇という説もある）、猫背でやせ型、赤毛で肌も弱く、けんかっ早くて赤ん坊顔《ベビーフェイス》、青い目をいつもキラキラさせ、目立つ存在だったが、決してハンサムとは言えない青年だった(13)。

そんな彼が押し出しが強く、大衆からの人気も高かった父ランドルフを超えられるのか。けんかっ早いところだけは父譲りだったチャーチルは、議員になるや早くもけんかに乗り出す。相手は保守党そのものだった。チャーチルが議員になって二年後、保守党には大英帝国内に特恵関税を設け、ドイツやアメリカなど新興の工業大国からイギリス産業界を保護育成すべきであるとの声があがった。自由統一党から保守党へと合流した植民地相ジョゼフ・チェンバレン（一八三六～一九一四）がその急先鋒であった。

この頃までにはソールズベリは引退し、アーサー・ジェームズ・バルフォア（一八四八～一九三〇）が首相となっていたが、彼には党内分裂を止められる指導力がなかった。自由貿易の信奉者だったチャーチルは、保護貿易に傾きつつある党内の大勢について行けず、一九〇四年五月についに保守党を離脱し、自由党へと移籍してしまうのである。ここで彼が着いた座席がロイド＝ジョージの隣であった。こののち四〇年以上にわたって続くことになる、「兄弟」とも「師弟」とも呼べるような、この二人の「悪党」の長い関係の始まりであった。

所属政党を変えるのであるから、当然選挙区も変えねばならない。マンチェスター北西選挙区へと移ったチャーチルは、一九〇六年に行われた総選挙ではここから出馬して見事に当選した。実はチャーチルが自由党に移ったこの時期が、自由党が主体となって政権を担当する時期と重なっていたのである。一九〇五年暮れにヘンリ・キャンベル＝バナマン（一八三六～一九〇八）を首班とする自由党政権が成立すると、チャーチルは植民地省の政務次官に任命される。翌年の総選挙は保守党側の大分裂のおかげもあって自由党が圧勝した。引き続き政務次官を務めたチャーチルは視察のため、イギリス領東アフリカ（現在のケニアとウガンダ）を訪れた。

一九〇八年四月にハーバート・ヘンリ・アスキス（一八五二～一九二八）が首相に就任すると、彼の後任の財務相にロイド＝ジョージが、さらにその後任の商務相にチャーチルが抜擢されることになった。父ランドルフがインド大臣に就いたときよりさらに二歳若い、三四歳での初入閣である。このときにロイド＝ジョージから絶大な影響を受けたという。アスキスの娘でチャーチルとも親しかったヴァイオレットは、のちにチャーチルの評伝のなかでこう語っている。「ウィンストンが生涯にわたって受け入れた個人指導はロイド＝ジョージからのものだけだ。彼からは急進主義の言葉を学んだ。それはロイド＝ジョージの生まれながらの言葉である」[14]。

前章でも見たとおり（二一六頁）、チャーチルはこの商務相時代にロイド＝ジョージ財務相とともに、社会福祉、貧困、失業、健康、栄養失調などの問題に積極的に取り組んだ。さらにロイド＝ジョージが「人民予算」を議会に提出し、これが貴族院で否決されるや、これまた財務相とともに貴族院や貴族らの横暴を議会の内外で声高に批判することになる。しかしそれは地主貴族階《ジェントルマン》級からすれば「裏切り」に等しかった。

ウェールズの片田舎から出てきた「たたき上げの弁護士」ロイド＝ジョージならいざ知らず、貴族のなかの貴族ともいうべき公爵家の一族から出てきたチャーチルが自分たちを批判するとは。しかも前述したように、貴族院は保守党の牙城である。保守党から議員デビューしておいて、その保守党を離脱した後に、保守党を徹底的にこき下ろすチャーチルに対し、保守党の議員たちは（庶民院・貴族院に関係なく）みな憎悪を抱くようになっていく[15]。

一九一〇年一月総選挙の後で、チャーチルは今度は内務大臣に転身した。ここでもロイド＝ジョージからの助言を受け入れ「現場主義」を貫いたチャーチルは、全国の刑務所や少年院、工場や炭鉱、商店などを定期的に視察し、特に刑務所や少年院の環境改善に尽力した。他方で、ストライキには正面から対峙し、ウェールズ炭鉱でのスト（トニーパンディ闘争）では武力介入をも辞さなかった。

ガリポリの悲劇——海相時代の光と影

しかしチャーチルの内相時代は一年半ほどで終わりを迎えた。一九一一年一〇月、「議会法」をめぐる与野党（両院）間の対立がひと段落したところで、チャーチルは海軍大臣に任命されたのである。折しも「英独建艦競争」がイギリス側の「勝利」で終結する頃であったが、陸軍出身のチャーチルに世界に冠たるイギリス海軍《ロイヤル・ネイヴィー》を御すことはできるのか。仕えた提督たちによれば、チャーチル海相は海軍のことを何もわかっておらず、本人がそのことに気がついていないのが厄介の種だったようだ(16)。

しかしここでチャーチルを補佐してくれる海軍第一卿（海軍軍令部長）に就任したのが、当時の海軍の大御所フィッシャー男爵（一八四一～一九二〇）だった。彼は、すでに一度この役職に就いており、そのときに世界最大級の「ドレッドノート型」戦艦の建造に乗り出していた。再び制服組のトップについたフィッシャーは「戦艦の速度」を大切にする人物であり、石炭に代わり石油を燃料に使うことを提唱し、チャーチルもこれに賛同した。早速に政府にかけあってイランのアングロ・ペルシャ石油会社の株式を買収させ、イギリス海軍の補給路を確立する。

チャーチル（左）とフィッシャー

さらにチャーチルは潜水艦や飛行機の開発も進めさせた。特に「新しもの好き」のチャーチルは大戦前の一九一三年頃から飛行機に実際に乗り、自ら操縦するなどして、この新しい乗り物が戦争でも大きな役割を果たす可能性を予見していた。海軍燃料を石油に転換し、空軍の基礎まで築いたチャーチルの先見の明は実に鋭いものであった。いずれも彼自身が戦争指導者として率いることになる、次の（第二次）世界大戦で戦争の帰趨を制する問題となってくる。

その前に第一次世界大戦である。一九一四年八月にイギリスも参戦するが、ドイツ海軍がベルギーのアントワープを占領しようとしていることに危機感を抱き、チャーチル自らアントワープに乗り込んで指揮を執るが、作戦は失敗してしまう。さらにイギリスから東に一〇〇キロほどの沖合にある北海のドッガーバンクでは三隻の巡洋艦がドイツ軍に沈められ、一五〇〇人近い犠牲者を出した。しかし極めつけは俗に「ダーダネルス作戦」と呼ばれた対オスマンの戦略であった。

一九一四年秋にオスマン帝国はドイツ、オーストリアの側についてイギリスに宣戦布告した。「インドへの道」が危うくなることも懸念されたが、これを機にイスタンブール近くに英仏などの連合軍を上陸させ、バルカン半島を制圧した後に、オーストリアを南から叩く提案が出された。そこで目をつけられたのが、ダーダネルス海峡西側にあるガリポリ半島である。一九一五年四月二五日に始まった上陸作戦は、オスマン側の守りが強固だったのと、作戦それ自体が杜撰でこれに指揮官たちの優柔不断まで加わり、惨憺たる結果に終わった。

翌一九一六年一月に最終的に兵力が引き上げられるまでに、イギリス軍の死傷者は一二万人を超え、うち三万四〇〇〇人が戦死となった。さらに帝国から派遣された兵力の消耗も激しかった。オーストラリア軍は二万八一五〇人（うち戦死は八七〇九人）、ニュージーランド軍は七四七三人（うち戦死は二七二一人）もの犠牲者を出していた。いまでもこの両国の戦没者追悼記念日はガリポリ上陸参戦が始まった「四月二五日」に定められている（アンザックデーと呼ばれる）。

もともとこの作戦をめぐっては、フィッシャー提督とチャーチル海相の間でも侃々諤々《かんかんがくがく》の論争があり、海軍内の不調和も作戦の失敗の一因となった。五月一五日にフィッシャーは海軍第一卿を、二五日にチャーチルが海相を、それぞれ辞任するかたちで、両者痛み分けとなった。

この「ガリポリの悲劇」はチャーチルにとって終生つきまとう悪夢となった。のちに議会内に「ダーダネルス作戦調査委員会」が設置され、関係者への聞き取りや詳細な調査が行われ、当時のチャーチル海相に主な責任はないとの結論が下されたが（一九一七年三月）、それでも政権内はもとより、野党保守党からはチャーチルの責任を問う非難の声が高まりを見せていた[17]。

チャーチルにとっては折悪しくも、戦争の長期化・泥沼化に伴い、自由・保守・労働党による「挙国一致政権」が樹立されることになっていた。保守党側からの反発も考慮して、アスキスがチャーチルに用意した椅子は「ランカスター公領総裁」という閑職であった。ランカスター公爵とはイギリス君主のことであり、総裁は国王が領有する所領の管理を主に担う役職であった。とはいえ中世ならまだしも、二〇世紀の現代においてそれは若手が入閣する登竜門か身体が利かなくなった長老を閣内に留めるための役職にすぎず、主要閣僚を経験した働き盛り（当時四〇歳）のチャーチルが就くべきものではなかった。口さがない雑誌はチャーチルの写真の下に「ランカスターってどこ？　総裁ってなに？」との見出しを載せて彼を嘲笑した[18]。

とはいえ、これもチャーチルを閣内に留めるためにアスキス首相が見せた「お情け」だったのである。公領の事務など役人に任せれば事足りた。何もすることのなくなったチャーチルは友人の勧めで油絵の制作に乗り出す。これもまた終生にわたって彼の大切な趣味となった。その年の一一月にチャーチルは閣僚を辞任したが、なんとその後に彼が向かった先が大陸の戦場であった。

失われた二〇年？――落選・鞍替え・「荒野の一〇年」

ランカスター公領総裁を辞任するや、チャーチルは陸軍参謀総長のサー・ジョン・フレンチと面会し、自分を一将校として戦場に送って欲しいと直談判した。海相や内相などを歴任した大物政治家からの要望に参謀総長も面食らったが、翌一九一六年一月からチャーチルは王立スコットランド第二一歩兵連隊とともに、陸軍中佐として西部戦線に派遣される。当初は「なんだこのおじさんは？」という面持ちで中佐殿と接していた兵士たちも、チャーチルの人懐っこい性格にすぐに惚れ込み、この中佐殿はたちまち連隊を掌握してしまった。ただし戦場は「本物」である。一〇〇日間ほど前線に立ち、塹壕戦で何度も命拾いするなど厳しい実戦を経験した。

　このときチャーチルは、いかなる障害物や溝、塹壕も乗り越えられ、有刺鉄線をも遮断できるような強力な「陸上船」が必要だと痛感した。やがてそれは陸軍内に委員会も設置されて検討が重ねられ、「戦車《タンク》」の開発につながるのである。考案当初は「チャーチル氏の玩具」などとキッチナー元帥からも揶揄される代物ではあったが、その後の世界大戦（特に第二次大戦）の趨勢を見れば、チャーチルの発想の重要さが理解できるであろう。

　その後、「兄貴分」ロイド＝ジョージが首相に就くと、チャーチルはかつてロイド＝ジョージが務めた軍需相（ただし閣外大臣）に登庸され（一九一七年七月）、武器弾薬の製造に邁進する。さらに翌一八年には陸軍大臣とともに新設の空軍大臣も兼ね、大戦の終結を見守った。その一方でロイド＝ジョージ以上にボリシェヴィズムを嫌ったチャーチルは「赤禍論」を唱え、革命後のロシアへの軍事介入を主張する急先鋒となった。この強硬路線がのちに第二次大戦時にソ連と手を結ぶ際に、チャーチルにとっては手かせ足かせとなっていく。

さらに大戦後の一九二一年には植民地相に転身するが、アイルランド自由国の成立やオスマン帝国から解放された中東（パレスチナ）問題などに巻き込まれていく。そして前章でも見たとおり（二三六頁）、一九二二年一〇月に保守党議員らが「カールトン・クラブの反乱」で連立政権への協力を見限ると、ロイド＝ジョージ政権は崩壊し、保守党のアンドリュー・ボナ＝ロウ（一八五八〜一九二三）が政権を引き継いだ。

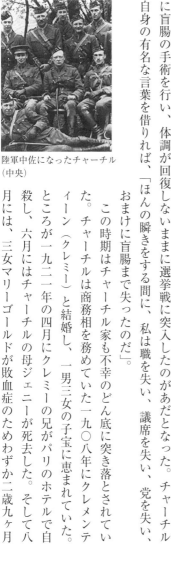

この直後に行われた総選挙でなんとチャーチルはまさかの落選という憂き目に遭う。選挙直前に盲腸の手術を行い、体調が回復しないままに選挙戦に突入したのがあだとなった。チャーチル自身の有名な言葉を借りれば、「ほんの瞬きをする間に、私は職を失い、議席を失い、党を失い、おまけに盲腸まで失ったのだ」。

陸軍中佐になったチャーチル（中央）

この時期はチャーチル家も不幸のどん底に突き落とされていた。チャーチルは商務相を務めていた一九〇八年にクレメンティーン（クレミー）と結婚し、一男三女の子宝に恵まれていた。ところが一九二一年の四月にクレミーの兄がパリのホテルで自殺し、六月にはチャーチルの母ジェニーが死去した。そして八月には、三女マリーゴールドが敗血症のためわずか二歳九ヶ月という短い一生を終えていた。そして翌年一一月のこの落選である。しかも一九二三年一二月の総選挙と二四年三月の補欠選挙にも相次いで敗れ、チャーチルは失意のどん底にあった。

この間、一九二二年九月に四女メアリが生まれてくれたことが唯一の救いであった。「失業中」のチャーチルは第一次世界大戦に関する『世界危機』の執筆や講演などで何とか生計を立てた。そしてメアリが生まれたのと時を同じくして、チャーチルはやがて「終の棲家」となる新居を、イングランド南部のケント州ウェスタラム近郊に購入する。「チャートウェル」である。二四年春から家族で住み始め、その年の一〇月の総選挙でようやく議席も取り戻した。(19)

しかしもはやチャーチルは自由党の議員ではなかった。アスキス派とロイド＝ジョージ派とに分裂して久しい自由党に未来を見いだせなくなったチャーチルは、意を決して再び保守党に飛び込むことになった。一度抜け出した後、「人民予算」や「議会法」の審議の際にあれだけ悪口の限りを尽くして罵った、その保守党に戻ってきたのである。ところが、首相のスタンリ・ボールドウィン（一八六七〜一九四七）が用意してくれたのは「針のむしろ」ではなく、なんと「財務大臣の椅子」であった。うるさいチャーチルは閣内に留めておいたほうが都合がいいとボールドウィンは考えたのだった。

そんな首相の思惑がどうであれ、三八年前に父ランドルフが就いた同じ財務相に就任できて、ウィンストンは感無量だった。ただ残念ながらチャーチル父子にとって財務相は鬼門ポストだったのかもしれない。新財務相が真っ先に取り組んだのが金本位制の復活であった。ところが第一次大戦で疲弊したイギリス経済の実情に合わない、ポンドを過大に評価しての復活は裏目に出た。

イギリスの輸出競争力は大幅に低下し、それが一九二六年春のゼネストへとつながる。五年ほどの在任中にこれといった功績もあげられず、一九二九年五月に政権は労働党へと明け渡された。

その五ヶ月後に、ニューヨークのウォール街で始まった株価大暴落は、瞬く間に世界恐慌へと発展した。イギリスでは一九三一年夏に大戦以来の挙国一致政権が成立し、カナダやオーストラリアなど自治領諸国と対等の関係でイギリスは帝国内特恵関税の導入へと踏み切る（三二年）。この世界経済のどん底の時代は、チャーチルにとっても二度目に迎えたどん底の時代であった。一九二九年に財務相を退いてから、彼は一〇年にわたって役職に就くことができなかった。彼自身の表現による「荒野の一〇年」である。この間にチャーチルはインドを自治領化するのは無理だと政府を批判し、一九三三年からドイツで台頭してきたアドルフ・ヒトラーのナチス政権への警戒心を高めるよう警鐘を鳴らした。しかしそれは当時の政界内で孤立を招くだけの行動でしかなかったのである。

この時、この試練のため……

一九二二〜二四年におとずれた最初のどん底の時代と同様、こういうときは何をやってもうまくいかない。そのように達観していたチャーチルは再び絵筆を握るとともに、ご先祖の大部の評伝『マールブラ公爵伝』（一九三三〜三八年）を刊行し、現実から逃避せざるを得なかった。

チャーチルの執筆活動は現実逃避のためだけではなかった。公爵家出身のお坊ちゃまは「浪費家」でもあった。屋敷内には常に八〜九人の使用人がおり、子どもの乳母、家庭教師、自身の秘書官二名、運転手、庭師、馬丁など、収入のわりには支出があまりにも多すぎた。加えてチャーチルは稀代の美食家である。家計はいつも火の車で妻クレミーは悲鳴を上げていた。その家計のためにチャーチルは原稿料を稼がねばならなかったのだ[20]。

他方でチャーチルは議会で根気よく警鐘も鳴らし続けていた。ヒトラーのナチス政権は第一次世界大戦で失った土地を着々と取り戻し、再軍備も開始していた。これでは再びヨーロッパは大戦争になるとチャーチルは警告したが、「宥和政策」全盛期の当時にあっては、チャーチルは「戦争屋」と陰口をたたかれるだけであった。特に、かつてロイド＝ジョージのブレーンだったアスター子爵（ウォルドルフ）はその邸宅クリヴデン・ハウスに親独派の政治家やナチスの要人を集め、英独関係の親密化に努めた。カズオ・イシグロ原作の映画『日の名残り（一九九三年）』に登場する親ナチス派の貴族「ダーリントン伯爵」のモデルとされるのがこのアスターである[21]。

このアスター家の常連客の一人がネヴィル・チェンバレン（一八六九〜一九四〇）政権の外相ハリファクス子爵（一八八一〜一九五九）だった。そしてこの首相と外相のコンビが進める宥和政策の頂点が一九三八年九月の「ミュンヘン協定」である。大戦後にチェコに割譲されたズデーテン地方を再びドイツに戻すことに同意した英仏独伊の協定だった。これにチャーチルは激昂し、庶民院で「完全なる敗北だ」と政府を批判したが、いまや議会で彼が演説に立つと失笑や、ヤジの嵐が飛ぶような始末となっていた。チャーチルは議会内で完全に孤立していた。

しかし彼の判断が正しかったことは半年後に証明される。一九三九年三月、ヒトラーは約束を破りチェコの首都プラハを占領した。チェンバレンらが「だまされた」と気がついたのはこの時だったが、もはや遅すぎたのである。同年九月一日にドイツ軍はポーランドへと侵攻し、のちの世に「第二次世界大戦（一九三九～四五年）」と呼ばれる二度目の大戦争が始まった。

それと同時にチャーチルは海相に呼び戻された。すでに大戦勃発前夜の一九三九年夏頃から、ロンドンでは「チャーチルは政権に復帰すべきだ」とのポスターが市民によって数千枚も貼られ、チェンバレン政権による宥和政策の帰結に批判的な青年男女がウェストミンスターの議事堂前でプラカードを掲げてチャーチルの復帰を叫ぶ有様となっていた。戦時内閣にチャーチルの存在は不可欠となっていたのだ。

「荒野」から一〇年ぶりに帰ってきたチャーチル海相がさっそく着手したのが、すべての軍艦に最新式のレーダー装置を取り付けて、すべての商船を武装化させることだった。また「荒野の一〇年」時代においても、航空防衛委員会の委員に就いていたチャーチルのおかげで、イギリス空軍はすでにかなり強固になっていた。

こののち英独双方の軍備が整っていなかったこともあり、一九四〇年三月までは「奇妙な《フォニー・》戦争《ウォー》」と呼ばれる実際の戦闘がない状態が半年ほど続いたが、四月に入るといよいよドイツ軍は北欧と西欧に一気に躍りかかってきた。宥和政策でヒトラーを「甘やかした」チェンバレン首相はもはや国民からも議会内でも信用を失っていた。五月九日の午後四時半、首相官邸ではチェンバレン首相、ハリファクス外相、チャーチル海相、そして保守党幹事長のデイヴィッド・マージソンの四人が極秘に会談を行った。

それがチェンバレンの後継首班の選定に関わる話し合いであることはチャーチルも事前にわか

っていた。友人からの忠告で、日頃おしゃべりなチャーチルがこの日はひとことも口をきくことはなかった。後継首班の本命はハリファクスであったが、ネックとなったのは彼が「貴族院議員」だったことである。いまや政治の中枢は完全に庶民院にあった。そればかりではない。これまでチェンバレンとともに宥和政策を進めてきたハリファクスが首相となることは、連立を組む労働党側が納得しなかった。ハリファクス自身も政権の担当を躊躇していたが、それ以上に「戦争屋」とまで言われながらヒトラーの野望を鋭く見通し、議会内で警鐘を鳴らし続けてきたチャーチルの慧眼が認められたのである。ついにチャーチルが後継に決まった。

ところが、政界内にはこの期に及んでもまだチャーチルを信用していない人士が多かった。たとえば親独派のアスター子爵は、先王エドワード八世の「王冠を賭けた恋（離婚歴のあるアメリカ人女性との結婚のため王位を捨てた事件）」の際に彼を終始援護したチャーチルを、現国王ジョージ六世が信用していないことを知っていた。そこで元首相ボールドウィンとロイド＝ジョージという二人の長老政治家による推挙でハリファクスを後継首班に据える画策を講じたが、もはや保守党幹部層の話し合いで決まった人事であったため、これは徒労に終わった。(22)

そのような陰謀がうごめいていたとは露知らず、チャーチルは自宅へと戻った。のちに回顧録のなかに記されているとおり、彼はこのような感慨に浸っていた。

「ついに私は全局に対して命令を発する権力を握ったのである。私はあたかも運命とともに歩いているように感じた。そしてすべての私の過去の生活は、ただこの時、この試練のための準備にすぎなかったように感じた(23)」

いかなる犠牲を払っても勝利を……

一九四〇年五月一〇日、こうしてチャーチルは首相に就任した。かつて新進気鋭の政治家として議会入りした彼もすでに六五歳を超えていたが、チャーチルは全身にやる気をみなぎらせていた。しかし当時のイギリスにとってヨーロッパの戦況は暗澹たるものだった。まさにチャーチルの首相就任の日、ドイツ軍はオランダ、ベルギー、ルクセンブルク、フランスに同時に侵攻し、次々と降伏させていったからである。

最後の砦ともいうべきフランスまで六月には降伏した。この間にイタリアもドイツ側（枢軸国側）についてイギリスに宣戦布告してきた。東の大国ソ連は独ソ不可侵条約（一九三九年八月）によりドイツとは「友好関係」にある。もはやヨーロッパ大陸の大半がナチスの軍門に降り、イギリスはひとりぼっちとなった。

こうした苦況をはねのけるだけの勇気を国民に与えてくれたのがチャーチルだった。彼の演説は人々を力づけた。首相就任後初めての議会演説で彼はこう述べた。「私が捧げうるものはただ血と労苦と涙と汗だけである」。そしてすぐに続けてこう断言した。「われわれの目的は何か。［中略］勝利、いかなる犠牲を払っても勝利。あらゆる恐怖にたじろがずして勝利。その道がどれほど長く険しいものになろうとも勝利。なぜなら勝利なくしては生き残れないからである」[24]。

さらにフランスの降伏が決まるや、チャーチルはすぐさま議会でこう演説した。「フランスの戦いは終わった。いまやブリテン（イギリス）の戦いが始まろうとしている。［中略］もし大英帝国が今後一〇〇〇年続くとして、『このときが彼らの最も輝かしいときであった』と、後世の人々に言われるよう振る舞おうではないか！」(25)。

七月に入るとすぐにドイツ空軍がロンドンを中心にイギリス各地に空爆を開始した。三万人以上が犠牲となり、ロンドンでは家を焼かれた人々が地下鉄での生活を余儀なくされた。しかしチャーチルが周到に準備したイギリス空軍のおかげで、一九四〇年の航空戦《バトル・オブ・ブリテン》は激闘の末イギリス側の勝利に終わった。「かつて人類の戦いの歴史のなかで、これほど多くの人が、これほど多くのことについて、これほど少数の人々のおかげを受けたことはない」(26)。チャーチル首相はこのように述べ、空軍パイロットたちを激賞した。

とはいえまだ戦争は始まったばかりである。イギリスはヒトもモノもカネも尽きかけていた。チャーチル首相は国内を隈なく回って被災者を励ました。病弱で人前に出るのが苦手な国王に代わり、山高帽にステッキ、ハバナ製の巨大な葉巻にお得意の「Vサイン」で決めるチャーチル首相の姿は、いまや国民の間で最後はイギリスに勝利がもたらされるという希望の証となっていた。

ただ「表象《シンボル》」だけで勝てるほど戦争は甘いものではない。チャーチルの驚くべきところはその行動力だった。まずは世界最大の経済・軍事大国アメリカからの支援を取り付けるためあらゆる手段を尽くした。実は海相に復帰した直後から、チャーチルは当時の大統領フランクリン・ローズヴェルト（一八八二～一九四五）との文通を開始していた。それは大統領が一九四五年四月に亡くなるまで一七〇〇通以上もの往復書簡となった。一九四〇年末にはアメリカから「武器貸与《レンド・リース》」の確約も取り付け（四一年三月に法制化される）、一九四一年八月にはついにカナダのニューファンドランド沖で「大西洋上会談」が実現する。チャーチルの造語のひとつである「頂上会談《サミット》」の始まりだった。

さらにこの直前の一九四一年六月に独ソ戦が開始されると、あれだけ共産主義を嫌っていたにもかかわらず、いまや同盟国となったソ連にも近づいていく。翌四二年八月にチャーチルの姿はモスクワにあった。クレムリン宮殿では最高指導者ヨシフ・スターリン（一八七八～一九五三）が催した七時間にもわたる大宴会に最後まで付き合った。

こののち日本の参戦（一九四一年一二月）により、ようやくアメリカを連合軍側に引き込むと、チャーチルは足繁くワシントンDCやケベック（カナダ）に通い、ローズヴェルト大統領のご機嫌を取ったのである。大戦中にこの二人は九回の会談を行い、合計で一二〇日も一緒に過ごしたとされている。首相官邸の地図室担当官の計算によれば、チャーチルは首相になってからの三年半（一九四〇年五月～四三年一一月）の間だけで、一一万マイル（一七万六〇〇〇キロ）も旅をしていた。地球を優に四周できる距離に相当する（赤道の周長は約四万キロ）。しかもチャーチルはすでに七〇歳にならんとしていたというのに。[27]

チャーチルの「Vサイン」

さらにその後もチャーチルの旅路は続いた。この間に当初は劣勢に立たされた連合軍側が一九四三年頃からは完全に優勢に立ち始めていた。しかしその原動力となったのは大英帝国ではなく、いまやアメリカとソ連の底力であった。一九四三年一一月に米英ソ三巨頭会談がイランのテヘランで初めて開催された。その折のチャーチルの回想である。「私はテヘランにいたとき、この国（イギリス）が実にちっぽけな国であることに初めて気がついた。片方にはロシアの巨大な熊が両腕を拡げて構えている。もう片方にはアメリカという巨大な象が鎮座ましましている。両者の間でこの哀れなイギリスというロバは家路に就くしか術《すべ》がないのだ(28)」。

さらにチャーチルに追い打ちをかけたのは、二度目の三巨頭会談が行われたヤルタ（クリミア半島南端）でのことだった（一九四五年二月）。もはやドイツ軍はベルリンで風前の灯火となっており、はるか太平洋のかなたでは日本軍も本土に追い詰められていた。まさに「戦後」の世界のゆくえを決定づけるこの会合に、アメリカは瀕死の病人であるローズヴェルトを派遣してきた。史上空前の四選を果たした偉大な大統領ではあったが、動脈硬化症に冒された病人にはかつてのような精彩が完全に欠けていた。

そのすきにスターリンはもらえるものは全部もらおうと、貪欲にローズヴェルトに要求をねじ込んできた。アメリカ側は、ドイツが降伏して三ヶ月以内にソ連が対日参戦する「密約」を条件に、ソ連の赤軍が占領している東ヨーロッパがすべてソ連の勢力圏になることを容認する可能性が高まった。しかしチャーチルには為す術がなかった。いまやイギリスなどアメリカにとっては「格下《ジュニア》のパートナー」にすぎなくなっていたのだ。それから二ヶ月後にローズヴェルトは亡くなり、五月八日にドイツ軍は降伏した。

この直後にチャーチル首相は労働党と自由党の幹部を首相官邸に集めた。大戦中の盟約により、ドイツ軍が降伏するまでは総選挙は延期されていたのだが、両党は日本の降伏まで待たずに即時の解散・総選挙を要求してきた。このため七月五日を投票日とし、世界中で従軍している兵士らの票も集めて、二六日に結果発表することに決まった。

　この間にチャーチル自身はドイツの戦後処理問題を討議するためベルリン郊外のポツダムでの頂上会談へと旅立った。ローズヴェルトに代わってハリー・トルーマン（一八八四～一九七二）が大統領としてこれに出席した。彼は前任者とは異なり、初めて握手をした瞬間からスターリンを「信頼できない男」と確信した。戦後の「米ソ冷戦」はこのときから始まっていたのだ。

　総選挙の結果を確認するためチャーチルだけ途中で帰国した。結果は、労働党が三九三議席を獲得する圧勝だった。対する保守党は二一三議席しか獲れなかった。大戦中の国内問題は労働党の閣僚たちにすべて任せていたことと、戦後の社会保障問題について素早く言明できなかったのがチャーチル保守党の命取りとなった。労働党は早くも「ゆりかごから墓場まで」という国民の社会保障や戦後の経済の立て直し策を打ち出していたのである。

　チャーチルは即日辞任し、労働党のクレメント・アトリー（一八八三～一九六七）が首相に就いた。就任当初はチャーチルを信頼していなかった国王ジョージ六世だが、もはや国王にとってチャーチルはかけがえのない「戦友」になっていた。大戦中の功績

ヤルタ会談

に対し、イギリス最高位のガーター勲章を授けたいとの国王の好意をチャーチルは丁重に辞退した。国民から「裏切られた」との思いが強かった彼は、いまはそのような栄誉を心底から喜んで頂戴できる精神状態にはなかったのである。

チャーチルが首相就任とともに議会で演説したとおり、イギリスは「勝利」をつかんだ。しかし、そのために支払った多大な犠牲の先に待っていたのは、もはや老齢化していた「大戦の英雄」チャーチル首相のクビを切ることと、これまたヨレヨレになっていた「大英帝国」を解体させるという憂鬱な作業だったのである。

生き急ぐ老人——最後の頂上会談への執念

首相の座を降りたものの、チャーチルはまだやる気満々だった。妻のクレミーはこれを機に夫に引退してもらいたかったのに、ウィンストンは聞き入れてくれなかった。相変わらず浪費癖の直らない彼は、さっそく『第二次世界大戦』の執筆に取りかかる。一九四八年から五三年までの間に全六巻が刊行され、それはやがて一一の言語に翻訳され、世界中で読まれていった。その著作権は今日の邦貨にしておよそ六五億円ほどにのぼったとされる(29)。

いまやチャーチルは世界中から引っ張りだこだった。終戦の翌年、一九四六年三月にはトルーマン大統領の招きで彼の故郷ミズーリ州フルトンに赴き、ここで有名な「鉄のカーテン演説」を行う。「バルト海のシュテッティンからアドリア海のトリエステに至るまで大陸を横断して鉄のカーテンが降ろされている」という発言は、ヨーロッパが東西に分断されるのを鋭く見通した彼一流の表現であった。このののちソ連によるベルリン封鎖（一九四八〜四九年）やそれとも関わるNATO（北大西洋条約機構）の創設（一九四九年）など、戦後のヨーロッパ情勢はチャーチルの予見どおりとなっていく。

このフルトン演説はともすれば「鉄のカーテン」という言葉のみが注目されがちであるが、彼はここでもう一つの重要な表現を使っている。「戦争を確実に防止し、世界機構を継続的に発展させていくためにも、私が英語諸国民の人々の友愛の連合と呼ぶものなくしてそれは手に入れることはできまい。すなわち、英連邦および帝国、アメリカとの間の特別な関係のことである」。ここから、戦後のイギリスが拠って立つべき位置のひとつ、アメリカとの「特別な関係（special relationship）」という言葉が生まれたのである。

言葉の達人であったチャーチルは、その二年後の一九四八年一〇月の保守党大会でも「三つのサークル」という表現を用いている。すなわち今後、イギリスが米ソ両大国に伍していくためには、「アメリカ」「帝国（旧英連邦：コモンウェルス）」「ヨーロッパ」という三つの環の中心に位置するイギリスの独特の立場を強みとしていくしかないというわけである。実際に、その後のイギリス外交はこの三つのサークルを基本に展開されていくこととなった。とはいえ、時としてそれは三つの間でバランスを失い、イギリスの立場を弱めることにもつながった（一九五六年のスエズ危機など）。

一九五一年一〇月の総選挙で保守党が第一党となり、チャーチルは首相に返り咲いた。しかしその翌月の誕生日で彼は満七七歳を迎える高齢に達していたのである。

一九五二年二月六日、チャーチルの大切な「戦友」ジョージ六世が崩御した。まだ五六歳という若さであった。ここに二五歳のエリザベス二世（在位一九五二年〜　）が即位する。女王の戴冠式は翌年六月二日に決まり、入念な計画が準備された。チャーチル自身も、この若き女王の戴冠を見届けたら引退しようと、このときは覚悟を決めていた。ところがこの間に世界の情勢が大きく変化してしまったのだ。

一九五三年一月、アメリカに新しい大統領が登場した。ドワイト・デイヴィッド・アイゼンハワー（一八九〇〜一九六九）。陸軍軍人で北アフリカ戦線、さらにヨーロッパ戦線の最高司令官として活躍し、かの「ノルマンディ上陸作戦」も成功させた名将である。これまたチャーチルにとっては古い「戦友」だった。これでアメリカとの「特別な関係」もさらに強化できよう。

その二ヶ月後の三月五日、ソ連の最高指導者スターリンが亡くなった。戦後の米ソ冷戦はまさにこのスターリンとトルーマンとの果たし合いで始まった。この二人はポツダムで別れて以降、二度と会うことはなかった。外交とは「会う」ことから始まる。会わなければ、外交そのものが始まらない。その後の世界を股にかけての東西対立のもっとも大きな原因のひとつは米ソ首脳間の没交渉にある。ならばもう一度あの大戦期に根づいた「頂上会談《サミット》」を開けないだろうか。そうすれば東西の対立にも一定の解決策が見つかるかもしれない。チャーチルの心は決まった。彼自身を仲介役に米英ソ三巨頭会談を開き、世界の平和について語り、冷戦終結への道筋をつける。それが自らにふさわしい「引退への花道」になるだろう。

しかしことはそう簡単には運ばなかった。まずアメリカ側では、アイゼンハワー政権で実質的に対外政策の決定権を握ったのが反共産主義の権化ともいうべき国務長官のジョン・フォスター・ダレス（一八八八～一九五九）だった。アイゼンハワーとダレスの二人と会談したチャーチルは、のちにこう不満を爆発させた。「全部ダレス任せみたいなんだ。大統領はまるで腹話術の操り人形さ。〔中略〕『ソ連と会談したところで何一つ出てくる可能性はない。何かひどく悪いこと以外には』と言うのだ。ダレスなんかがいるんで恐ろしいハンディキャップだ。一〇年前だったら、あいつなんか、議論でへこましてやれたんだが[30]」。

対するソ連の側もサミットどころではなかった。スターリン没後の最高指導部では壮絶な権力闘争が繰り広げられ、それは一九五五年二月にニキタ・フルシチョフ（一八九四～一九七一）を中心とする体制が確立されるまで続くことになった。

さらに懸念されたのが、チャーチル自身の健康状態だった。もともと頑丈にできていた身体であったとはいえ、すでに八〇に近い年齢である。第二次大戦中も軽い発作や肺炎に倒れることのあったチャーチルは、一九五三年六月に戴冠式を無事に執り行った直後に脳梗塞で危険な状態となった。閣議でろれつが回らず、即座に自宅療養となり、このときは奇跡的に恢復を遂げていた。こうしたこともあってか、チャーチルにとってサミットの実現は自分の命を賭けた最後の大事業と映ったのかもしれない。若い頃の彼は「生き急ぐ若者」であったが、晩年の彼は今度は「生き急ぐ老人（old man in a hurry）」になってしまったかのようであった。

しかしもはや彼は「世界に冠たる大英帝国」の首相ではないのだ。いまや世界のパワーバランスは完全にアメリカとソ連に握られていた。クレムリン内部で権力闘争が続くソ連は措くとしても、ホワイトハウスにはたびたび三巨頭会談の実現を打診したチャーチルは、一九五四年六月には英領バミューダで大統領に会って直談判したが、「アイク（アイゼンハワーの愛称）」の回答はノーだった。しかもイギリスへの帰路に、閣僚たちにいっさい諮らずにチャーチル首相はモスクワに電報を送り、サミット開催についてもう一度打診するという行為に出て、帰国後に閣議で猛烈な非難を浴びる結果となった(31)。

こうしてチャーチルにとっての最後の戦いは無残な敗北に終わった。一九五四年一一月に首相は八〇歳の誕生日を迎えた。彼の後継者としては、長年「保守党の皇太子」などと呼ばれて外相として老首相を支えたサー・アンソニー・イーデン（一八九七～一九七七）がいた。もはや引退するしかなかった。この翌年、一九五五年四月六日にチャーチルはついに首相を退いた。

その前日（四月五日）の晩。ダウニング街一〇番地にある首相官邸に報道陣が大勢詰めかけた。この世紀の首相と最後の晩餐を共にするため、エリザベス女王夫妻が官邸を訪れたのだ。君主が首相官邸を訪ねること自体が珍しかったが、晩餐を共にするのは前代未聞のことだった。女王にとっても「チャーチル」はそれだけ特別な存在だったのである。

ホワイトタイに燕尾服姿のチャーチルは、戴冠式直前に女王から拝領したガーター勲章の青い大綬《サッシュ》と星章《スター》を胸に女王夫妻を歓待した。ジョージ六世からの打診を辞退した彼も、すでに晴れて「サー・ウィンストン・チャーチル」となっていた。公爵家に生まれたとはいえ、チャーチルは公爵の三男の子に当たるので爵位は持たないが、このたびの引退にあたり女王はさらなる栄誉を老首相に申し出た。なんと「公爵」に叙したいというのである。通常は引退する首相には「伯爵」が与えられるのが習わしだったが、最高位の爵位にチャーチルも少しだけ心がぐらついた。なにせ自身が尊敬し、評伝まで書いたご先祖のマールブラ公爵に並ぶ栄誉である(32)。

しかし彼は「ウィンストン・チャーチル」という名前を大切にしたかった。公爵（Duke）は、爵位のなかでも別格中の別格である。ひとつ下の侯爵（Marquess）までなら、家名（姓）を爵位名にしてもかまわないが、公爵の場合には必ずゆかりのある地名を爵位に冠しなければならない。チャーチルの場合だと、自宅のあるハイドパークにちなむ「ロンドン公爵」か、一九四一年から任じられていた中世以来の儀礼的な官職「五港長官（イングランド南部の五港の代官）」にちなみ「ドーヴァー公爵」となろう。しかしそんな爵位名よりは、「ウィンストン・チャーチル」のほうがはるかに偉大で世間的にも知られている。そう彼も感じたのであろう。

エリザベス女王を歓待したチャーチル

結局、チャーチルは公爵位については女王に辞退することとなった。庶民出身のロイド＝ジョージが貴族として人生を終え、貴族出身のチャーチルが庶民としてその一生を終えるとは、歴史の皮肉であろうか。四月五日の晩は瞬く間に過ぎていった。晩餐を終え、首相官邸の扉を開けて女王陛下を送り出す老首相の顔には、この上ない名誉を誇る陰で、一抹の寂しさも感じられた。

最後の帝国宰相？

政権がイーデンに引き継がれたところで、内閣の信任を問うために議会は解散され、総選挙が行われた（一九五五年五月）。チャーチルはここでも当選を飾り、さらに五九年一〇月の総選挙にも出馬する。生涯で一六回目の当選を果たしたチャーチルは最後の出馬となったが、これが最後の出馬となった。一九六四年七月二七日、八九歳のチャーチル翁であったが、ここに政界を去ることとなる。議員生活は六三年三五八日に及んだ。それは「最高の議会人（バルフォアの評）」と呼ばれたグラッドストンの六二年二〇六日をも上回る記録となった。庶民院議員のみの在籍日数でみれば、歴代首相のなかでいまだに破られていない最長記録である。

チャーチルの議員生活を支え続けたクレミーとは生涯仲睦まじく幸せに暮らすことができた。彼はロイド＝ジョージのように愛人は作らなかった。しかし子育てはうまくいかなかった。偉大なる父にあやかり「ランドルフ」と名付けられた長男は酒に溺れ、父ウィンストンの名前を利用するだけの出来損ないだった。離婚歴を有していた長女ダイアナは再婚したのち、父が亡くなる数ヶ月前に自殺を遂げていた。次女サラは女優となったがあまり売れず、最後はアル中になってしまった。

「アルコール癖」については父ウィンストンに責任があるのかもしれない。彼は第二次大戦を率いていたときも、昼食からいきなりお気に入りのポル・ロジェ（シャンパン）を開けて、ワイン、ブランデーと続き、午後にウィスキー・ソーダで「お口直し」してから、夕食でもまたかなりのアルコールをあおっていた。いわゆる「アルコール依存症」だった。[33]

それでも子どもたちとは違って長生きしたチャーチルは、一九六五年一月二四日の午前八時を少し回ったあたりにロンドンの自宅で息を引き取った。享年九〇。議会の決定で葬儀は「国葬」となった。世界中から弔問客が押し寄せた。ヨーロッパの西側からはすべての国の元首が一堂に会した。時としてチャーチルと「けんか」をしながらもフランスの解放に尽力した「戦友」シャルル・ド・ゴール大統領（一八九〇～一九七〇）の姿もあった。もう一人の「戦友」アイクこと、アイゼンハワー元大統領も駆けつけてきた。ウェストミンスター・ホールでの正装安置には三〇万人以上の人々がこの「世紀の英雄」に最後の別れを告げるために訪れたという。

そしてセント・ポール大聖堂で営まれた葬儀には、なんと女王陛下の姿まで見られた。君主が臣下の葬儀に出るというのもまた長いイギリスの歴史のなかでは前代未聞のことだった。弔いの鐘がイギリス中に鳴り響いた。

チャーチルもまた評価が難しい「悪党」である。若くして商務相や内相に就き、その後の「社会福祉国家」イギリスの源流を築き上げた功績は高いが、その多くは「兄貴分」のロイド＝ジョージによる薫陶によるものだった。海相としての「ガリポリの悲劇」がその後の彼につきまとう影となったのはいうまでもなく、海相辞任後も六つの閣僚ポストに就いたもののこれといった功績が見当たらない。それどころか、彼自身ものちに回顧しているように、財務相時代に金本位制に戻したのは時期尚早の大失敗だった。

第五章で、パーマストンが七〇歳で亡くなっていたら彼は二流で終わっていたかもしれないという『タイムズ』の評を紹介したが（二〇〇頁）、チャーチルの場合にも六五歳で首相に就いていなかったなら、彼の評価は、いくつもの失敗を犯した無鉄砲な政治家として歴史の片隅に追いやられていたことだろう。チャーチルの第二次世界大戦におけるリーダーシップは、それまでの大失敗をすべて覆い隠してしまうほどに重要なものだった。

子どもの頃から「チャーチルの伝記を穴が開くほど眺め、写真の説明文まで暗記した」という英首相ボリス・ジョンソン（一九六四〜　、首相在任二〇一九年〜　）は自らもついに書き上げたチャーチルの評伝のなかで、次のように語る。「マルクス主義の歴史家たちは、歴史とは巨大で非人間的な経済の力によって形づくられるものだと考えている。チャーチルはこうした考えに対する生きた反証だ。『チャーチル・ファクター』、つまりチャーチル的要素とはつまるところ、『一人の人間の存在が歴史を大きく変え得る』ことを意味する」(34)。

ジョンソンも指摘するとおり、一九四〇年に首相に就くまでのチャーチルは、党籍を二度まで換え、ドイツとの和解にも水を差す「日和見主義者、裏切り者、ほら吹き、利己主義者、人でなし、恥知らず、下劣な男、性質《たち》の悪い酔っ払い」として政界で知られていた。まさに「悪党」以外の何ものでもなかった。しかし続けてジョンソンは、ではもし「チャーチルがいなかったら」世界はどうなっていたのか、おそらくイギリスはナチスの軍門に降り、その後の世界史は大きく変わっていただろうと断言する(35)。自らも「ブレグジット（イギリスのEU離脱）」という未曾有の危機のなかで首相になった人物による評価だけあって極めて興味深い。

実際に、チャーチルではなく、仮にハリファクスが首相になっていたら、早々にヒトラーとの講和が実現し、ヨーロッパもイギリスもドイツの衛星国にされていたことだろう。その後の歴史がどう展開したかを想像するのは難しいが、当時の孤立主義の風潮が強いアメリカがそう簡単にヨーロッパのために動いたとは考えにくい。本章の主人公チャーチルも、アメリカをヨーロッパの戦争に巻き込むためにどれだけ苦労したことか。

もちろん第二次大戦での戦争指導だけでチャーチルを評価するわけにもいくまい。本章の冒頭でガンディーが批判したとおり、チャーチルは生粋の帝国主義者であった。そうした帝国意識は言葉や態度の端々にも無意識に現れてしまうものである。一九五四年夏にバミューダでアイゼンハワー大統領と会談した際、アジア・アフリカの植民地諸国に独立を与えては、と言われたチャーチルはすかさずこう切り返した。「ホッテントットによる普通選挙などというものには少々懐疑的である」（ホッテントットはアフリカ原住民に対する蔑称）[36]。

さらに彼に対する評価が高い第二次大戦中であっても、一九四四年一〇月にモスクワでスターリンと交わした、戦後のバルカン半島での勢力圏を分割したいわゆる「パーセンテージ協定（ルーマニアはソ連が九〇％、ギリシャはイギリスが九〇％などとメモのかたちにした）」などは、帝国主義者としてのチャーチルの「悪党」ぶりを見事に表したものであろう。

しかし彼が第二次世界大戦で示した指導のあり方には、単にイギリスの将来や自分自身の栄光のためというよりは、ナチスという巨悪に立ち向かい、人類全体に平和を取り戻すという、もっと大きな歴史的で普遍的な意思を感じるのもまた事実である。それは、歴史家としての彼の代表作『第二次世界大戦』の基本的な「教え」として書かれている、次の言葉にも集約されていよう[37]。

「戦争には　決断、敗北には　挑戦、勝利には　寛大、平和には　善意」

そしてこのようなチャーチルの発想につながったのが、彼が生まれ育ち、「生き急いでいた」若き頃に駆け回った「大英帝国」という、史上初めてのグローバルな世界が持つ多様性ではなかったか。もちろん帝国の建設や拡張の背後に、数々の蛮行や差別、搾取や虐殺も見られたことは事実である。しかしジェントルマンたちが築いた大英帝国には、あくまでも彼らのキリスト教的思想に基づくという限界は見られたものの、一方で全人類的な平和の構築という考え方を生み出す素地が見られたのもまた確かなのだ。

その意味でもチャーチルは大英帝国という共同体が生み出したイギリス史上「最後の帝国宰相」だったのかもしれない。

おわりに——政治的な成熟とは

偉大さと悪

権力とは腐敗する傾向にある。絶対的な権力は絶対的に腐敗する（Power tends to corrupt and absolute power corrupts absolutely）。

これは一九世紀イギリスを代表する歴史家でケンブリッジ大学欽定講座教授も務めたアクトン男爵（一八三四～一九〇二）が、友人でのちにロンドン主教を務めることになる国教会の聖職者マンデル・クレイトン（一八四三～一九〇一）に送った書簡の一節である。しかし、このあまりにも有名な言葉のすぐ後に続けて、アクトン卿が次のように論じていることは意外に知られていないかもしれない[1]。

偉大な人物というのは大概いつも悪党ばかりである（Great men are almost always bad men）。

ここでアクトン卿が「悪党」と断ずるのは、メアリ・ステュアートを処刑させたエリザベス一世や、「グレンコーの虐殺」（一一八頁）でスコットランドの反対派を弾圧したといわれるウィリアム三世などである。さらに彼は「より偉大な名前がより大きな犯罪と結びついている（Here are the greater names coupled with the greater crimes)」とも述べており、本書にも登場するヘンリ八世やクロムウェルなどの名が、マルティン・ルターやルイ一四世と肩を並べて登場する。人類の歴史を知り尽くしたアクトン卿は、偉大な功績を残した人物たちが往々にして「悪党（bad men)」であるということを充分心得ていたのであろう。

本書で取り上げてきた七人の人物たちもみな「悪党」である。それは「はじめに」でも定義した中世日本の「悪党」にも類似した「アウトサイダー」としての意味だけではない。字義通りの「悪党」として、まさにアクトン卿の言う「より大きな犯罪と結びついた」ものたちでもあった。本書の各章では、それぞれの冒頭に各人を罵るかのような言葉もいくつかあげてきた。それらは必ずしも誤った評価ではなく、著者のような今日の歴史家の目から見ても、かなりの程度共感できるものである。しかし偉大さとは、「はじめに」の最初に『国民伝記辞典』の創始者レズリー・スティーヴンの言葉を引用したように、「その者の業績の善悪で決まる」のではないだろうか。

国民は指導者に何を求めるのか

世界史上最も強力な毒薬は、シーザーの月桂冠から生まれた（The Strongest Poison ever known Came from Caesar's Laurel Crown）。[2]

一八～一九世紀のイギリスで活躍した詩人ウィリアム・ブレイク（一七五七～一八二七）は、『無垢の予兆』のなかでこのように謳《うた》った。本書に登場した七人の「悪党たち」はいずれもこの毒薬をあおっていたのかもしれない。

しかし彼らが残した業績が、その時々のイギリスや世界にとっては極めて偉大なものであり、またその数々の「悪徳」にもかかわらず、彼らが同時代の人々の多くから一定以上の支持を集めていたことは疑う余地がない。それは「国民感情」というものを気にしなければならなくなった、一九～二〇世紀においては特に顕著であった。

第四章で紹介した政治理論家ウォルター・バジョット（一八二六～一八七七）は、一九世紀半ばの時点でイギリスでは「人々が君主を道徳の指導者として考えるようになっている」と指摘した。[3]ただしそれは、あくまでもこの時代以降の「立憲君主」に求められた理想像であろう。バジョットが政治における「威厳を持った部分」と呼ぶ君主には、国民統合の象徴となる必要もあり、確かに道徳的な資質が問われてしかるべきである。しかし実際に政策を遂行し、国家を指導する「機能する部分」ともいうべき政治家たちに国民が求めているのは、何よりもまず業績なのかもしれない。

第六章の主人公ロイド＝ジョージが、ロンドンに愛人を持ちながら政治活動を続けたことは、道徳的には許されないことであるが、彼がイギリスを第一次世界大戦で勝利に導いたことは紛うことなき事実である。

さらに第五章の主人公パーマストン子爵の場合にも、その死の直後に女性スキャンダルが持ち上がったことがある。野党保守党で彼と対峙したベンジャミン・ディズレーリ(一八〇四〜一八八一)はこのスキャンダルにあたり次のような言葉を残した。「パーマストンの老いらくの恋だって！　ばかげた話だ。だが選挙の時に知られなくてよかった。そんなことになっていたら、彼はさらなる人気をつかんだことだろう」[4]。

のちに首相として卓越した政治手腕を見せたディズレーリのこの言葉には、政治指導者に国民が何を求めているかについての洞察が含まれているように思われる。端的に言えば、清廉潔白な人物よりも、老いてもなお愛人を作れるだけの器量と精力を失わない人物のほうに、国民は自らの命運を託そうとするものだということである。ロイド＝ジョージもパーマストンも、長年恋仲にあった愛人を最後には妻にしているが、彼らのこうした生活態度は、「君主」のように謹直と厳正とを要求される存在とは次元の異なるものとして、大目に見られていたのかもしれない。

一九世紀半ば以降のイギリスでは、「道徳」の部分は君主に割り振られ、政治家たちは「結果」を出すことを第一とされるようになった。それはある意味で二一世紀の今日にまで続いているのかもしれない。二〇二〇年春に新型コロナウイルスが世界中を襲い、イギリスも「ロックダウン」が続いた。このとき国民統合の象徴として人々に団結を訴えたのは、君主として六八年の経験を有するエリザベス二世女王(一九二六〜　　)であった。これに比して自身もウイルスに感染し一時は危篤状態にまで陥ったボリス・ジョンソン首相（一九六四〜　）は、コロナ禍の抑制と経済の回復という「結果」を出すことを国民から求められていたのではないか。

誤解のないように付け加えれば、著者は何も「立憲君主国においては、君主が道徳的役割を担うので、政治家は道徳的に堕落しても結果さえ出せば良い」と言いたいわけではない。もちろん政治家にも道徳的な存在であってほしいと著者は強く願っている、ただし、本書で見てきたように、政治指導者における「偉大な業績」と「道徳的資質」との間にはしばしば相反が見られること、そして国民の側も必ずしも道徳的な政治家を支持するわけではないということは、歴史の教えるところである。そのような「不都合な真実」を頭の片隅に入れた上で、国民としていかなる態度を示すべきかを冷静かつ戦略的に考えることが――もちろん不道徳な政治家を退場させるという決断も含めて――政治的な成熟をもたらすのではないかと考えている。

＊　＊　＊

人びとは自分たちの歴史をつくる。けれども好きな材料でつくるわけでも、自分で選んだ状況でつくるわけでもない。自分たちの目の前にあり、自分たちに与えられ、手渡された状況でつくるのである。(5)

『オクスフォード国民伝記辞典（新《ニュー》DNB）』の初代編集者を務めた歴史家のコリン・マシュウ

（一九四一～一九九九）は、決定版とも呼ばれたウィリアム・グラッドストン（一八〇九～一八九八）に関する評伝の冒頭でこう述べている。これはマシュウ自身の言葉ではなく、カール・マルクスが『ルイ・ボナパルトのブリュメール一八日』（一八六九年）のなかで述べたものだ。自らも激動のヨーロッパのなかで歴史を書き、歴史をつくったマルクスの至言ともいうべき言葉であろう。

マシュウは、彼の評伝の主人公であるグラッドストンほどこの言葉にぴったり当てはまる人物はいないと断じているが、本書に登場した七人の「悪党たち」すべてにも当てはまるのではないだろうか。ヘンリ八世からチャーチルに至る七人の人物たちも、それぞれの時代に彼らとイギリス（イングランド）とが直面した難題に立ち向かい、その時代の人々に支えられながら、ひとかどの業績を残した。このように時代時代の歴史のダイナミズムを築き上げた彼らの足跡の一端でも本書でお伝えできていればと願うばかりである。

「はじめに」でも紹介したとおり、イギリスには評伝（伝記）を愛し、重んずる伝統が今の世にも息づいている。特に一九世紀からは、君主や政治家、経済人や芸術家などの遺族がしかるべき歴史家に重要な史料をすべて託して、故人の「公式な評伝（official biography）」の執筆を依頼するケースが目立つようになっていった。

本書第六章にも登場した外交官で歴史家のハロルド・ニコルソン（一八八六～一九六八）も、王室からの依頼を受けて『ジョオジ五世伝（*King George the Fifth: His Life and Reign*）』を執筆した。この英書を補導役の小泉信三博士とともに皇太子時代に講読したのが、のちの明仁天皇（現上皇陛下）である。

こうしたイギリスの評伝文化の集大成ともいうべきものが、一九世紀と二一世紀の二度にわたり大々的に刊行された『国民伝記辞典』なのであろう。本書の各章を執筆する際にも、新しい版（『新DNB』）に掲載された珠玉のような各人の項目を大いに参考にさせていただいた。

本書は、『立憲君主制の現在――日本人は「象徴天皇」を維持できるか』（二〇一八年）に続き、新潮選書から刊行させていただく第二弾ということになる。前著に引き続き、本書の執筆にあたっても大変お世話になったのが同編集部の三辺直太氏である。本書が氏の思惑どおりの内容になっているか甚だ心許ないが、ここに記して感謝したい。また、同編集部の中島輝尚編集長からも多大なご協力を得た。

そしてご専門は違うものの、いつも著者の草稿にお目を通していただき、多くの示唆を与えてくださる岡本隆司先生（京都府立大学教授）にも謝辞を呈したい。

また、いつも著者を見守ってくれている家族にも感謝したい。

最後に、本書をオクスフォード大学留学時代の恩師で、『新DNB』の編集に命をかけられた故コリン・マシュウ先生に献げることをお許し願いたい。先生は、私が留学する前の年（一九九二年）から、オクスフォード大学出版会が総力を挙げて企画に乗り出した『オクスフォード国民伝記辞典』の編集者という特命を大学から帯びる教授に就任された。そのようなご多忙の中にもかかわらず、未熟だった著者の話にも真剣に耳を傾け、多くのご助言を賜った。

マシュウ先生は、スティーヴンによって始められた一九世紀版の『DNB』に負けじと、内容的にはもちろんのこと、執筆者、図版、本の体裁などあらゆることに文字通り粉骨砕身で臨まれていた。旧版には人物たちの肖像画は載せられていなかったが、読者によりイメージを持ってもらおうと、国立肖像画美術館の協力を得て可能な限りの肖像画や写真を掲載された。そのために先生は同美術館の管財人にも就かれた。また、世界に拡がる九〇〇〇人を超す執筆者たちの便宜を図ろうと、イギリスで二番目に大きな図書館であるオクスフォード大学のボードリアン図書館の館長にも就任された。さらにこれだけの巨大プロジェクトである。巨額の資金を獲得するために英国学士院（British Academy）からも全面協力を取り付けられたが、それが可能となったのは同院の副院長となられたマシュウ先生の存在があったからにほかならない。

しかしこの超人的なお仕事が仇になってしまったのかもしれない。一九九九年一〇月二九日の朝、マシュウ先生は所属されていたセント・ヒューズ・コレッジの門前で心臓発作のために突然この世を去ってしまわれたのだ。まだ五八歳というお若さであった。オンライン版の『タイムズ』の訃報欄で先生のご逝去を知ったときの衝撃は今も忘れることができない。先生の没後五年を経て、二〇〇四年に『新DNB』全六〇巻は予定どおり刊行された。これも急逝されるまでの間に、編集に関わる実に八割以上の仕事を済まされていたマシュウ先生の尽力があったためであると、のちに編集に携わった人物から話を聞いた。

マシュウ先生はしばしば、ご自分を「時代遅れの歴史家（old-fashioned historian）だ」と仰っておられた。「はじめに」でも触れたように、確かに先生が歴史家として活躍された時期には、フランスの「アナール学派」に端を発する「長期持続」「ソシアビリテ」、イギリスでも「モラルエコノミー」「中位の階層の人々《ミドリング・ソート》」をキーワードとする社会史・文化史、さらには「世界システム論」まで登場し、現在ではそれに続く「グローバルヒストリー」も現れてきている。こうした系譜から考えれば、確かにマシュウ先生は政治史を中心としたオーソドックスな歴史を論じてこられたのかもしれない。

コリン・マシュウ先生（Oxford Today, vol. 12-2 より）

著者もまさに「時代遅れの歴史家」である。ご多分に漏れず歴史学においても、専門化、理論化、細分化が進み、「科学的実証」がますます重視される傾向が強まっている。その流れ自体は著者も必要・必然のものと歓迎しているが、何事もバランスが肝要であろう。歴史もまた人間の営みである以上、歴史から「個人」が捨象されてしまえば、学問としての有用性もまた失われてしまう。その意味で、本書を上梓できたことを歴史家として嬉しく思う。あと五年ほどで著者はマシュウ先生の享年に到達する。いまだに先生の足下にも及ばない程度の研究しか残せていないが、本書をマシュウ先生の墓前に献じさせていただき、先生にも少しは喜んでいただけることを切に望んでやまない。

二〇二〇年七月

君塚直隆

註

はじめに

（1）H. C. G. Matthew, *Leslie Stephen and the New Dictionary of National Biography*（Cambridge University Press, 1997）, p. 37.

（2）Brian Harrison, "Introduction" for *Oxford Dictionary of National Biography*（Oxford University Press, 2004）. なお、本田毅彦『大英帝国の大事典作り』（講談社選書メチエ、二〇〇五年）、第三章も参照されたい。

（3）末延三次「イギリスの国王」（『比較法研究』第一一号、一九五五年）、八頁。

（4）日本中世史における悪党については、小泉宜右『悪党』（吉川弘文館、二〇一四年）を参照されたい。

第一章

（1）ウィリアム・シェイクスピア（小田島雄志訳）『ヘンリー八世』（白水uブックス、一九八三年）、一四〇～一四一頁。

（2）Joost Daalder, ed. *Sir Thomas Wyatt Collected Poems*（Oxford University Press, 1975）, p. 185.

（3）*Hansard's Parliamentary Debates*, 4th series, vol. 34, cc. 1546-1547. 一八九五年六月二〇日の庶民院における審議での、自由党議員サー・ドナルド・マクファーレンの発言。

（4）John Guy, *Henry VIII: The Quest for Fame*（Allen Lane, 2014）, pp. 82-83.

（5）指昭博「おわりに」（指昭博編『ヘンリ8世の迷宮—イギリスのルネサンス君主』昭和堂、二〇一二年）、二二六頁。

（6）このあたりの経緯については、君塚直隆『物語 イギリスの歴史』上巻（中公新書、二〇一五年）、第3章～第6章を参照されたい。

（7）テューダー王朝時代のイングランドについては、John Guy, *The Tudors*（Oxford University Press, 2000）、

パトリック・コリンソン編（井内太郎監訳）『16世紀 1485年-1603年』（慶應義塾大学出版会、二〇一〇年）などを参照されたい。

（8）君塚『物語 イギリスの歴史』上巻、一八一～一八四頁。

（9）Guy, *Henry VIII*, p. 8.

（10）Eric Ives, "Henry VIII" in *Oxford Dictionary of National Biography*, vol. 26（Oxford University Press, 2004）, p. 523. なお、ヘンリ八世に関する比較的最近の研究・評伝としては、以下のものが有用である。J. J. Scarisbrick, *Henry VIII*（Yale University Press, 1997）; Guy, *Henry VIII*; Lucy Wooding, *Henry VIII*（2nd ed., Routledge, 2015）; Robert Hutchinson, *Henry VIII: The Decline and Fall of a Tyrant*（Weidenfeld & Nicolson, 2019）、指前掲編書『ヘンリ8世の迷宮』。

（11）Ives, op. cit., p. 522. また、小林麻衣子「ルネサンス君主」（指前掲編書、第4章）も参照。

（12）井内太郎「戦争」（同書、第9章）、一三八頁。

（13）同書、一四三頁、Ives, op. cit., p. 525.

（14）ウルジーについては、S. J. Gunn & P. G. Lindley, *Cardinal Wolsey: Church, State and Art*（Cambridge University Press, 1991）; P. J. Gwyn, *The King's Cardinal: The Rise and Fall of Thomas Wolsey*（Pimlico, 1992）; Stella Fletcher, *Cardinal Wolsey: A Life in Renaissance Europe*（Continuum, 2001）; John Matusiak, *Wolsey: The Life of King Henry VIII's Cardinal*（The History Press, 2014）を参照されたい。

（15）君塚直隆『近代ヨーロッパ国際政治史』（有斐閣、二〇一〇年）、二二～二九頁。ヨーロッパ中央部に位置する共同体としての神聖ローマ帝国は、今日のベネルクス、フランス東部、ドイツ、スイス、オーストリア、ポーランド、イタリア北部にまたがる広大な領域に及んだ。ここに皇帝、国王、大公、公爵、伯爵、大司教、大修道院長などさまざまな領主たちが治める大小三五〇前後の領邦と都市がひしめきあっていた。皇帝は選挙によって選ばれ、一三五六年からは七人の「選帝侯」と呼ばれる有力諸侯の投票によって選出されるようになった。詳細は、ピーター・H・ウィルスン（山本文彦訳）『神聖ローマ帝国』（岩波書店、二〇〇五年）。

（16）髙梨久美子「外交」（指前掲編書、第10章）、一五八頁。
（17）Guy, *Henry VIII*, p. 28. なお、ヘンリ八世と六人の王妃たちについては、指昭博「ヘンリ八世の六人の妻」（指前掲編書、第1章）、Alison Weir, *The Six Wives of Henry VIII*（Vintage, 2007）を参照されたい。
（18）髙梨久美子『駐英大使の見たヘンリ8世時代―神聖ローマ皇帝大使シャピュイの書簡を中心に』（刀水書房、二〇一九年）、六三頁。
（19）同書、九二〜九三頁。なお、トマス・クロムウェルについては、Tracy Borman, *Thomas Cromwell: The untold story of Henry VIII's most faithful servant*（Hodder & Stoughton, 2015）; Diarmaid MacCulloch, *Thomas Cromwell: A Life*（Penguin, 2019）を参照されたい。
（20）Ives, op.cit., p. 528.
（21）髙梨前掲書、六七頁。
（22）Guy, *Henry VIII*, pp. 94-95. なお、イアン・ブラッドリも指摘するとおり、ダビデ王は旧約聖書のなかでも特別の存在であり、その四〇年の在位については四〇章分を割いて細かく記している。彼の死からイスラエル二王国の滅亡までの四〇〇年間についての記述が四六章分であるのと比較してもそれは明らかであろう。さらに「ダビデの子（子孫）」がやがて救い主（メシア）として現れるという予言からも、のちのヨーロッパのキリスト教世界における理想の君主として、息子のソロモン王とともに特別の地位にあったと言える（Ian Bradley, *God save the Queen: The Spiritual Heart of the Monarchy*, Continuum, 2012, pp. 16, 31）。
（23）村田晃嗣・君塚直隆・石川卓・栗栖薫子・秋山信将『国際政治学をつかむ【新版】』（有斐閣、二〇一五年）、一一頁。
（24）Ives, op. cit., p. 530.
（25）指「ヘンリ八世の六人の妻」（指前掲編書、第1章）、一五〜一六頁。
（26）山本信太郎「宗教と教会」（指前掲編書、第7章）、Guy, *The Tudors*, pp. 33-34.
（27）Ives, op. cit., p. 531.

（28）山本正「ヘンリ八世とアイルランド」（指前掲編書、第12章）、波多野裕造『物語 アイルランドの歴史』（中公新書、一九九四年）、九三〜九七頁。
（29）小林麻衣子「ヘンリ八世とスコットランド」（指前掲編書、第11章）。
（30）仲丸英起「議会」（同書、第5章）、九二頁。
（31）Ives, op. cit., p. 538.
（32）S. E. Lehmberg, *The Later Parliaments of Henry VIII, 1536-1547* (Cambridge University Press, 1977), pp. 229-231.
（33）Ives, op.cit., p. 538.
（34）Guy, *The Tudors*, p. 41.
（35）Guy, *Henry VIII*, pp. 92, 110. なお、ヘンリの肖像画については、指昭博「描かれたヘンリ」（指前掲編書、第14章）も参照されたい。
（36）君塚直隆『パクス・ブリタニカのイギリス外交―パーマストンと会議外交の時代』（有斐閣、二〇〇六年）、終章。

第二章

（1）福澤諭吉『英国議事院談』（尚古堂、一八六九年）。慶應義塾大学メディアセンターデジタルコレクション、http://dcollections.lib.keio.ac.jp/ja/fukuzawa/a11/30
（2）福澤諭吉『帝室論』（小泉信三『ジョオジ五世伝と帝室論』文藝春秋、一九八九年、所収）、一二一頁。
（3）John Morrill, *Oliver Cromwell* (Oxford University Press, 2007), p. 107.
（4）田村秀夫「クロムウェル研究史」（田村秀夫編『クロムウェルとイギリス革命』聖学院大学出版会、一九九九年、序章）、一五頁。
（5）J・G・フレイザー（吉川信訳）『金枝篇』上巻（ちくま学芸文庫、二〇〇三年）、第三章を特に参照されたいい。また、「王殺し」と王権との関わりについては、Declan Quigley, ed., *The Character of Kingship* (Berg, 2005) に所収の諸論文も参照されたい。

(6) 田村「クロムウェル研究史」、一七頁。

(7) 松尾洋二「梁啓超と史伝」(狭間直樹編『共同研究 梁啓超：西洋近代思想受容と明治日本』みすず書房、一九九九年) 二八一頁。本研究については、岡本隆司先生よりご教示いただいた。

(8) The Right Honourable Edward Earl of Clarendon, *The history of the Rebellion and Civil Wars in England, begun in the year 1641*, vol.3 (Oxford, 1704), p. 509.

(9) 川北稔「近世社会の成立」(村岡健次・川北稔編『イギリス近代史［改訂版］』ミネルヴァ書房、二〇〇三年)、一三頁。

(10) John Morrill, *Stuart Britain* (Oxford University Press, 2000), pp. 15, 22-24.

(11) Morrill, *Oliver Cromwell*, p. 3.

(12) クロムウェルに関する最近の研究については、以下のものを参照されたい。Morrill, *Oliver Cromwell*; Patrick Little, ed., *Oliver Cromwell: New Perspective* (Palgrave Macmillan, 2009)、田村前掲編書、小泉徹『クロムウェル―「神の摂理」を生きる』(山川出版社、二〇一五年)。また、岩井淳「オリヴァ・クロムウェル研究の新動向―伝記的研究と政治文化的研究―」(『人文論集』静岡大学人文学部社会学科・言語文化学科研究報告／静岡大学人文学部編、第六〇巻一号、二〇〇九年、三三〜五〇頁)も近年の研究について詳しい。

(13) 山本信太郎「宗教と教会」(指昭博編『ヘンリ8世の迷宮―イギリスのルネサンス君主』昭和堂、二〇一二年、第7章) 一一九頁。

(14) Morrill, *Oliver Cromwell*, pp. 7-12.

(15) ステュアート王朝時代のイングランドについては、Morrill, *Stuart Britain*、ジェニー・ウァーモールド編(西川杉子監訳)『17世紀1603年-1688年』(慶應義塾大学出版会、二〇一五年) などを参照されたい。

(16) Graham E.Seel & David L.Smith, *Crown and Parliaments 1558-1689* (Cambridge University Press, 2001),

pp. 39-41. ジェームズ1世については、Irene Carrier, *James VI and I: King of Great Britain*（Cambridge University Press, 1998）; John Matusiak, *James I: Scotland's King of England*（The History Press, 2015）; Thomas Cogswell, *James I*（Allen Lane, 2017）などを参照されたい。

（17）Seel & Smith, *op. cit.*, p. 42.

（18）Michael B. Young, *Charles I*（Macmillan, 1997）, p. 17. チャールズ1世については、Kevin Sharpe, *The Personal Rule of Charles I*（Yale University Press, 1992）; Richard Cust, *Charles I*（Routledge, 2007）; Christopher Hibbert, *Charles I: A Life of Religion, War and Treason*（Palgrave, 2007）などを参照されたい。また、美術品蒐集家としてのチャールズについては、Desmond Shawe-Taylor & Per Rumberg, *Charles I: King and Collector*（Royal Academy of Arts, 2018）が詳しい。

（19）Morrill, *Stuart Britain*, p. 31.

（20）Seel & Smith, *op. cit.*, p. 61. なお、ロードについては、Charles Carlton, *Archbishop William Laud*（Routledge, 1987）; Hugh Trevor-Roper, *Archbishop Laud*（Orion, 2000）を参照されたい。

（21）Morrill, *Oliver Cromwell*, p. 12. また、今井宏『クロムウェルとピューリタン革命』（清水書院、一九八四年）、四二～四三頁も参照。

（22）小泉前掲書、一八～二二頁。

（23）Morrill, *Stuart Britain*, p. 11.

（24）小泉前掲書、二〇頁。

（25）同書、二八～二九頁。

（26）今井前掲書、八六頁。

（27）Morrill, *Oliver Cromwell*, p. 27; 今井前掲書、九一頁。

（28）小泉前掲書、三六頁。

（29）Morrill, *Oliver Cromwell*, p. 29.

(30) 今井前掲書、一二二～一二三頁。
(31) 小泉前掲書、四八～五四頁。
(32) Morrill, *Oliver Cromwell*, p. 48.
(33) 今井前掲書、一四四頁、小泉前掲書、五四頁。
(34) Morrill, *Oliver Cromwell*, p. 45.
(35) 今井前掲書、一五九頁。
(36) Morrill, *Oliver Cromwell*, pp. 59-61. また、クロムウェルのアイルランド遠征については、大西晴樹「クロムウェルと『意図せざる』植民地帝国」（田村前掲編書、第八章）、二六二～二六八頁、菅原秀二「アイルランドから見るブリテン複合国家」（岩井淳編『複合国家イギリスの宗教と社会―ブリテン国家の創出―』ミネルヴァ書房、二〇一二年、第四章）も参照されたい。
(37) 小泉前掲書、五九頁、今井前掲書、一五七頁、
(38) 小泉前掲書、六〇頁、今井前掲書、一五八頁。
(39) 岩井淳『ピューリタン革命と複合国家』（山川出版社、二〇一〇年）、六二頁。
(40) 富田理恵「ユニオンとクロムウェル―スコットランドの視点から」（田村前掲編書、第六章）、二一二頁。また、富田理恵「ブリテンの国制構想とスコットランド・イングランド」（岩井前掲編書、第三章）も参照されたい。
(41) Morrill, *Oliver Cromwell*, p. 63.
(42) 今井前掲書、一六三頁。
(43) 小泉前掲書、六八頁。
(44) 岩井『ピューリタン革命と複合国家』、四頁。
(45) 小泉前掲書、七〇頁。
(46) 岩井淳「クロムウェルの外交政策―プロテスタント外交と『国益』追求」（田村前掲編書、第七章）、二二九頁。

(47) 同書、二三七～二三八頁。なお、経済大国としてのオランダについては、玉木俊明『近代ヨーロッパの誕生』（講談社選書メチエ、二〇〇九年）を参照されたい。
(48) 岩井「クロムウェルの外交政策」、二四〇頁。
(49) 君塚直隆『近代ヨーロッパ国際政治史』（有斐閣、二〇一〇年）、七五頁。また、R. J. Knecht, *Richelieu* (Longman, 1991); Joseph Bergin, *Cardinal Richelieu: Power and the pursuit of Wealth* (Yale University Press, 2009); Jean-Vincent Blanchard, *Eminence: Cardinal Richelieu and the Rise of France* (Walker Books, 2011); Richard Lodge, *Cardinal Richelieu*（Merkaba Press, 2017）も参照されたい。
(50) 岩井「クロムウェルの外交政策」、二四五～二四六頁。
(51) Christopher Hill, *God's Englishman: Oliver Cromwell and the English Revolution* (Weidenfeld & Nicholson, 1970), p. 136. なお、近年の研究としては、デイヴィッド・アーミテイジ（平田雅博・大西晴樹・岩井淳・井藤早織訳）『帝国の誕生―ブリテン帝国のイデオロギー的起源』（日本経済評論社、二〇〇五年）、岩井淳『ピューリタン革命の世界史―国際関係のなかの千年王国論―』（ミネルヴァ書房、二〇一五年）などが詳しい。
(52) 岩井「クロムウェルの外交政策」、二五一～二五二頁。
(53) 君塚直隆『物語 イギリスの歴史』上巻（中公新書、二〇一五年）、第5～6章。
(54) Andrew Barclay, "The Lord Protector and his Court" in Little, ed., *op. cit.*, p. 197.
(55) Jonathan Fitzgibbons, "Hereditary Succession and the Cromwellian Protectorate: The Offer of the Crown Reconsidered," *English Historical Review*, vol. CXXVIII, no. 534, 2013, p. 1125.
(56) Barclay, op. cit., pp. 195-196.
(57) 小泉前掲書、九六～九七頁。
(58) Morrill, *Oliver Cromwell*, p. 106.
(59) 君塚『物語 イギリスの歴史』上巻、六〇、七七頁、井内太郎・仲丸英起「儀礼」（指前掲編書、第6章）、一〇五～一〇六頁。

(60) Earl of Clarendon, *op. cit.*, p. 509.

(61) Morrill, *Oliver Cromwell*, pp. 112, 117.

第三章

(1) Paul Grimblot, ed., *Letters of William III. and Louis XIV. and of their ministers : illustrative of the domestic and foreign politics of England, from the peace of Ryswick to the accession of Philip V. of Spain, 1697 to 1700*, vol. 1（Longman, Brown, Green, and Longmans, 1848）, p. 184 : William III to the Pensionary Heinsius, 15–25 February 1698.

(2) G. M. Trevelyan, *The English Revolution 1688–1689*（T. Butterworth Limited., 1938）, p. 54.

(3) John Morrill, *Oliver Cromwell*（Oxford University Press, 2007）, p. 109.

(4) ウィリアム三世に関する最近の研究としては、以下を参照。Tony Claydon, "William III" in *Oxford Dictionary of National Biography*, vol. 59（Oxford University Press, 2004）; Jonathan Keates, *William III and Mary II*（Allen Lane, 2015）.

(5) 佐藤弘幸「オランダ共和国の成立とその黄金時代」（森田安一編『スイス・ベネルクス史』山川出版社、一九九八年）、二六五～二六六頁。

(6) Claydon, op. cit., p. 90.

(7) Ibid., pp. 95–96.

(8) 佐藤「オランダ共和国の成立とその黄金時代」、二五六頁。

(9) Keates, *op. cit.*, pp. 6–7.

(10) 佐藤「オランダ共和国の成立とその黄金時代」、二五七頁。

(11) Claydon, op. cit., p. 74.

(12) Ibid., p. 75.

(13) Ibid., p. 94.

(14) 君塚直隆『近代ヨーロッパ国際政治史』(有斐閣、二〇一〇年)、第四章。ルイ一四世に関する最近の研究としては、以下を参照されたい。Richard Wilkinson, *Louis XIV* (Routledge, 2017); Jules Harper & Aurora von Goeth, *Louis XIV, the Real Sun King* (Pen & Sword, 2018); Josephine Wilkinson, *Louis XIV: The Real King of Versailles* (Amberley Publishing, 2019); Philip Mansel, *King of the World: The Life of Louis XIV* (Allen Lane, 2019).

(15) Claydon, op.cit., p. 76; 佐藤「オランダ共和国の成立とその黄金時代」、二六一頁。

(16) Claydon, op.cit., p. 76.

(17) 君塚『近代ヨーロッパ国際政治史』、九四〜九五頁。

(18) Claydon, op. cit., p. 77.

(19) Ibid., p. 79.

(20) 大久保桂子「王政復古と名誉革命」(今井宏編『世界歴史大系 イギリス史2』山川出版社、一九九〇年)、二四六頁、Claydon op. cit., p. 79.

(21) Keates, *op. cit.*, p. 20.

(22) W.A.Speck, "Mary II" in *Oxford Dictionary of National Biography*, vol. 37 (Oxford University Press, 2004), p. 125.

(23) Ibid., p. 126.

(24) Claydon, op. cit., p. 80.

(25) John Morrill, *Stuart Britain* (Oxford University Press, 2000), p. 69.

(26) 君塚直隆『ヨーロッパ近代史』(ちくま新書、二〇一九年)、第四章。

(27) Claydon, op. cit., p. 80.

(28) Graham E. Seel & David L. Smith, *Crown and Parliaments 1558-1689* (Cambridge University Press,

2001), p. 82.

(29) Claydon op. cit., p. 81.

(30) Keates, *op. cit.*, p. 25.

(31) Claydon op. cit., p. 82; Keates, *op. cit.*, p. 38.

(32) *Ibid.*, p. 40.

(33) Seel & Smith, *op. cit.*, pp. 94-95.

(34) *Ibid.*, p. 96.

(35) Keates, *op. cit.*, p. 46.

(36) 大久保「王政復古と名誉革命」、二五八〜二六〇頁。

(37) Claydon op. cit., p. 91.

(38) Ibid., p. 92.

(39) 君塚『近代ヨーロッパ国際政治史』、九八〜九九頁。

(40) Claydon, op. cit., p. 86.

(41) Speck, op. cit., p. 134.

(42) Seel & Smith, *op. cit.*, p. 98.

(43) W. A. Speck, *Reluctant Revolutionaries: Englishmen and the Revolution of 1688* (Oxford University Press, 1988), p. 246.

(44) Keates, *op. cit.*, pp. 49-51; 君塚『ヨーロッパ近代史』、一六四〜一六六頁。

(45) この点については、ジョン・ブリュア（大久保桂子訳）『財政=軍事国家の衝撃—戦争・カネ・イギリス国家1688-1783』（名古屋大学出版会、二〇〇三年）を参照されたい。

第四章

(1) トーマス・ペイン(小松春雄訳)『コモン・センス(他三篇)』(岩波文庫、一九七六年)、四一頁。

(2) 同訳書、六五頁。

(3) アメリカンセンターJAPAN「独立宣言(1776年)」(https://americancenterjapan.com/aboutusa/translations/2547/)

(4) A. S. Marks, "The Statue of King George III in New York and the Iconology of Regicide," *American Art Journal*, vol. 13, 1981, pp. 61-82.

(5) Harold Macmillan, *Riding the Storm 1956-1959* (Macmillan, 1971), p. 319.

(6) 青木康「ジョージ三世像の変遷」(今井宏編『世界歴史大系 イギリス史2』山川出版社、一九九〇年)、三三四〜三三六頁。なお、ジョージ三世に関する近年の研究としては、以下を参照されたい。Christopher Hibbert, *George III: A Personal History* (Penguin, 1999); G. M. Ditchfield, ed., *George III: An Essay in Monarchy* (Palgrave, 2002); Christopher Wright, *George III* (British Library Publishing Division, 2005); Jeremy Black, *George III: America's Last King* (Yale University Press, 2006); John Cannon, *George III* (Oxford University Press, 2007).

(7) William Hunt, "George III" in *Dictionary of National Biography*, vol. 21 (Oxford University Press, 1890), p. 1053.

(8) Cannon, *op. cit.*, p. 98.

(9) 青木「ジョージ三世像の変遷」、三三五頁。

(10) ウォルター・バジョット(小松春雄訳)『イギリス憲政論』(中公クラシックス、二〇一一年)、五三頁。

(11) このあたりの経緯については、松園伸『イギリス議会政治の形成―「最初の政党時代」を中心に』(早稲田大学出版部、一九九四年)を参照されたい。

(12) Jeremy Black, *Politics and Foreign Policy in the Age of George I, 1714-1727* (Ashgate, 2014), pp. 27, 32.

（13）Paul Langford, *Eighteenth-Century Britain*（Oxford University Press, 2000）, pp. 23–24.
（14）*Ibid.*, p. 7.
（15）Cannon, *op. cit.*, p. 3–4.
（16）青木康「改革と革命の時代の開幕」（今井前掲編書）、三二一頁。
（17）君塚直隆『近代ヨーロッパ国際政治史』（有斐閣、二〇一〇年）、第六章を参照。
（18）Cannon, *op. cit.*, p. 4.
（19）*Ibid.*, pp. 10–11.
（20）青木「改革と革命の時代の開幕」、三二四頁。
（21）Cannon, *op. cit.*, pp. 19–20. なお、ビュートの影響力については、K.W.Schweizer, ed., *Lord Bute: Essays in Re-interpretation*（Continuum International Publishing, 1988）所収の諸論稿を参照。
（22）Cannon, *op. cit.*, p. 24.
（23）君塚『近代ヨーロッパ国際政治史』、第七章。また、Keith Perry, *British Politics and the American Revolution*（Macmillan, 1990）; H.T.Dickinson, ed., *Britain and the American Revolution*（Longman, 1998）も参照されたい。
（24）Cannon, *op. cit.*, p. 42.
（25）Black, *George III*, p. 209.
（26）Cannon, *op. cit.*, p. 43.
（27）Black, *George III*, p. 248. なおイギリス史上、自らの意思で退位した国王としては、のちに「王冠を賭けた恋」によって在位わずか三二五日で退いた、エドワード八世（在位一九三六年一～一二月）がいるのみである。
（28）Cannon, *op. cit.*, p. 51.
（29）Black, *George III*, p. 260. なおこの当時の選挙については、青木康『議員が選挙区を選ぶ——18世紀イギリスの議会政治』（山川出版社、一九九七年）を参照されたい。

(30) 君塚『近代ヨーロッパ国際政治史』、一七六〜一七七頁。
(31) バジョット前掲訳書、九七〜九八頁。
(32) Cannon, *op. cit.*, pp. 55-56. なお、ジョージ四世については、君塚直隆『ジョージ四世の夢のあと—ヴィクトリア朝を準備した「芸術の庇護者」』(中央公論新社、二〇〇九年)も参照。
(33) Cannon, *op. cit.*, pp. 63-65.
(34) *Ibid.*, p. 70. また、君塚『近代ヨーロッパ国際政治史』第八章も参照。
(35) Bob Harris, "The House of Commons, 1707-1800" in Clyve Jones, ed., *A Short History of Parliament* (The Boydell Press, 2012), p. 183.
(36) Cannon, *op. cit.*, p. 77.
(37) *Ibid.*, pp. 77-79.
(38) 君塚『近代ヨーロッパ国際政治史』第八章。
(39) 君塚『ジョージ四世の夢のあと』一三一〜一三二頁、君塚直隆『女王陛下のブルーリボン—英国勲章外交史』(中公文庫、二〇一四年)、七二〜七五頁。
(40) Cannon, *op. cit.*, p. 91.
(41) *Ibid.*, pp. 90-91.
(42) Langford, *op. cit.*, p. 101.
(43) Cannon, *op. cit.*, p. 61.
(44) *Ibid.*, pp. 60, 67.
(45) Black, *George III*, p. 411. 一八〇〇年六月二八日にウィリアム・グレンヴィル外相に送られた書簡。
(46) *Ibid.*, p. 440.
(47) バジョット前掲訳書、六三頁。また、君塚直隆『ヴィクトリア女王』(中公新書、二〇〇七年)も参照されたい。

（48）バジョット前掲訳書、六四頁。

第五章

（1）カール・マルクス（村田陽一訳）「パーマストン卿」（大内兵衛・細川嘉六監訳『マルクス＝エンゲルス全集』第9巻、大月書店、一九六二年）、三四一～三四二頁。

（2）*Hansard's Parliamentary Debates*, 3rd series, vol. 53, c. 819. 以下、同議事録を*Hansard*と略記する。

（3）カール・マルクス（杉本俊朗訳）「イギリスの政治」（大内・細川監訳『マルクス＝エンゲルス全集』第15巻、大月書店、一九六五年）、九頁。

（4）君塚直隆『パクス・ブリタニカのイギリス外交―パーマストンと会議外交の時代』（有斐閣、二〇〇六年）、八一頁。なお、パーマストンに関する近年の研究としては、以下を参照されたい。E. D. Steel, *Palmerston and Liberalism, 1855-1865* (Cambridge University Press, 1991); David Brown, *Palmerston and the Politics of Foreign Policy 1846-55* (Manchester University Press, 2002); E.D.Steel, "Henry John Temple, Third Viscount Palmerston" in *Oxford Dictionary of National Biography* (Oxford University Press, 2004), vol. 54, pp. 55-67; David Brown, *Palmerston* (Yale University Press, 2012).

（5）君塚『パクス・ブリタニカのイギリス外交』、一五三頁。

（6）同書、一三～一四頁。

（7）同書、一六～一七頁。

（8）同書、二一頁。

（9）同書、二二頁。なお、この時代の政治については、Christopher Harvie & H. C. G. Matthew, *Nineteenth-Century Britain* (Oxford University Press, 2000), chapter 5も参照されたい。

（10）君塚『パクス・ブリタニカのイギリス外交』、二七頁。

（11）同書、三一頁。

（12）同書、第一章を参照されたい。
（13）同書、六五頁。
（14）君塚直隆『近代ヨーロッパ国際政治史』（有斐閣、二〇一〇年）、第九章。
（15）君塚『パクス・ブリタニカのイギリス外交』、六六頁。
（16）同書、六一頁。
（17）同書、第二章を参照されたい。
（18）John Lowe, *The Concert of Europe: International Relations, 1814-70* (Hodder & Stoughton, 1990), pp. 72-73.
（19）*Hansard*, vol.97, cc.122-123.
（20）Laurence Fenton, *Palmerston and The Times: Foreign Policy, the Press and Public Opinion in Mid-Victorian Britain* (I.B.Tauris, 2013), pp. 32-38.
（21）*Ibid.*, pp. 86, 94-95.
（22）君塚『パクス・ブリタニカのイギリス外交』、一五三～一五四頁。
（23）*Hansard*, vol. 112, c. 444.
（24）君塚『パクス・ブリタニカのイギリス外交』、一五七頁。
（25）同書、一五七～一五八頁。
（26）Brown, *Palmerston and the Politics of Foreign Policy*, p. 137.
（27）君塚『パクス・ブリタニカのイギリス外交』、一七三頁。
（28）同書、第四章を参照。
（29）Fenton, *op. cit.*, p. 132.
（30）Steel, "Henry John Temple, Third Viscount Palmerston," p. 58.
（31）君塚直隆『イギリス二大政党制への道―後継首相の決定と「長老政治家」』（有斐閣、一九九八年）、第5章を参照されたい。

(32) 君塚『パクス・ブリタニカのイギリス外交』、二二四～二二六頁。

(33) 同書、二五七頁。

(34) 同書、二六一頁。

(35) Fenton, *op. cit.*, p. 160.

(36) Steel, "Henry John Temple, Third Viscount Palmerston," pp. 62-63.

(37) 君塚直隆「自由主義外交の黄金期―パーマストンと奴隷貿易」（田所昌幸編『ロイヤル・ネイヴィーとパクス・ブリタニカ』有斐閣、二〇〇六年）を参照されたい。

(38) Fenton, *op. cit.*, p. 160.

(39) H. C. G. Matthew, "Rhetoric and Politics in Great Britain, 1860-1950" in P. J. Waller, ed., *Politics and Social Change in Modern Britain: Essays Presented to A. F. Thompson* (St. Martin's Press, 1987), p. 40.

(40) Steel, *Palmerston and Liberalism*, p. 7.

第六章

(1) ジョン・メイナード・ケインズ（大野忠男訳）「ロイド・ジョージ氏」（『ケインズ全集第10巻 人物評伝』、東洋経済新報社、一九八〇年）、三〇頁。

(2) 同書、二八～二九頁。

(3) 細谷雄一『大英帝国の外交官』（筑摩書房、二〇〇五年）、七九頁。

(4) 同書、八〇頁。

(5) Kenneth O. Morgan, "David Lloyd George, First Earl Lloyd George of Dwyfor" in *Oxford Dictionary of National Biography* (Oxford University Press, 2004), vol. 34, p. 909.

(6) William Frame, "The House of Lords, 1911-49" in Clyve Jones, ed., *A Short History of Parliament* (The

Boydell Press, 2012), p. 214.

（7）Morgan, "David Lloyd George, First Earl Lloyd George of Dwyfor," p. 909

（8）Norman & Jeanne MacKenzie, eds., *The Diary of Beatrice Webb, Volume Two 1892-1905*（Virago Press, 1983）, p. 327. 一九〇四年六月一〇日の日記。

（9）ロイド＝ジョージに関する研究としては、John Grigg, *The Young Lloyd George*（Eyre Methuen, 1973）; John Grigg, *Lloyd George: The People's Champion, 1902-1911*（Eyre Methuen, 1978）; John Grigg, *Lloyd George: From Peace to War, 1912-1916*（Eyre Methuen, 1983）; John Grigg, *Lloyd George: War Leader, 1916-1918*（Allen Lane, 2002）; Morgan, "David Lloyd George, First Earl Lloyd George of Dwyfor"; Richard Wilkinson, *Lloyd George: Statesman or Scoundrel*（I. B. Tauris, 2018）を参照されたい。また、邦語文献としては、高橋直樹『政治学と歴史解釈―ロイド・ジョージの政治的リーダーシップ』（東京大学出版会、一九八五年）、水谷三公『王室・貴族・大衆―ロイド・ジョージとハイ・ポリティックス』（中公新書、一九九一年）が極めて参考になる。

（10）Morgan, "David Lloyd George, First Earl Lloyd George of Dwyfor," p. 891.

（11）Ibid.

（12）Ibid.

（13）Philip Salmon, "The House of Commons, 1801-1911" in Jones, ed., *op. cit.*, p. 257.

（14）この点については、J. Graham Jones, *David Lloyd George and Welsh Liberalism*（National Library of Wales, 2010）を参照されたい。

（15）Morgan, "David Lloyd George, First Earl Lloyd George of Dwyfor," p. 892.

（16）この点は、Grigg, *Lloyd George: The People's Champion, 1902-1911* を特に参照されたい。

（17）君塚直隆『ベル・エポックの国際政治―エドワード七世と古典外交の時代』（中央公論新社、二〇一二年）、三四八～三五二頁。

（18）この点については、David Cannadine, *The Decline and Fall of the British Aristocracy*（Yale University

Press, 1990）を参照されたい。
（19）君塚直隆『ジョージ五世―大衆民主政治時代の君主』（日経プレミアシリーズ、二〇一一年）、七〇〜七六頁。
（20）君塚直隆『近代ヨーロッパ国際政治史』（有斐閣、二〇一〇年）、第一二章、飯田洋介『ビスマルク―ドイツ帝国を築いた政治外交術』（中公新書、二〇一五年）、第Ⅶ章。
（21）Morgan, "David Lloyd George, First Earl Lloyd George of Dwyfor," p. 897.
（22）Ibid., p. 896.
（23）Ibid., p. 898.
（24）君塚直隆『イギリス二大政党制への道―後継首相の決定と「長老政治家」』（有斐閣、一九九八年）、一八五〜一八九頁。
（25）Morgan, "David Lloyd George, First Earl Lloyd George of Dwyfor," p. 899.
（26）Ibid., p. 900.
（27）君塚『ジョージ五世』、一一四〜一一六頁。
（28）Morgan, "David Lloyd George, First Earl Lloyd George of Dwyfor," p. 901.
（29）小川浩之『英連邦―王冠への忠誠と自由な連合』（中公叢書、二〇一二年）、四五〜六三頁。
（30）Kenneth O. Morgan, *Twentieth-Century Britain* (Oxford University Press, 2000), p. 15.
（31）マーガレット・マクミラン（稲村美貴子訳）『ピースメイカーズ：１９１９年パリ講和会議の群像』（上下巻、芙蓉書房出版、二〇〇七年）。
（32）Morgan, "David Lloyd George, First Earl Lloyd George of Dwyfor," p. 901. また、このときの中東情勢については、池内恵『【中東大混迷を解く】サイクス＝ピコ協定 百年の呪縛』（新潮選書、二〇一六年）を参照されたい。
（33）Morgan, "David Lloyd George, First Earl Lloyd George of Dwyfor," p. 904.
（34）小関隆『アイルランド革命1913-23―第一次世界大戦と二つの国家の誕生』（岩波書店、二〇一八年）を参照されたい。
(35) 水谷前掲書、一九九〜二〇〇頁。
(36) 君塚直隆「議会政治の結社―カールトン・クラブ」（川北稔編『結社のイギリス史―クラブから帝国まで』山川出版社、二〇〇五年）、一四四〜一四八頁。
(37) Morgan, "David Lloyd George, First Earl Lloyd George of Dwyfor," p. 892.
(38) *Hansard's Parliamentary Debates*, 5th series, vol.409, c. 1378.
(39) Morgan, "David Lloyd George, First Earl Lloyd George of Dwyfor," p. 907.
(40) 高橋前掲書、六二〜六五頁。
(41) Morgan, "David Lloyd George, First Earl Lloyd George of Dwyfor," p. 910.
(42) この点については、第一次世界大戦直後のアメリカ、イギリス、日本が早くから「国家総動員」の準備や研究に乗り出していたことを見事に探究した、森靖夫『「国家総動員」の時代―比較の視座から』（名古屋大学出版会、二〇二〇年）を参照されたい。

第七章
(1) アーサー・ハーマン（田中洋二郎監訳・守田道夫訳）『ガンディーとチャーチル　下　1929-1965』（白水社、二〇一八年）、三三三頁。
(2) 冨田浩司『危機の指導者チャーチル』（新潮選書、二〇一一年）、一五七頁。
(3) ハーマン前掲訳書、三三二〜三三三頁。
(4) 同書、七三頁。
(5) 同書、二五二、二五四、二八八頁。
(6) Norman & Jeanne MacKenzie, eds., *The Diary of Beatrice Webb, Volume Two, 1892-1905* (Virago Press, 1983), pp. 287-288. 一九〇三年七月八日の日記。

（7）チャーチルの評伝としては公式の伝記である、Randolph Churchill & Martin Gilbert, *Winston S. Churchill*（8vols. Heinemann, 1966-1988）が最も詳しい。また、二〇一〇年代に入ってからのものとしては、Richard Toye, *Churchill's Empire: The World That Made Him and the World He Made*（Macmillan, 2010）; Ashley Jackson, *Churchill*（Quercus, 2011）; Andrew Roberts, *Churchill: Walking with Destiny*（Penguin, 2019）など数多い。また、最新の邦語文献としては、木畑洋一『チャーチル――イギリス帝国と歩んだ男』（山川出版社、二〇一六年）が有用である。幼少期から青年期までは、W・チャーチル（中村祐吉訳）『わが半生』（中公クラシックス、二〇一四年）を参照されたい。

（8）プリムローズ連盟については、小関隆『プリムローズ・リーグの時代――世紀転換期イギリスの保守主義』（岩波書店、二〇〇六年）を参照されたい。

（9）Paul Addison, *Winston Churchill*（Oxford University Press, 2007）, p. 5.

（10）木畑前掲書、一八頁。

（11）このあたりの経緯についても、チャーチル前掲訳書（『わが半生』）を参照されたい。

（12）冨田前掲書、二二頁。

（13）Addison, *op. cit.*, p. 13.

（14）Violet Bonham Carter, *Winston Churchill as I Knew Him*（Eyre and Spottiswoode, 1965）, p. 161.

（15）Addison, *op. cit.*, p. 20.

（16）*Ibid.*, pp. 26-27.

（17）この問題については、冨田前掲書、第四章が詳しい。

（18）Martin Gilbert, *Winston S. Churchill, Volume III, 1914-1916*（Heinemann, 1971）所収。

（19）Addison, *op. cit.*, pp. 51-52.

（20）*Ibid.*, p. 68.

（21）本田毅彦「帝国の終焉と結社――クリヴデン・セット」（川北稔編『結社のイギリス史――クラブから帝国まで』、

山川出版社、二〇〇五年）、二六八～二八三頁。
（22）君塚直隆『イギリス二大政党制への道―後継首相の決定と「長老政治家」』（有斐閣、一九九八年）、一九九～二〇〇頁。
（23）W・S・チャーチル（佐藤亮一訳）『第二次世界大戦』第一巻、河出書房新社、一九七五年）、二三〇頁。
（24）*Hansard's Parliamentary Debates*, 5th series, vol.360, c. 1502. 一九四〇年五月一三日の庶民院審議。なお以下、同議事録を *Hansard* と略記する。
（25）*Hansard*, 5th series, vol. 362, c. 61. 一九四〇年六月一八日の庶民院審議。
（26）*Hansard*, 5th series, vol. 364, c. 1167. 一九四〇年八月二〇日の庶民院審議。
（27）Addison, *op. cit.*, p. 100.
（28）*Ibid.*, pp. 98-99.
（29）*Ibid.*, pp. 105-107.
（30）ロード・モーラン（新庄哲夫訳）『チャーチル―生存の戦い』（河出書房新社、一九六七年）、二五一頁。
（31）第二次チャーチル政権におけるチャーチルの外交的役割については、以下の文献を参照されたい。John Young, ed. *The Foreign Policy of Churchill's Peacetime Administration 1951-1955* (Leicester University Press, 1988); John Young, *Winston Churchill's Last Campaign: Britain and the Cold War 1951-1955* (Clarendon Press, 1996); James W. Muller, ed. *Churchill as Peacemaker* (Cambridge University Press, 1997).
（32）Martin Gilbert, *'Never Despair' Winston Churchill 1945-1965* (Heinemann, 1988), p. 1124.
（33）Addison, *op. cit.*, p. 88.
（34）ボリス・ジョンソン（石塚雅彦・小林恭子訳）『チャーチル・ファクター―たった一人で歴史と世界を変える力』（プレジデント社、二〇一六年）、九、一五頁。
（35）同書、五二頁および第二章。
（36）木畑前掲書、七九～八〇頁。

（37）チャーチル前掲訳書（『第二次世界大戦』）、第一巻、八頁。

おわりに

（1）First Baron Acton, "Acton-Creighton Correspondence" in Acton（selected with a new introduction by Gertrude Himmelfarb）, *Essays on Freedom and Power*（Thames and Hudson, 1956）, pp. 335-336.

（2）David V. Erdman, ed., *William Blake: The Complete Poetry and Prose*（Anchor Books, 1988）, p. 492.

（3）ウォルター・バジョット（小松春雄訳）『イギリス憲政論』（中公クラシックス、二〇一一年）、六三頁。

（4）コリン・マシュー編（君塚直隆監訳）『オックスフォード ブリテン諸島の歴史9　19世紀 1815年–1901年』（慶應義塾大学出版会、二〇〇九年）、一五六頁。

（5）H. C. G. Matthew, *Gladstone 1809–1898*（Clarendon Press, 1997）, p. 1. なお、邦訳はカール・マルクス（丘沢静也訳）『ルイ・ボナパルトのブリュメール18日』（講談社学術文庫、二〇二〇年）、一六頁によった。

新潮選書

悪党《あくとう》たちの大英帝国《だいえいていこく》

著　者………………君塚直隆《きみづかなおたか》

発　行………………2020年8月25日
5　刷………………2023年9月15日

発行者………………佐藤隆信
発行所………………株式会社新潮社
〒162-8711 東京都新宿区矢来町71
電話　編集部 03-3266-5611
読者係 03-3266-5111
https://www.shinchosha.co.jp
印刷所………………株式会社三秀舎
製本所………………株式会社大進堂

乱丁・落丁本は、ご面倒ですが小社読者係宛お送り下さい。送料小社負担にてお取替えいたします
価格はカバーに表示してあります。

ISBN978-4-10-603858-7 C0322

立憲君主制の現在
日本人は「象徴天皇」を維持できるか
君塚直隆

各国の立憲君主制の歴史から、君主制が民主主義の欠点を補完するメカニズムを解き明かし、日本の天皇制が「国民統合の象徴」として機能する条件を問う。

《新潮選書》

危機の指導者 チャーチル
冨田浩司

「国家の危機」に命運を託せる政治家の条件とは何か？ チャーチルの波乱万丈の生涯を鮮やかな筆致で追いながら、リーダーシップの本質に迫る傑作評伝。

《新潮選書》

マーガレット・サッチャー
政治を変えた「鉄の女」
冨田浩司

英国初の女性首相の功績は、経済再生と冷戦勝利だけではない。メディア戦略・大統領型政治・選挙戦術……「鉄の女」が成し遂げた革命の全貌を分析する。

《新潮選書》

戦後史の解放Ⅰ
歴史認識とは何か
日露戦争からアジア太平洋戦争まで
細谷雄一

なぜ今も昔も日本の「正義」は世界で通用しないのか――世界史と日本史を融合させた視点から、日本と国際社会の「ずれ」の根源に迫る歴史シリーズ第一弾。

《新潮選書》

戦後史の解放Ⅱ
自主独立とは何か 前編
敗戦から日本国憲法制定まで
細谷雄一

なぜGHQが憲法草案を書いたのか。「国のかたち」を守ろうとしたのは誰か。世界史と日本史を融合させた視点から、戦後史を書き換えるシリーズ第二弾。

《新潮選書》

戦後史の解放Ⅱ
自主独立とは何か 後編
冷戦開始から講和条約まで
細谷雄一

単独講和と日米安保――左右対立が深まる中、戦後日本の針路はいかに決められたのか。国内政治と国際情勢の両面から、日本の自主独立の意味を問い直す。
《新潮選書》